★★★ 中等职业教育通用教材

主　　编　靳强柱

参编人员（按姓氏音序排序）

　　　　　乔占惠　岳　敏　张世芳

审　　订　陈广雄

兰州大学出版社

DIANGONG SHIXUN

电工实训

zhongdeng zhiye jiaoyu

图书在版编目(CIP)数据

电工实训/靳强柱主编.—兰州:兰州大学出版社,2011.1

中等职业教育通用教材

ISBN 978-7-311-03166-4

Ⅰ.①电… Ⅱ.①靳… Ⅲ.①电工技术—专业学校—教材 Ⅳ.①TM

中国版本图书馆CIP数据核字(2011)第007888号

策划编辑 宋 婷
责任编辑 龚 静
封面设计 张友乾

书　　名 电工实训
主　　编 靳强柱
审　　订 陈广雄
出版发行 兰州大学出版社 (地址:兰州市天水南路222号 730000)
电　　话 0931-8912613(总编办公室) 0931-8617156(营销中心)
　　　　 0931-8914298(读者服务部)
网　　址 http://www.onbook.com.cn
电子信箱 press@lzu.edu.cn
印　　刷 兰州残联福利印刷厂
开　　本 787×1092 1/16
印　　张 14
字　　数 318千
版　　次 2011年1月第1版
印　　次 2011年1月第1次印刷
书　　号 ISBN 978-7-311-03166-4
定　　价 22.00元

(图书若有破损、缺页、掉页可随时与本社联系)

出版说明

我国当前的教育格局是:第一,普及义务教育;第二,大力发展职业教育;第三,提高高等教育的质量。其中,职业教育被置于需要大力发展的重要地位。但是,由于我国职业教育起步较晚,教材建设与职业教育快速发展的需要存在很大差距。近年来,职业教育教材似乎并不缺乏,但普遍存在着这样或那样的问题,如内容陈旧且难度偏大,不符合教学实际;重理论、轻实用,缺乏职业特色,偏离职教目标;脱离地区、行业职业发展实际,未能充分体现"以就业为导向"的职教方针,等等。就西部地区而言,从教学效果看,由于现行教材编写时没有充分考虑我国地域发展不平衡的现状,没有充分照顾到经济、文化相对落后的西部地区的实际情况,教材使用中存在"水土不服"的现象。因此,针对现状,分析实际存在的问题,尽早尽快地进行教材改革和教材建设,打造适合西部地区生源状况、教学实际、就业需要的"本土教材",就显得尤为必要。

2008 年以来,我社组织人力率先对甘肃、青海、宁夏、内蒙古等省区的高职高专、中职中专院校展开深入广泛的调研,了解各院校学生来源、师资力量、教材配置、就业形势等情况,多次召开由教学一线优秀教师、专家共同参与的教材编写研讨会,反复探讨教学改革、教材建设的新理念、新路子,并针对多门学科教材的使用情况,多方商讨,精心编撰,用两年时间先后推出了高职高专、中职中专系列教材五十余种。今后几年内,大专业基础课、专业主干/核心课、稀有特色课程教材的研发将成为我社工作的重点。

这套系列教材有以下特点：

1.体现国际最新职业教育理念，且具有鲜明的“本土特色”。

2.力求打破传统教材模式，采用模块式编写思路，以项目/任务驱动教学，贴近教学改革，凸现职教特色。

3.内容以“够用”为度，定位准确，难易适中；教师易教，学生易学。

4.理论与实操并重，着力于应用型人才的培养。

本系列教材在出版过程中，我们虽竭尽全力，但限于时间和水平，难免在内容、形式以及编校质量上存在不足，这有赖于教学实践的检验。我们诚恳地希望广大师生提出宝贵意见，以便于修订再版。

信息反馈邮箱：zhangguoliang1966@126.com

兰州大学出版社

2011 年 1 月

前 言

《电工实训》是中等职业学校电工类专业的一门重要的基础课程。教学目的是使学生成为具备从事电类作业的高素质劳动者,掌握初、中级专门人才所需要的电工基本操作技能。

为培养21世纪专门职业技术人才,适应现代工业技术的发展,该教材编写组在对目前电工类教材使用情况调查和调研的基础上,结合学校的教学实践,采用强弱相结合,突出重点,兼顾内容的深度,以"必需、够用、实用"的原则来编写,增加了教材的灵活性和弹性,可适应不同学校、不同学制、不同专业的教学需要,又便于学生自学。

本教材由靳强柱主编,参加编写工作的有:张世芳、乔占惠、岳敏,全书由靳强柱统稿。

本教材教学总学时数为68学时,各章学时安排如下(仅供参考):

第1章	电气安全技术基础	4学时
第2章	常用电工材料	3学时
第3章	常用电工工具及基本操作工艺	8学时
第4章	电气照明与内线安装	8学时
第5章	常用电工仪表	8学时
第6章	变压器	3学时
第7章	单相电容式异步电动机	4学时
第8章	三相异步电动机	8学时
第9章	常用低压电器	10学时
第10章	三相异步电动机基本控制技术	12学时

本书编写时,我们参考了我们所能找到的有关方面的文献和资料,包括互联网上的一些信息,在此向信息资源的提供者表示感谢!在教材编写过程中,还得到了兰州大学出版社、甘

肃机电职教集团、甘肃省庄浪县职教中心、甘肃省庆阳理工中专等单位和领导的大力支持，在此表示衷心的感谢！另外，本书在完稿的过程中，甘肃机电职业技术学院陈广雄高级讲师提出了许多宝贵意见，在此表示诚挚的谢意。

在本书的编写过程中，甘肃省机电职教集团给予了大力支持，在此表示衷心的感谢。

鉴于编者的学识水平、实践经验，加上时间仓促，书中不恰当之处在所难免，恳请读者批评和指正。

编 者

2011年1月

目录

第一章 电气安全技术基础

众所周知，在用电过程中，必须特别注意电气安全，如果稍有麻痹或疏忽，就可能造成严重的人身触电事故，或者引起火灾和爆炸。其中触电事故是指人体触及带电体的事故，主要是电流对人体造成了危害，是电气事故中最为常见的。电气安全包括人身安全和设备安全两方面。

第一节 人身安全

人身安全是指电工本身及一般人员在生产与生活中防止触电及其他电气对人身造成的危害。电流对人体伤害的严重程度与通过人体电流的大小、频率、持续时间、通过人体的路径及人体电阻的大小等多种因素有关。

一、通过人体电流的大小

通过人体的电流越大，人体的生理反应就越明显，感应就越强烈，引起心室颤动所需的时间就越短，致命的危险就越大。对于工频交流电，按照通过人体电流的大小和人体所呈现的不同状态，大致分为下列三种：

1.感觉电流。指引起人的感觉的最小电流。实验表明，成年男性的平均感觉电流约为 1.1 mA，成年女性约为 0.7 mA。

2.摆脱电流。指人体触电后能自主摆脱带电体的最大电流。实验表明，成年男性的平均摆脱电流约为 16 mA，成年女性约为 10 mA。

3.致命电流。指在较短的时间内危及生命的最小电流。实验表明，当通过人体的电流达到 30~50 mA 时，中枢神经就会受到伤害，使人感觉麻痹，呼吸困难。如果通过人体的工频电流超过 100 mA，在极短的时间内人就会失去知觉而导致死亡。

根据触电者所处的环境对人的影响，对通过人体的允许电流做出如下的规定：由实验得知，在摆脱电流范围内，人若被电击后一般都能自主摆脱带电体，从而解除触电危险。因此，通常便把摆脱电流看做是人体允许电流。在线路及设备装有防止触电的速断保护装置时，人体允许电流可按 30 mA 考虑；在高空、水中等可能因电击导致摔死、淹死的场合，则应按不引起人体痉挛的 5 mA 考虑。

二、电流种类、电流频率

相对于 220 V 交流电来说，常用的 50~60 Hz 的交流电对人体的伤害最为严重。随着频率的增加，危险性降低。高频电流不仅不伤害人体，还能治病。在直流和高频情况下，人体可以耐受更大的电流值，但高压高频电流对人体依然是十分危险的。

三、电流通过人体的持续时间

通电时间越长，人体电阻因出汗等原因会降低，导致通过人体的电流增加，触电的危险性亦随之增加。引起触电危险的工频电流和通过电流的时间关系可用下式表示：

$$I=\frac{165}{\sqrt{t}}$$

式中：I——引起触电危险的电流(mA)；

t——通电时间(s)。

四、电流通过人体的电流路径

电流通过头部可使人昏迷；通过脊髓可能导致瘫痪；通过心脏会造成心跳停止，血液循环中断；通过呼吸系统可造成窒息。因此，从左手到胸部是最危险的电流路径；从手到手、从手到脚也是很危险的电流路径；从脚到脚是危险性较小的电流路径。

五、人体电阻

人体电阻包括内部组织电阻(称体电阻)和皮肤电阻两部分。皮肤电阻主要由角质层决定，角质层越厚，电阻就越大。人体电阻一般约 1 500~2 000 Ω(为保险起见，通常取为 800~1 000 Ω)。

影响人体电阻的因素有很多。除皮肤的厚薄外，皮肤潮湿、多汗、有损伤、带有导电性粉尘等都会降低人体电阻。

六、电压的影响

从安全角度看，确定人体的安全条件通常不采用安全电流而是用安全电压，因为影响电流变化的因素很多，而电力系统的电压却是较为恒定的。

当人体接触电压后，随着电压的升高，人体电阻会有所降低。若接触了高电压，则因皮肤受损破裂而会使人体电阻下降，通过人体的电流也就会随之增大。在高电压情况下，即使不接触，接近时也会产生感应电流，因而是很危险的。经实验证实，电压高低对人体的影响及允许人接近的最小安全距离可见表 1–1。

表 1–1 电压对人体的影响及人可接近的最小距离

接触时的情况		人可接近的距离	
电压(V)	对人体的影响	电压(kV)	设备不停电时的安全距离(m)
10	全身在水中时跨步电压界限为 10 V/m	10 及以下	0.7
		20~35	1.0
20	湿手的安全界限	44	1.2
30	干燥手的安全界限	60~110	1.5
50	对人的生命无危害界限	154	2.0
100~200	危险性急剧增大	220	3.0
200 以上	对人的生命发生危险	330	4.0
3 000	被带电体吸引	500	5.0
10 000 以上	有被弹开而脱险的可能		

第二节 设备安全

设备安全是指电气设备、工作机械及其他设备的安全。设备安全主要要考虑下列因素：

一、电气装置安装的要求

1.总开关不能倒装。闸刀开关推上时电路接通，拉下来时电路断开。如果倒装，就有可能自动合闸，使电路接通。这样，在检修电路时很不安全。

2.总开关和用户保险盒安装次序要正确，总开关应能控制保险盒，否则当保险盒损坏而进行修理时，就无法断电，影响操作安全。

3.不能把开关、插座或接线盒等直接装在建筑物上，而应安装在木盒内；否则，如果建筑物受潮，就会造成漏电事故。

二、不同场所对使用电压的要求

不同的场所(建筑物)，在电气设备或设施的安装、维护、使用以及检修等方面都有着不同的要求。按照触电的危险程度，可将它们分成以下几类：

1.无高度触电危险的建筑物。指干燥、温暖、无导电粉尘的建筑物，例如住宅、公共场所、生活建筑物、实验室、仪表装配楼、纺织车间等。在这种场所中，各种易接触到的用电器、携带型电气工具的使用电压不超过工频 220 V。

2.有高度触电危险的建筑物。指地板、天花板和四周墙壁经常潮湿、室内炎热高温(气温高于 30 ℃)和有导电粉尘的建筑物，例如金工车间、锻工车间、电炉车间、泵房、变配电所、压缩机站等。在这些场所中，各种易接触到的用电器、携带型电气工具的使用电压不超过工频

36 V。

3.有特别触电危险的建筑物。指特别潮湿、有腐蚀性液体及蒸气、煤气或游离性气体的建筑物,例如铸工车间、锅炉房、染化料车间、化工车间、电镀车间等。在这些场所中,各种易接触到的用电器、携带型电气工具的使用电压不超过工频 12 V。

4.在矿井和浴池之类的场所。在检修设备时,常使用专用的工频 12 V 或 24 V 工作手灯。

我国的安全电压值按规定分为工频交流 36 V、24 V 和 12 V 三种。

第三节　电气防火与防爆

各种电气设备的绝缘物质大多属于易燃物质,运行中导体通过电流要发热,开关切断电流时会产生电弧,由于短路、接地或设备损坏等均可能产生电弧及火花,而将周围的易燃物引燃,从而发生火灾或爆炸。

一、电气设备造成火灾和爆炸的主要原因

1.电气设备选用类型与安装不当,如在有爆炸性危险的场所选用非防爆电机、电器,在汽油室中安装普通照明灯等。

2.违反安全操作规程,如在有火灾与爆炸危险的场所使用明火,在可能发生火花的场所用汽油擦洗设备等,都会引起火灾。

3.设备故障引发火灾,如设备的绝缘老化、磨损等造成电气设备短路。

4.设备过负荷引发火灾,如电气设备规格选择过小、容量小于负荷的实际容量,导线截面选得过细,负荷突然增大,乱拉电线等。

二、电气火灾的灭火

1.当发生电气火警时,要尽快切断电源,防止火情蔓延及灭火时发生触电事故。

2.不能用水或一般酸性泡沫灭火器灭火,只能用干砂覆盖灭火,或者用四氯化碳(CCl_4)、二氧化碳(CO_2)灭火器灭火。在使用四氯化碳灭火器时要防止中毒,因为四氯化碳受热时与空气中的氧作用,会生成有害的光气($COCl_2$)和氯气(Cl_2)。因此在使用四氯化碳灭火器时,门窗应打开,有条件的人员最好戴上防毒面具。在使用二氧化碳灭火器时,要防止冻伤和窒息,因为二氧化碳是液态的,灭火时它向外喷射,强烈扩散,大量吸热,形成温度很低(可达−78.5 ℃)的雪花干冰,降温灭火,并隔绝氧气。因此,在使用二氧化碳灭火器时,也要打开门窗,人要离开火区 2~3 m,小心喷射,勿使干冰沾着皮肤,以防冻伤。

3.灭火人员不可使身体及手持的灭火器材碰到有电的导线或电气设备,否则有触电的危险。

第四节 触电及急救方法

一、触电事故举例

1.带电作业。某工厂一电工正在安装日光灯，他站在七挡人字梯的最高挡，带电接日光灯电源线，当拆开火线上的绝缘胶布时，不慎碰上附近的接地线铁丝引起触电，并从 2.3 m 高处摔下，当日死亡。

主要原因：缺乏高空作业的电气安全常识，对周围环境观察不仔细。

2.无保护装置。某个夏天，有五个小学生到某化肥厂的工业循环水池游泳，该水池下露天安装了一台水泵，配用一台 17 kW 的交流电动机，从水池内日夜抽水，供循环水系统用水，当五名小学生游到进水管附近时，竟全部触电死亡。

主要原因：对学生的电气教育不够。在穿有输电线的保护钢管内有电线接头，因雨水长期浸湿而松动脱落，其裸线接头接触钢管，然后使水泵、电动机座和外壳、水管及附近水面均带电。

3.安全距离不够。某县三个人在四楼平台安装电视室外天线，金属天线不慎倾倒在附近的 10 kV 高压线上，三人同时触电摔倒，经抢救，两人脱险，一人死亡。

主要原因：缺乏电气安全常识。高压线离建筑物距离仅 1.5 m，不符合安全距离规定。

4.三孔插座接错线。某厂一女工将台扇插上电源，当手触碰到电扇底座时，惨叫一声并同时将风扇从桌上甩下来，风扇压在其胸部，造成触电死亡。

主要原因：电源相线误接在三孔插座的保护接零桩头上，从而使外壳带有 220 V 电压。

人体因触及带电体而承受过高的电压，电流流过人体对人体造成伤害，严重时引起心脏和呼吸骤停，也就是说人的血液循环和呼吸功能突然停止从而引起死亡的现象称为触电。人体是导电体，一旦有电流通过时，人体将会受到不同程度的伤害。由于触电的种类方式及条件的不同，受伤的后果也不一样。

二、触电种类

人体触电有电击和电伤两类。

1.电击是指电流通过人体时所造成的内伤，它可以使肌肉抽搐，内部组织损伤，造成人体发热发麻，神经麻痹等，严重时将引起昏迷、窒息，甚至心脏停止跳动而死亡。通常所说的触电就是电击、触电死亡大部分由电击造成。

2.电伤主要是指电对人体外部造成的局部伤害，包括电流的热效应、化学效应、机械效应以及电流本身作用下造成的人体外伤。常见的有灼伤、烙伤和皮肤金属化等现象，严重时也可能会致命。

三、触电事故产生的原因

发生触电事故的主要原因有：

1.缺乏用电常识，触及带电的导线；

2.没有遵守操作规程，人体直接与带电体接触；

3.由于用电设备管理不当，使绝缘损坏，发生漏电，人体碰触漏电设备外壳；

4.高压线落地造成跨步电压，从而引起对人体的伤害；

5.检修中，安全组织措施和安全技术措施不完善，接线错误，造成触电事故。

6.其他偶然因素，如人体受雷击等。

四、触电形式

1.单相触电。如图 1–1 所示，这是常见的触电形式。人体的某一部分接触带电体的同时，另一部分又与大地或中性线相接，电流从带电体流经人体到大地（或中性线）形成回路。我国供电系统大部分是三相四线制，单相对地电压为 220 V，若人体触及是很危险的。

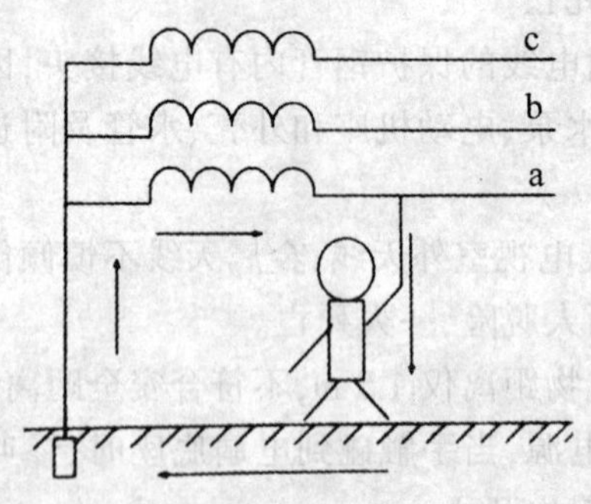

(a)中性点直接接地系统的单相触电　　(b)中性点不接地系统的单相触电

图 1–1　单相触电

2.两相触电。如图 1–2 所示，人体的不同部分同时接触两相电源时造成触电，对于这种情况，无论电网中性点是否接地，人体所承受的线电压（380 V）将比单相（220 V）触电时高，危险更大。

3.跨步电压触电。若架空电力线（特别是高压线）断落到地面时，电流通过导线接地点流入大地散发到四周的土壤中，以导线触地点为中心，构成电位分布区域，越接近中心，地面电位也越高。电位分布区域一般在 15~20 m 的半径范围内。当人畜跨进这个区域，两脚之间出现的电位差称为跨步电压。在这种电压作用下，电流从接触高电位的脚流进，从接触低电位的脚流出，从而形成触电，如图 1–3 所示，此时人应该将双脚并在一起或用单脚着地跳出危险区。

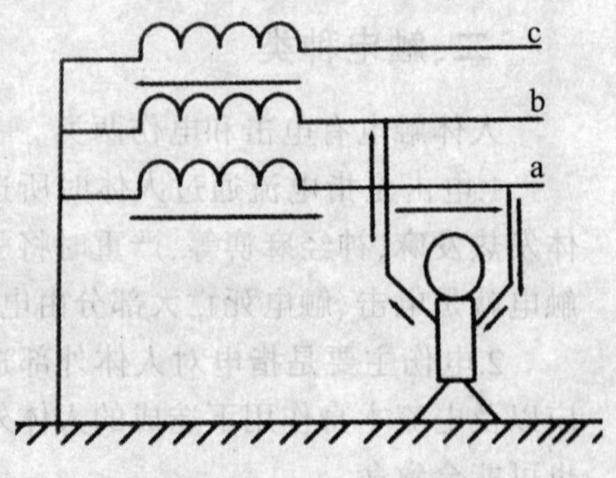

图 1–2　两相触电

4.接触电压触电。电力线接地后，除存在跨步电压外，如人体直接碰及带电导线，将会产生接触电压的直接触电，这是十分危险的。

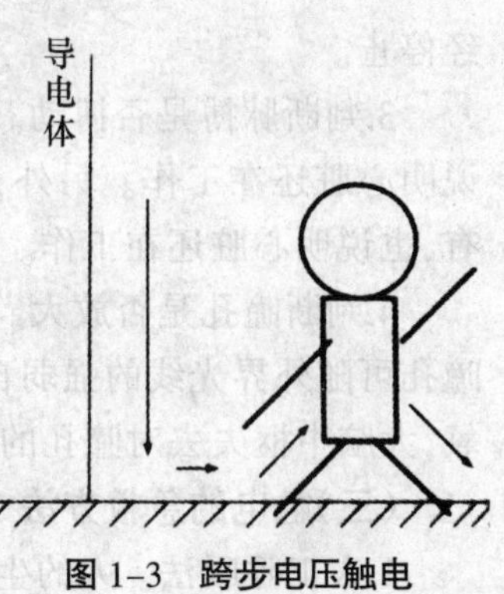

图 1–3　跨步电压触电

五、触电急救方法

(一)解脱电源

人在触电后可能由于失去知觉或超过人的摆脱电流而不能自己脱离电源。此时抢救者不要惊慌，要在保护自己不触电情况下使触电人脱离电源，方法如图 1–4 所示。

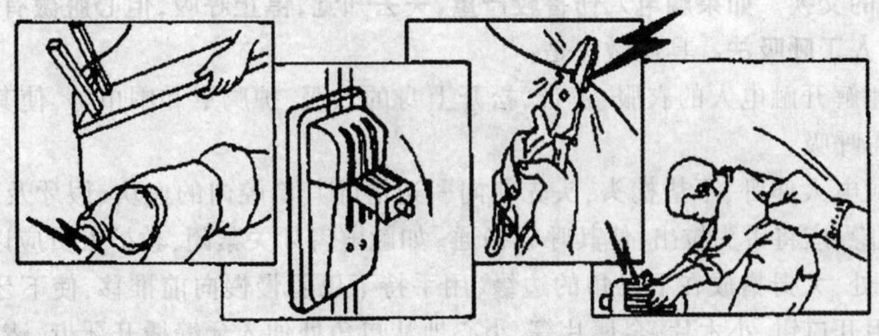
图 1–4　使触电人迅速脱离电源

1.如果接触电器触电，应立即断开近处的电源，可就近拔掉插头、断开开关、打开保险盒。

2.如果碰到破损的电线而触电，附近又找不到开关，可用干燥的木棒、竹竿、手杖等绝缘工具，把电线挑开，挑开的电线要放置好，不要使人再碰触到。

3.如一时不能实行上述方法，触电人又趴在电器上，可隔着干燥的衣物将触电人拉开。这时，抢救者脚下最好垫有干燥的绝缘物。

4.在脱离电源过程中，如触电人在高处，要防止其脱离电源后跌伤而造成二次受伤。

5.在使触电人脱离电源的过程中，抢救者要防止自身触电。例如，在没有绝缘防护的情况下，切勿用手直接接触触电人的皮肤。

(二)脱离电源后的判断

触电人脱离电源后，救护人员在尽快拨打 120 急救电话的同时应迅速判断其症状。根据其所受电流伤害的不同程度，采用不同的急救方法。

1.判明触电人有无知觉。触电如引起呼吸停止及心室颤动、停搏，要迅速判明，立即进行现场抢救。因为过 5 min 大脑将发生不可逆的损害，过 10 min 大脑会死亡，因此须迅速判明触电者有无知觉，以确定是否需要抢救。我们可以用摇动触电者肩部、呼叫其姓名等方法检查其有无反应，若是没有反应，就有可能呼吸、心搏停止，这时应抓紧进行抢救工作。

2.判断呼吸是否停止。将触电人移至干燥、宽敞、通风的地方，将其衣裤放松，使其仰卧，观察胸部或腹部有无因呼吸而产生的起伏动作，若不明显，可用手或小纸条靠近触电人的鼻孔，观察有无气流流动；或用手放在触电人胸部，感觉其有无呼吸动作，若没有，说明呼吸已经停止。

3.判断脉搏是否搏动。用手检查颈部的颈动脉或腹股沟处的股动脉,看有无搏动,如有,说明心脏还在工作。另外,还可用耳朵贴在触电人心区附近,倾听有无心脏跳动的声音,若有,也说明心脏还在工作。

4.判断瞳孔是否放大。瞳孔是受大脑控制的一个自动调节的光圈。如果大脑机能正常,瞳孔可随外界光线的强弱自动调节大小。处于死亡边缘或已死亡的人,由于大脑细胞严重缺氧,大脑中枢失去对瞳孔的调节功能,瞳孔会自行放大,对外界光线强弱不再作出反应。

(三)触电的急救方法

1.人工呼吸法。人的生命的维持,主要靠心脏跳动产生血液循环以及通过呼吸而形成的氧气与废气的交换。**如果触电人伤害较严重,失去知觉,停止呼吸,但心脏微有跳动时,应采用口对口的人工呼吸法**。具体做法是:

(1)迅速解开触电人的衣服、裤带,松开上身的衣服、护胸罩和围巾等,使其胸部能自由扩张,不妨碍呼吸。

(2)使触电人仰卧,不垫枕头,头先侧向一边清除其口腔内的血块、假牙及其他异物等。如其舌根下隐,应将舌头拉出,使其呼吸畅通。如触电者牙关紧闭,救护人员应以双手托住其下巴的后角处,大拇指放在下巴角的边缘,用手持下巴骨慢慢向前推移,使下牙移到上牙之前;也可使用开口钳、小木片、金属片等,小心地从口角处伸入牙缝撬开牙齿,清除口腔异物。然后将其头部扳正,使之尽量后仰,鼻口朝天,使呼吸畅通。

(3)救护人员位于触电人头部的左边或右边,用一只手捏紧鼻孔,使其不漏气,另一只手将其下巴拉向前下方,使其嘴巴张开,嘴上可盖一层纱布,准备接受吹气。

(4)救护人员做深呼吸后,紧贴触电人的嘴巴,向他大口吹气,如图 1–5 所示。同时观察触电人胸部隆起程度,一般应以胸部略有起伏为宜。

(5)救护人员吹气至需换气时,应立即离开触电人的嘴巴,并放松触电人的鼻子,让其自由排气。这时应注意观察触电人胸部的复原情况,倾听口鼻处有无呼气声,从而检查呼吸是否阻塞,如图 1–5 所示。

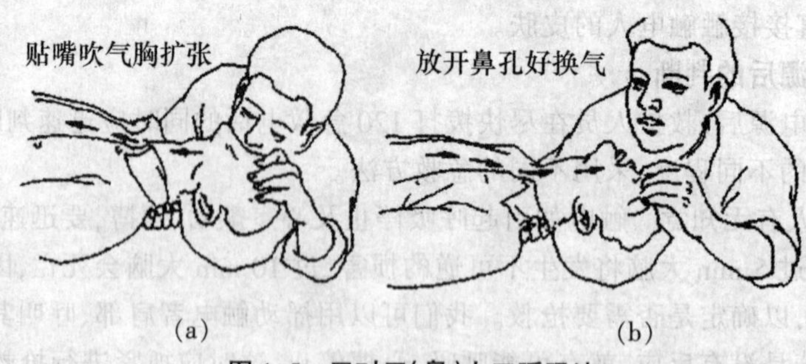

图 1–5 口对口(鼻)人工呼吸法

按照上述方法对触电人反复地吹气、换气,成人每分钟约 14~16 次,大约每 5 s 一个循环,吹气约 2 s,呼气约 3 s;对儿童吹气,每分钟 10~18 次。

2.人工胸外挤压心脏法。若触电人受到的伤害相当严重,心脏和呼吸都已停止,人完全失去知觉,则需同时采用口对口人工呼吸和人工胸外挤压两种方法。如果现场仅有一个人抢救时,可交替使用这两种方法,先胸外挤压心脏 4~6 次,然后口对口呼吸 2~3 次,再挤压心脏,反复循环进行操作。人工胸外挤压心脏的具体操作步骤如下:

(1)解开触电人的衣裤,清除其口腔内异物,使其胸部能自由扩张。

(2)使触电人仰卧,姿势与口对口吹气法相同,但背部着地处的地面必须牢固。

(3)救护人员位于触电人一边,最好是跨腰跪在触电人的腰部,将一只手的掌根放在心窝稍高一点的地方(掌根放在胸骨的下三分之一部位),中指指尖对准锁骨间凹陷处边缘,如图 1–6 所示,另一只手压在那只手的背上,呈两手交叠状(对儿童可用一只手)。

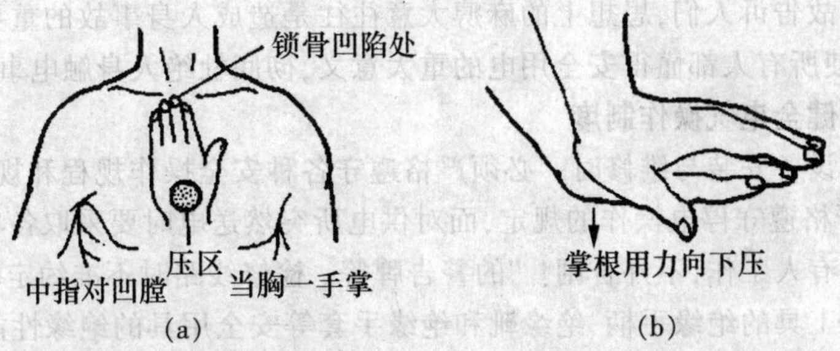

图 1–6 确定正确按压位置

(4)救护人员找到触电人的正确压点,自上而下,垂直均衡地用力向下挤压,如图 1–7 所示,压出心脏里面的血液,注意用力要适当。

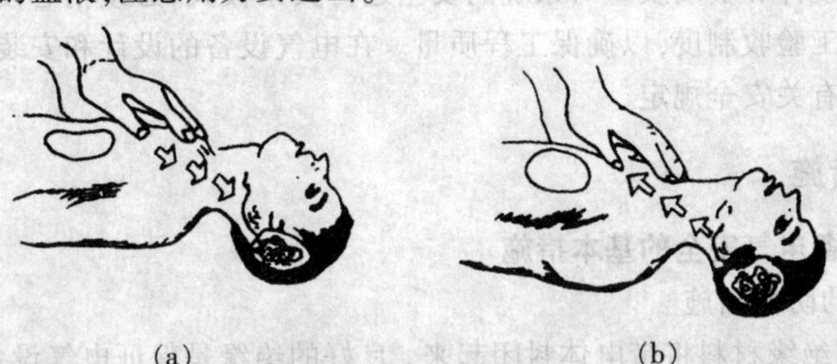

图 1–7 心脏挤压法

(5)挤压后,掌根迅速放松(但手掌不要离开胸部),使触电人胸部自动复原,心脏扩张,血液又回到心脏。按上述方法反复地对触电人的心脏进行挤压和放松,每分钟约 60 次,挤压时定位要准确,用力要适当。

在施行人工呼吸和心脏挤压时,救护人员应密切观察触电人的情况,只要发现触电人有苏醒症状,如眼皮微动或嘴唇微动,就应中止操作几秒钟,让触电人自行呼吸。

在进行触电急救的同时要呼救,请医护人员。施行人工呼吸和心脏挤压必须坚持不懈,直到触电人苏醒或医护人员前来救治为止。只有医生才有权宣布触电人真正死亡。

第五节 安全用电预防措施

一、制度措施

（一）安全教育

无数触电事故告诉人们，思想上的麻痹大意往往是造成人身事故的重要因素，因此必须加强安全教育，使所有人都懂得安全用电的重大意义，彻底杜绝人身触电事故。

（二）建立和健全电气操作制度

在进行电气设备安装与维修时，必须严格遵守各种安全操作规程和规定，不得玩忽职守。操作时，要严格遵守停电操作的规定，面对供电所突然送电时要采取各项安全措施，如锁上刀闸，并挂上“有人工作，不许合闸！”的警告牌等。检修线路时不准约定时间送电。此外，在操作前应检查工具的绝缘手柄、绝缘靴和绝缘手套等安全用具的绝缘性能是否良好，有问题应立即更换。

（三）确保电气设备的设计和安装质量

电气设备的设计和安装质量对系统的安全运行关系极大，必须精心设计和施工，严格执行审批手续和竣工验收制度，以确保工程质量。在电气设备的设计和安装中，一定要严格执行国家标准中的有关安全规定。

二、技术措施

（一）固定设备电气安全的基本措施

1.直接电击的防护措施

(1)绝缘。用绝缘材料将带电体封闭起来。良好的绝缘是保证电气设备和线路运行的必要条件，是防止触电的主要措施。应当注意，单独采用涂膝、膝包等类似的绝缘材料来防止触电是不够的。

(2)屏护。采用屏护装置将带电体与外界隔开。为杜绝不安全因素，常用的屏护装置有遮栏、护罩、护盖和栅栏等。如常用的电器绝缘外壳、金属网罩、金属外壳和变压器的遮栏等都属于屏护装置。凡是金属材料制作的屏护装置，应妥善接地或接零。屏护装置不直接与带电体接触，对所用材料的电气性能没有严格要求，但必须有足够的机械强度和很好的耐热、耐火性能。

(3)障碍。即设置障碍以防止无意触及或接近带电体，然而它并不能防止人会绕过障碍不触及带电体，所以至少应使人意识到超越屏障围栏会发生危险，而不去随意触及带电体。

(4)间隔。即保持一定间隔以防止无意触及带电体。凡易于接近的带电体，应保持在伸出手臂时所及范围之外。正常操作时，凡使用较长工具者，间隔应加大。

(5)漏电保护。漏电保护又叫残余电流保护或接地故障电流保护。漏电保护仅能作附加保护而不应单独使用,其动作电流最大不宜超过 30 mA。

(6)安全电压。即根据具体工作场所的特点,采用相应等级的安全电压,如 36 V、24 V 及 12 V 等。

2.间接电击的防护措施

(1)自动断开电源。安装自动断电装置,自动断电装置有漏电保护、过流保护、过压或欠压保护、短路保护等,当带电线路或设备发生故障或触电事故时,自动断电装置能在规定时间内自动切除电源,起到保护作用。

(2)加强绝缘。是指采用有双重绝缘或加强绝缘的电气设备,或者采用另有共同绝缘的组合电气设备,以防止工作绝缘损坏后在易接近部分出现危险的对地电压。

(3)不导电环境。这种措施是为防止工作绝缘损坏时人体同时触及不同电位的两点而导致触电。

(4)等电位环境。是将所有容易同时接近的裸导体(包括设备外的裸导体)互相连接起来等化其间电位,防止接触电压。等电位范围不应小于可能触及带电体的范围。

(5)电气隔离。这种措施是采用隔离变压器(或有隔离能力的发电机)实现电气隔离的,以防止裸导体故障带电时造成电击。被隔离回路的电压不应超过 500 V,其带电部分不能与其他电气回路或大地相连,以保持隔离要求。

(二)移动式电器的安全措施

1.实行接零(地)。这是应对移动式电器的主要安全措施之一。移动式电器要采用带有接零(地)芯线的橡套软线做电源线;其专用芯线(指绿/黄双色线)用作接零(地)线,且截面积不得小于 1 mm^2(GB3787—83 国标规定,任何情况下均以绿/黄双色相间的芯线作为保护接地线或接零线;对原以黑色芯线作为保护接地或接零线的软电缆或软线应予以逐步调换)。

2.采用安全电压。在特别危险场合可采用安全电压的单相移动式设备,安全电压也应由双线圈隔离变压器供电。由于该设备不够经济,这种办法只在某些指定场合应用。

3.采用隔离变压器。在接地电网中可装设一台隔离变压器给单相设备供电,其次级应与大地保持良好绝缘。此时,由于单相设备转变为在不接地电网中运行,从而可以避免触电危险。

4.采用双重绝缘的单相设备。带有双重绝缘结构的携带式电气化设备是一种新型的、安全性能较高的电气设备。其工作绝缘主要用来保证设备的正常工作,保护绝缘是当工作绝缘损坏时用来防止触电的。

5.采用防护用具。即应穿绝缘鞋、戴绝缘手套,或站在绝缘板上等,使人与大地或人与单相设备外壳隔离。这虽然是一项简便易行的办法,但却是实际工作中确有成效的基本安全措施。

(三)合理选择导线

合理选择导线是安全用电的必要条件。导线允许流过的电流与导线的材料及导线的横截面有关,当导线中流过的电流过大时,会引起火灾。不同场所导线的最小允许截面积如表 1-2 所列。

表 1–2 不同场所导线最小允许截面积

种类及使用场所			芯线允许最小截面(mm²)		
			铜芯软线	铜线	铝线
照明用灯火线	民用建筑,户内		0.4	0.5	2.5
	工业建筑,户内		0.5	0.8	2.5
	户外			1.0	2.5
移动式用电设备	生活用		0.2		
	生产用		1.0		
敷设在绝缘支持件上的绝缘线,其支持点间距	2 m 以下	户内		1.0	2.5
		户外		1.5	2.5
	6 m 及以下			2.5	4.0
	10 m 及以下			2.5	6.0
	25 m 及以下(引下线)			4.0	10
穿管线				1.0	2.5

第六节 接地与接零

凡是电气设备或设施的任何部位(不论带电与不带电),人为地或自然地与具有零电位的大地相接通的方式,便称为电气接地(简称接地)。

由于大地内含有自然界中的水分等导电物质,因此它也是能导电的。当一根带电的导体与大地接触时,便会形成以接触点为球心的半球形"地电场",半径约为 20 m 左右,如图 1–8 所示。

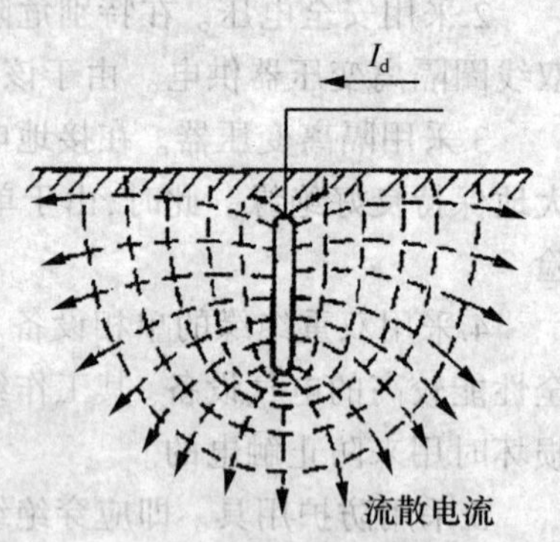

图 1–8 地中电流呈半球形流散

按照接地的形成情况,可以将其分为正常接地和故障接地两大类。前者是为了某种需要而人为地设置的,后者则是由各种外界或自身因素自然地形成的,应当设法避免。

按照接地的不同作用,又可将正常接地分为工作接地和安全接地两大类。

一、工作接地

由于运行和安全需要,为保证电力网在正常情况或事故情况下能可靠地工作而将电气回路中性点与大地相连,称为工作接地。如电源(发电机或变压器)的中性点直接(或经消弧线圈)接地、电压互感器一次侧中性点的接地,都属于工作接地。

(一)工作接地的形式

工作接地通常有以下三种情况:

1.利用大地作回路的接地。此时,正常情况下也有电流通过大地,如直接工作接地、弱电工作接地等。

2.维持系统安全运行的接地。正常情况下没有电流或只有很小的不平衡电流通过大地,如 110 kV 以上系统的中性点接地、低压三相四线制系统的变压器中性点接地等。

3.为了防止雷击和过电压对设备及人身造成伤害而设置的接地。图 1-9 所示的是减轻高压窜入低压所造成的危险的最简单的方法,将低压电网的中性点或者一相经击穿保险器接地。

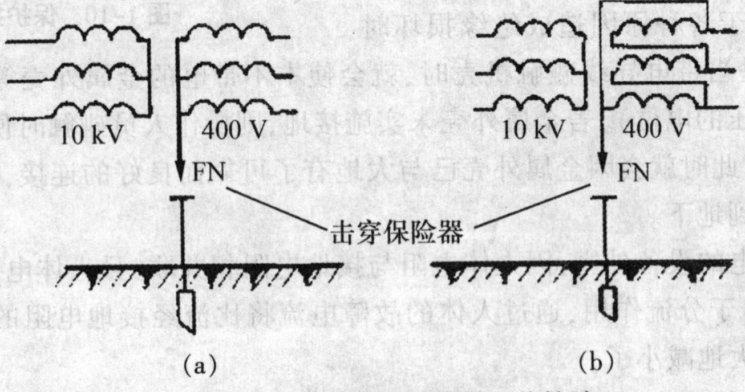

图 1-9 带击穿保险器的工作接地

(二)低压配电网工作接地的作用

1.正常供电情况下能维持相线的对地电压不变,从而可向外(对负载)提供 220 V/380 V 这两种不同的电压,以满足单相 220 V(如电灯等家用电器)及三相 380 V(如电动机等)不同负载的用电需要。

2.变压器或发电机的中性点经消弧圈接地,还能在发生单相接地故障时,消除接地短路点的电弧及由此可能引起的危害。

3.仪用互感器如电压互感器一次侧线圈的中性点接地,主要是为了对一次系统中的相对地电压进行测量。

4.若中性点不接地,则当发生单相接地(如出现故障)情况时,另外两相的对地电压便升高为线电压(相电压的倍)。而中性点接地后,另两相的对地电压便仍为相电压。这样,既能减小人体的接触电压,同时还可适当降低对电气设备的绝缘要求,利于制造及降低造价。

5.在变压器供电时,可防止高压电窜至低压用电侧的危险。实行上述接地后,万一因高低压线圈间绝缘损坏而引起严重漏电甚至短路时,高压电便可经该接地装置构成闭合回路,使上一级保护动作跳闸切断电源,从而避免低压侧工作人员遭受高压电的伤害及造成设备损坏。

二、保护接地

安全接地主要包括:为防止电力设施或电气设备绝缘损坏,危及人身安全而设置的保护接地;为消除生产过程中产生的静电积累引起触电或爆炸而设的静电接地;为防止电磁感应而对设备的金属外壳、屏蔽罩或屏蔽线外皮所进行的屏蔽接地。其中保护接地应用最为广泛。

为了保障人身安全,避免发生触电事故,将电气设备在正常情况下不带电的金属部分(如外壳等)与接地装置实行良好的金属性连接,如图1-10所示,这种方式便称为保护接地,简称接地。它是一种防止触电的基本技术措施,使用相当普遍。

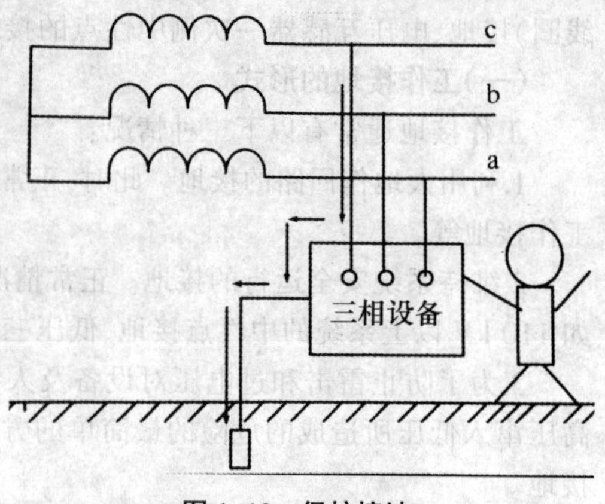

图 1-10 保护接地

当电气设备由于各种原因造成绝缘损坏时就会产生漏电;或是当带电导线碰触机壳时,就会使本不带电的金属外壳等带上电(具有相当高或等于电源电压的电位)。若金属外壳未实施接地,则操作人员碰触时便会发生触电;如果采用了保护接地,此时就会因金属外壳已与大地有了可靠而良好的连接,而让绝大部分电流通过接地体流散到地下。

人体若触及漏电的设备外壳,因人体电阻与接地电阻相并联,且人体电阻比接地电阻起码大200倍以上,由于分流作用,通过人体的故障电流将比流经接地电阻的小得多,对人体的危害程度也就极大地减小了。

此外,在中性点接地的低压配电网络中,假如电气设备发生了单相碰壳故障,若实行了保护接地,由于电源相电压为220 V,如按工作接地电阻为4 Ω,保护接地电阻为4 Ω计算,则故障回路将产生27.5 A的电流。一般情况下,这么大的故障电流定会使熔断器熔断或自动开关跳闸,从而切断了电源,保障了人身安全。

但保护接地也有一定的局限性,这是由于为保证能使熔丝熔断或自动控制开关跳闸,一般规定故障电流必须分别大于熔丝或开关额定电流的2.5倍或1.25倍,因此,27.5 A故障电流便只能保证使额定电流为11 A的熔丝或22 A的开关动作,若电气设备容量较大,所选用的熔丝与开关的额定电流超过了上述数值,此时便不能保证切断电源,进而也就无法保障人身安全了。所以保护接地存在着一定的局限性,即中性点接地的系统不宜再采用保护接地。

三、保护接零

将电气设备在正常情况下不带电的金属部分用导线直接与低压配电系统的零线相连接,这种方式便称为保护接零,简称接零。它与保护接地相比,能在更多的情况下保证人身安全,防止触电事故。

(一)原理

在实施上述保护接零的低压系统中,如果电气设备一旦发生了单相碰壳漏电故障,便形成了一个短路回路。因该回路内不包含工作接地电阻与保护接地电阻,整个回路的阻抗就很小,因此故障电流必将很大(远远超过27.5 A),足以保证在最短的时间内使熔丝熔断、保护装置或自动开关跳闸,从而切断电源,保障了人身安全。

显然,采取保护接零方式后,便可扩大安全保护的范围,同时也克服了保护接地方式的局限性。

(二)注意事项

在低压配电系统内采用接零保护方式时,应注意以下要求:

1.三相四线制低压电源的中性点必须良好接地,工作接地电阻值应符合要求。

2.在采用接零保护方式的同时,还应装设足够的重复接地装置。

3.同一低压电网中(指同一台配电变压器的供电范围内),在选择采用保护接零方式后,便不允许再采用保护接地方式(对其中任一设备)。

4.零线上不准装设开关和熔断器。零线的敷设要求应与相线一样,以免出现零线断线故障。

5.零线截面应保证在低压电网内任何一相短路时,能够承受大于熔断器额定电流 2.5~4 倍及自动开关额定电流 1.25~2.5 倍的短路电流,且不小于相线载流量的一半。

6.所有电气设备的保护接零线,应以“并联”方式连接到零干线上。

必须指出,在实行保护接零的低压配电系统中,电气设备的金属外壳在正常情况下有时也会带电。产生这种现象的原因不外乎以下三种:

(1)三相负载不平衡时,在零线阻抗过大(线径过小)或断线的情况下,零线上便可能会产生一个有麻电感觉的接触电压。

(2)保护接零系统中有部分设备采用了保护接地时,其接地设备发生了单相碰壳故障,则接零设备的外壳便会因零线电位的升高而产生接触电压。

(3)当零线断线且同时发生了零线断开之后的电气设备单相碰壳时,零线断开点后的所有接零设备便会带有较高的接触电压。

为确保接零保护方式的安全可靠,防止零线断线所造成的危害,系统中除了工作接地外还必须在整个零线的其他部位再进行必要的接地。这种接地也称为重复接地,如图 1-11 所示。

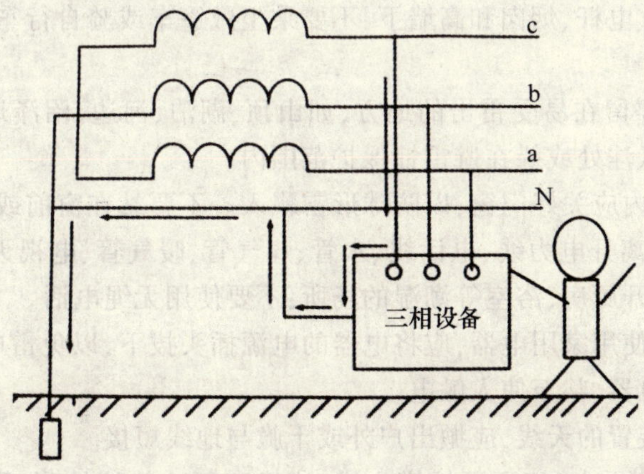

图 1-11 保护接零示意图

第七节 防雷常识

雷是大气中的放电现象。在雷云形成过程中,某些雷云积累起大量的正电荷,另一些雷云积累起大量负电荷,随着电荷的积累,雷云电位逐渐升高。当带不同电荷的雷云互相接近到一定程度,电场强度超过 25~30 kV/cm 时,两块雷云间的空气绝缘被击穿,产生强烈放电,从而出现耀眼的闪光。由于雷电流很大,放电时产生高达 20 000 °C 的温度,因而使周围空气急剧膨胀振动,发生爆炸的轰鸣声,产生闪电和雷鸣。

雷击是一种客观存在的自然现象,雷击可能导致房屋、电力线路、电力设备损坏,可能造成大规模的停电并引起火灾和爆炸, 还可能危及人身安全, 人们通过长期对雷电的探索研究,找出了它的活动规律,也研究出了一系列防雷措施。

为了预防雷电对生产和生活造成损害,人们在长期的生产和科学工作者实验中,逐步认识和总结出了雷电活动的规律,对雷电进行预防。

防雷常识:

(1)为了避免避雷针上雷电的高电压通过接地体传到输电线路而引入室内,避雷针接地体与输电线路接地体在地下至少应相距 10 m。

(2)为了防止感应雷和雷电侵入波沿架空线进入室内,应将进户线最后一根支承物上绝缘子的铁脚可靠接地,在进户线最后一根电杆上的中性线应加重复接地。

(3)雷雨时在野外不要穿湿衣服;雨伞不要举得过高,特别是有金属柄的雨伞;若有几个人在一路时,要相距几米远分散避雷,不要手拉手聚在一起。

(4)躲避雷雨应选择有屏蔽作用的建筑或物体,如金属箱体、汽车、电车、混凝土房屋等。不能站在孤立的大树、电杆、烟囱和高墙下,不要乘坐敞篷车或骑自行车,因为这些物体很容易受直击雷轰击。

(5)雷雨时不要停留在易受雷击的地方,如山顶、湖泊、河边、沼泽地、游泳池等;在野外遇到雷雨时,应蹲在低洼处或躲在避雷针保护范围内。

(6)雷雨时,在室内应关好门窗,以防球形雷飘入。不要站在窗前或阳台上,也不要停留在有烟囱的灶前。应离开电力线、电话线、水管、煤气管、暖气管、电视天线馈线 1.5 m 以外;不要洗澡、洗头,应离开厨房、浴室等潮湿的场所;不要使用无绳电话。

(7)雷雨时,不要使用家用电器,应将电器的电源插头拔下,以免雷电沿电源线侵入电器内部损伤绝缘,击毁电器,甚至使人触电。

(8)对未装避雷装置的天线,应抛出户外或干脆与地线短接。

(9)如果有人遭到雷击,切不可惊慌失措,应迅速而冷静地处理;受雷击者即使不省人事,心跳、呼吸都已停止,也不一定已经死亡,应不失时机地进行人工呼吸和胸外心脏压挤,并尽快将其送至医院救治。

思考与练习

1.按工频交流电对人体的影响,电流可以分成哪三种,其值的大致范围是多少?
2.对工频交流电,我国规定的安全电压值有哪三种?
3.触电事故分哪两大类?其含义分别指什么?
4.发生触电的主要原因有哪些?
5.简述触电急救方法。
6.固定设备电气安全的基本措施有哪些?
7.使用移动式电器应采取何种安全措施?
8.接地分几类?安全接地又分哪几种?
9.试述保护接地的局限性与保护接零的优越性。
10.重复接地是指什么?
11.雷雨时为了防止雷击,在户外和户内各应注意哪些问题?

实训 1-1 安全用电

一、实训目的

1.了解高、低压配电方式及安全用电的基本措施。
2.掌握人体触电急救方法和措施。

二、实训器材及设备

学校低压配电室,人体模型(或真人)房

三、实训内容

1.参观学校低压配电室,让学生理解和掌握高、低压配电方式及安全用电的基本措施。
2.通过人体模型或真人的实际演练,让学生掌握人体触电急救方法和措施。

四、实训报告

1.总结用电安全技术和电气安全需注意的问题。
2.简述人体触电后的急救方法和要注意的措施。

实训 1–2　测量绝缘电阻

一、实训目的

1.正确认识电气设备绝缘性能良好的好坏对安全用电的重要性。

2.熟练掌握使用摇表测量电气设备绝缘电阻的方法。

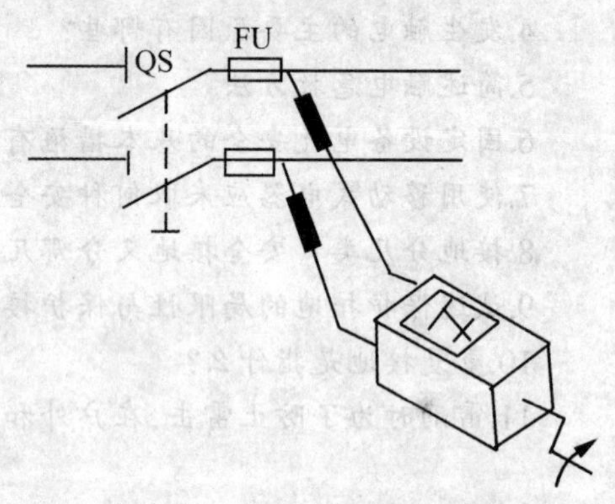

图 1–12　单相交流电路测量绝缘电阻的方法

二、实训器材及设备

三相异步电动机，摇表。

三、实训内容

1.单相交流电路

(1)测量单相交流电路中相线与中线间的绝缘电阻，如图 1–12 所示。

(2)测量相线与接地点间的绝缘电阻。

2.三相交流电路

(1)测量三相四线制电路中任意两根导线间的绝缘电阻，如图 1–13 所示。

(2)测量相线与对地点间的绝缘电阻。

3.三相异步电动机

(1)测量三相异步电动机任意两相绕组间的绝缘电阻，如图 1–14 所示。

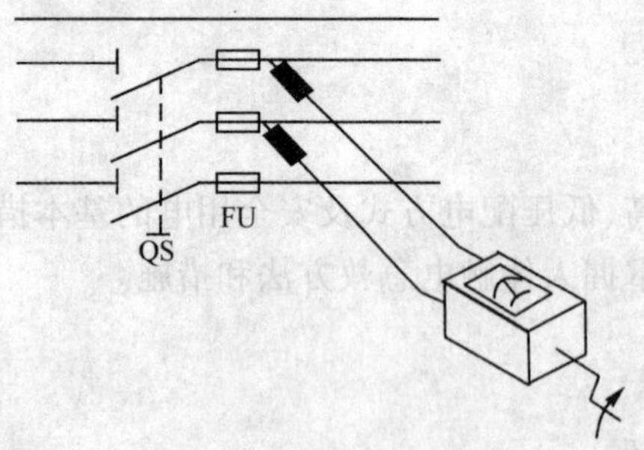

图 1–13　三相交流电路测量绝缘电阻的方法

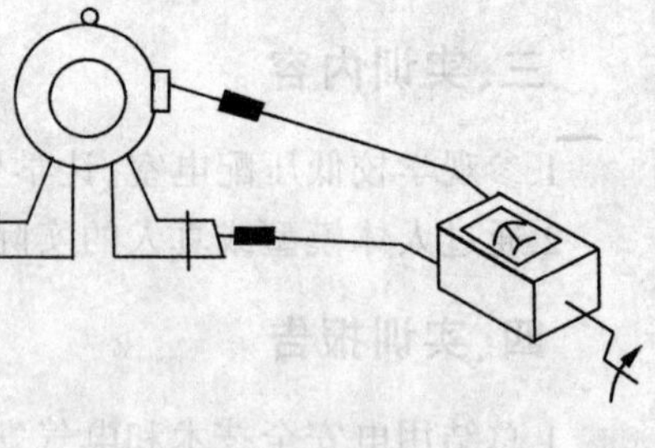

图 1–14　电动机测量绝缘电阻的方法

(2)测量三相异步电动机绕组与对地点间的绝缘电阻。

四、实训报告

1.整理所测量的数据，分析实训结果。

2.小结用摇表测量绝缘电阻时需要注意些什么。

第二章 常用电工材料

常用电工材料包括导电材料、绝缘材料和磁性材料三类。它们在电气、电子工程中应用极为广泛。

第一节 常用导电材料

当前大量用于制作电线、电缆的金属材料是铜和铝。铜的电阻率小，展延性、可锻性、耐热性好，但蕴藏量小。铝的导电能力是铜的64%，但同规格同长度的铝在质量上是铜的30%，其可锻性、展延性、耐热性比铜要差，但由于它的蕴藏量大，所以被选作仅次于铜的电线、电缆金属材料。

常用导电材料分为电线、电缆，电热材料和电刷三种。

一、电线、电缆

常用电线、电缆分为裸导线、橡皮绝缘电线、聚氯乙烯绝缘电线、漆包圆铜线、低压橡套电缆等。它们的型号、名称及用途如表2–1所示。

二、电热材料

在工程上，电热材料主要用于制作电加热设备中的发热元件。该元件在通电状态下，能将电能转换成热能，如电炉、电饭煲、电烤箱等电器中的发热体。它们的显著特点是在高温下有良好的抗氧化性能。常用电热材料如表2–2所示。

表 2-1　常用电线、电缆

大类	型号	名称	用途
电线、电缆	BV	聚氯乙烯绝缘铜芯线	交、直流 500 V 及以下的室内照明和动力线路的敷设，室外架空线路
	BLV	聚氯乙烯绝缘铝芯线	
	BX	铜芯橡皮线	
	BLX	铝芯橡皮线	
	BLXF	铝芯氯丁橡皮线	
	LJ	裸铝绞线	室内高大厂房的绝缘子配线和室外架空线
	LGJ	铜芯铝绞线	
	BVR	聚氯乙烯绝缘铜芯软线	活动不频繁场所电源连接线
	BVS RVB	聚氯乙烯绝缘双根铜芯绞合软线 聚氯乙烯绝缘双根平行铜芯软线	交、直流额定电压为 250 V 及以下的移动式电具、吊灯电源连接线
	BXS	棉纱编制橡皮绝缘双根铜芯绞合软线（花线）	交、直流额定电压为 250 V 及以下的吊灯电源连接线
	BVV	聚氯乙烯绝缘护套铜芯线（双根或 3 根）	交、直流额定电压为 500 V 及以下的室内外照明和小容量动力线路敷设
	RHF	氯丁橡套铜芯软线	250 V 室内外小型电气工具电源连线
	RVZ	聚氯乙烯绝缘护套铜芯软线	交、直流额定电压为 500 V 及以下的移动式电具电源连线
电磁线	QZ	聚酯漆包圆铜线	耐热 130 ℃，用于密封的电机、电器绕组或线圈
	QA	聚氨酯漆包圆铜线	耐热 120 ℃，用于电工仪表细微线圈或电视机线圈等高频线圈
	QF	耐冷冻剂漆包圆铜线	在氟利昂等制冷剂中工作的线圈如电冰箱、空调器压缩机电动机绕组
通信线缆	HY、HE、HP、HJ、GY	H 系列及 G 系列光纤电缆	电报、电话、广播、电视、传真、数据及其他信息的传输

表 2-2　常用电热材料

大类	名称	特点	用途
电热材料	镍铬合金	工作温度达 1 150 ℃，电阻率高，高温下机械强度好，便于加工，基本无磁性	用于家用和工业电热设备
	高熔点纯金属（铂、钼、钽、钨等）	工作温度范围在 1 300~1 400 ℃，最高可达 2 400 ℃（钨），电阻率较低，温度系数大	用于实验室及特殊电炉
电热元件	硅碳棒 硅碳管	工作温度范围在 1 250~1 400 ℃，抗氧化性能好，但不宜在 800 ℃以下长期使用	用于高温电加热设备发热元件
	管状电热元件	工作温度在 550 ℃以下，抗氧化、耐震、机械强度好、热效率高，可直接在液体中加热	用于日用电热器发热元件，液体内加热的发热元件

三、电刷

用于电机和调压器等设备中的换向器、集电环等的上面，作为传导电流的滑动接触件。常用电刷分为三大类：石墨电刷、电化石墨电刷、金属石墨电刷。由于它们类别、型号不同，故其电阻率、摩擦系数、额定电流强度等参数存在着较大差异。

第二节 绝缘材料

凡电阻率大于 $1.0\times10^{7}\ \Omega\cdot m$ 的材料称为绝缘材料。在技术上主要用于隔离带电导体或不同电位的导体，以保障人身和设备的安全。此外，在电气设备上还可用于机械支撑、固定、灭弧、散热、防潮、防霉、防虫、防辐射、耐化学腐蚀等场合。常用绝缘材料如表 2–3 所示。

绝缘材料分为有机绝缘材料、无机绝缘材料以及这两种材料经加工制成的各种成形材料。

表 2–3 常用绝缘材料

大类	名称	用途
绝缘漆和绝缘胶类	电磁线漆、浸渍漆、覆盖漆、绝缘复合胶	制作电磁线，加强电机、电器线圈绝缘，绝缘器件表面保护，密封电器及零部件等
塑料制品	塑料、薄膜、粘带及复合制品	制作高温、高频电线电缆绝缘，电容器介质，包缠线头，电机层间、端部、槽绝缘等
电瓷制品	瓷绝缘子	用于架空线、缆的固定和绝缘
橡胶制品	橡胶管、橡胶皮、板	电线、电缆绝缘皮、电气设备绝缘板、绝缘棒、电气防护用品
层压制品	层压板、层压管、层压棒	电机、电器等设备中的绝缘零部件、灭弧材料
绝缘油	天然绝缘油、化工绝缘油	电力变压器、开关、电容器、电缆中作灭弧绝缘
绝缘包带	电工用黑胶布、涤纶带、橡胶带、黄蜡稠、黄蜡带等	用于电线、电缆接头、电机绕组接头等恢复绝缘层

第三节 磁性材料

常用磁性材料包括软磁材料和硬磁材料两大类。

一、软磁材料

1.硅钢片

硅钢片是在铁材料中加入少量硅制成的。它是电力、电子工业的主要磁性材料，其使用量占所有磁性材料的90%以上,其硅含量在4.5%以内 ,通常加工成0.05~0.5 mm厚的片状,表面具有绝缘层,用以减小涡流损耗。硅钢片分热轧和冷轧两大类,目前热轧硅钢片已逐步被淘汰。

2.导磁合金

(1)铁镍合金:又称坡莫合金。它是在铁中加入一定量的镍经真空冶炼而成。根据用途的不同,其镍含量范围在30%~82%不等。由于它的高频特性好,多用于频率较高的场合,如制作小功率变压器、脉冲变压器、微电机、继电器、磁放大器等的铁心、记忆元件等。

(2)铁铝合金:它是在铁中加入一定量的铝制成的,其铝含量为6%~16%。多用于制作小功率变压器、脉冲变动器、微电机、互感器、继电器、磁放大器、电磁阀和分频器的磁心。

3.铁氧体材料

铁氧体由陶瓷工艺制作而成,硬而脆、不耐冲击、不易加工,是内部以Fe_2O_3为主要成分的软磁材料。适用于100 kHz~500 MHz的高频磁场中导磁,可作为中频变压器、高频变压器、脉冲变压器、开关电源变压器、高频电焊变压器、高频扼流圈、中波与短波天线的导磁材料。

二、硬磁材料

又称永磁材料,具有较强的剩磁和矫顽力。在外加磁场撤去后仍能保留较强剩磁。按其制造工艺及应用特点可分为铸造铝镍钴系永磁材料、粉末烧结铝镍钴系永磁材料、铁氧体永磁材料、稀土钴系永磁材料、塑性变形永磁材料五类。

铸造铝镍钴系和粉末烧结铝镍钴系永磁材料多用于磁电式仪表、永磁电机、微电机、扬声器、里程表、速度表、流量表等内部做导磁材料。铁氧体永磁材料可用于制作永磁电机、磁分离器、扬声器、受话器、磁控管等内部的导磁元件;稀土钴系永磁材料可用于制作力矩电机、启动电机、大型发电机、传感器、拾音器及医疗设备等的磁性元件;塑性变形永磁材料可用于制作罗盘、里程表、微电机、继电器等内部的磁性元件。

思考与练习

1.常用导电材料有哪几类?它们各自有什么用途?

2.生产电线用的导电材料铜和铝各有哪些特点?

3.常用的电线、电缆分为哪些类型?

4.具有什么特性的材料为绝缘材料?它们主要用于哪些地方?

5.你所知道的绝缘材料中,哪些是有机绝缘材料?哪些是无机绝缘材料?哪些是混合绝缘材料?

6.你常用哪些类型的绝缘包带?在哪些场合下使用?

7.常用软磁性材料有哪几种?

8.硅钢片常用于哪些场合?硅钢片为什么切成片状?其间为什么还具有绝缘层?

9.铁氧体材料有哪些特点?多用于什么场合?

10.硬磁性材料有什么特点?常用于哪些场合?

实训 2–1　常用电工材料的识别

一、实训目的

1.学会识别电工常用导电材料。

2.学会识别电工常用绝缘材料。

3.学会识别电工常用磁性材料。

二、实训器材

1.导电材料：裸导线、裸铝线、橡皮绝缘线（单股和多股）、聚氯乙烯绝缘线（单股和多股）、橡套电缆（二芯以上）、电缆线（铜、铝）、汇流排（铜、铝）；电阻丝、电磁发热体、碳质电刷。

2.绝缘材料：绝缘漆、绝缘油、黄蜡布（带）、黑胶布、涤纶胶带、酚醛板、橡胶皮、橡胶板、黄蜡管、玻璃丝漆管。

3.磁性材料：永久磁铁、铁氧体、硅钢片。

三、训练步骤与工艺要点

电工材料的分类。

将上述实训器材一次性发放到学生手中，要求学生按下列步骤分类，并计入表 2–4 中。

(1)导电材料：①电线、电缆，②电热材料，③电刷；

(2)绝缘材料：①绝缘漆（油），②绝缘布（带），③绝缘板，④绝缘管；

(3)磁性材料：①软磁性材料，②硬磁性材料。

表 2–4　常用电工材料的分类与识别

大类	小类	名称	规格	用途
导电材料	电线 电缆			
	电热材料			
	电刷			
绝缘材料	绝缘漆（油）			
	绝缘布（带）			

续表 2-4

大类	小类	名称	规格	用途
绝缘材料	绝缘板			
	绝缘管			
磁性材料	软磁性材料			
	硬磁性材料			

四、实训报告

归纳常用电工材料的种类。

第三章　常用电工工具及基本操作工艺

常用电工工具是一般专业电工在进行电气安装与维修工作时的工具。正确使用这些电工工具是提高工作效率、保证施工质量的重要条件。因此必须十分重视对工具的使用方法。电工工具种类繁多,这里仅对常用工具作一般介绍。

第一节　常用电工工具的识别与使用

一、通用电工工具

通用电工工具指电工随时都可能使用的常备工具。主要有测电笔、螺丝刀、钢丝钳、活络扳手、电工刀、剥线钳等。

1.测电笔。测电笔是用于检测线路和设备是否带电的工具,有笔式和螺丝刀式两种,其结构如图3-1(a)、(b)所示。

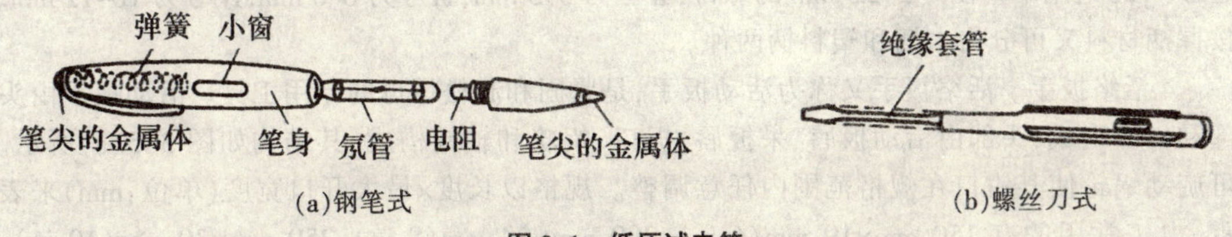

图 3-1　低压试电笔

使用时手指必须接触金属笔挂(笔式)或测电笔的金属螺钉部(螺丝刀式),使电流由被测带电体经测电笔和人体与大地构成回路。只要被测带电体与大地之间电压超过 60 V 时,测电笔内的氖管就会启辉发光。观察时应将氖管窗口背光面向操作者。

测电笔在使用前，应先在确认有电的带电体上试验，确认测电笔工作正常后，再进行正常验电，以免氖管损坏造成误判，危及人身或设备安全。要防止测电笔受潮或强烈震动，平时不得随便拆卸。

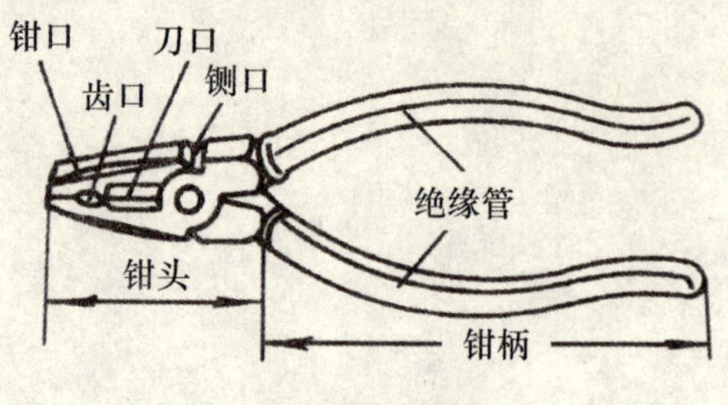

图 3–2 钢丝钳

2.钢丝钳。钢丝钳是电工用于剪切或夹持导线、金属丝、工件的常用钳类工具。钢丝钳由钳头和钳柄两部分组成。钳头包括钳口、齿口、刀口、铡口四个部分，其结构如图 3–2 所示。其中，齿口用于旋动螺钉螺母；刀口用于切断电线、起拔铁钉、削剥导线绝缘层等；钳口用于弯绞和钳夹线头或其他金属、非金属物体；铡口用于铡断硬度较大的金属丝，如钢丝、铁丝等。电工用钢丝钳柄部加有耐压 500 V 的塑料绝缘套。钢丝钳规格较多，电工常用的有 150 mm、175 mm、200 mm 三种。

另外，电工还常用头部尖细、适用于狭小空间操作的尖嘴钳，外形如图 3–3 所示，主要用于夹持较小螺钉、垫圈、导线和把导线端头弯曲成所需形状；带刃口的尖嘴钳可用于剪断细小的导线、金属丝等。电工用尖嘴钳采用绝缘手柄，其耐压等级为 500 V。常用的有 130 mm、160 mm、180 mm、200 mm 四种规格。其握法与绝缘钢丝钳的握法相同。

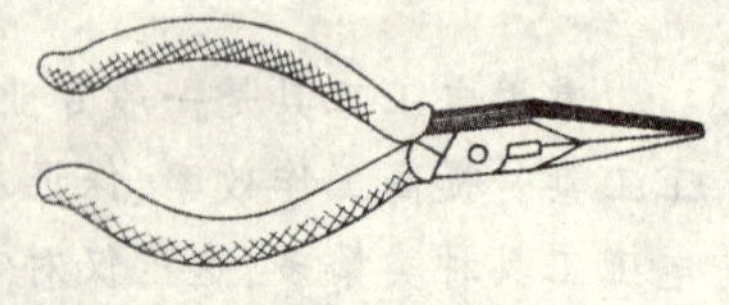
图 3–3 尖嘴钳

3.螺丝刀。螺丝刀又称起子、改锥、螺钉旋具或旋凿，是一种紧固或拆卸螺丝钉的工具。螺丝刀的式样和规格很多，按头部形状不同可分为一字形和十字形两种，如图 3–4 所示。

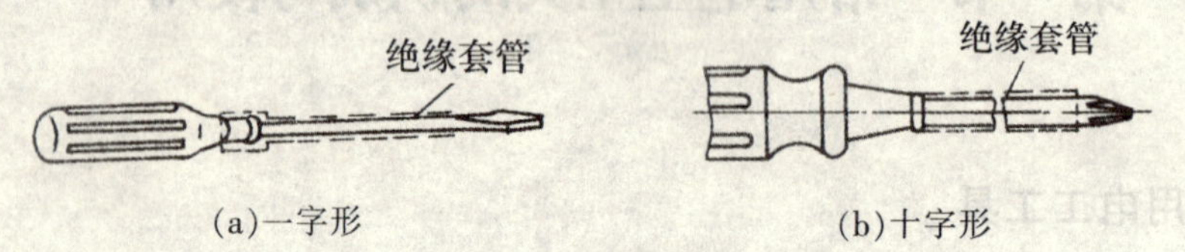

(a)一字形 (b)十字形

图 3–4 螺丝刀

一字形螺丝刀以柄部以外的刀体长度分类，常用的有 50 mm、100 mm、150 mm、200 mm 等几种规格。电工必备的是 50 mm 和 150 mm 两种。

十字形螺丝刀专供紧固或拆卸十字槽的螺钉，按其头部旋动螺钉规格的不同，分为四个型号：Ⅰ号适用于直径为 2~2.5 mm 的螺钉，Ⅱ号为 3~5 mm，Ⅲ号为 6~8 mm，Ⅳ号为 10~12 mm。按握柄材料又可分为木柄和塑料柄两种。

4.活络扳手。活络扳手又称为活动扳手，是紧固和起松螺母的专用工具。活动扳手由头部和柄部组成，头部由活动扳唇、呆扳唇、扳口、蜗轮和轴销构成，其结构如图 3–5(a)所示。可旋动蜗轮使其钳口在规格范围内任意调整。规格以长度×最大开口宽度(单位：mm)来表示，电工常用的有 150 mm×19 mm(6 in)、200 mm×24 mm(8 in)、250 mm×30 mm(10 in)、300 mm×36 mm(12 in)等几种。

扳动较大螺杆螺母时，所用力矩较大，手应握住手柄尾部，如图 3–5(b)所示。扳动小型螺杆螺母时，为防止钳口处打滑，手可握在接近头部的位置，并随时调节蜗轮，收紧活动扳唇防止打滑,如图 3-5(c)所示。

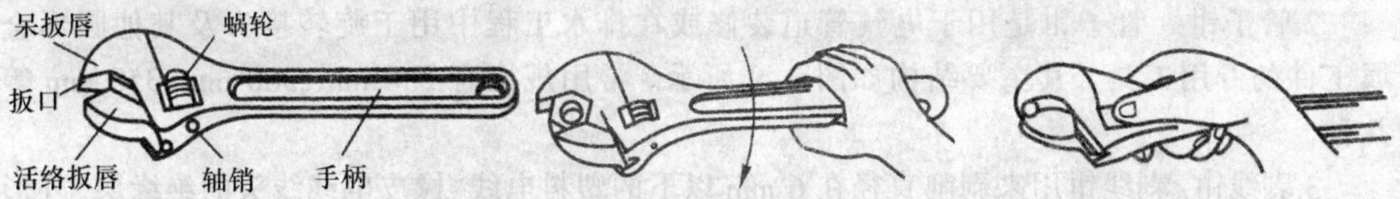

(a)活络扳手的构造 (b)扳较大螺母时的握法 (c)扳较小螺母时的握法

图 3-5 活络扳手

使用活络扳手时,不能反方向用力,否则容易扳裂活络扳唇;也不准用钢管套在手柄上施加较大的扳拧力矩;更不准当作撬棍或手锤使用。旋动螺杆、螺母时,必须把工件的两侧平面夹牢,以免损坏螺杆或螺母的棱角。

5.镊子。镊子主要用于夹持导线线头、螺钉、元器件等小型工件或物品。多用不锈钢制成,有较强的弹性。其常见类型有尖头镊子和宽口镊子,如图 3-6 所示。其中,尖头镊子主要用来夹持较小物件,宽口镊子则可夹持较大物件。

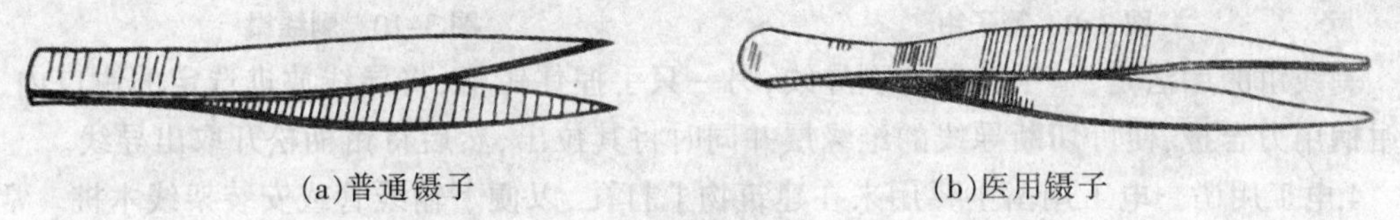

(a)普通镊子 (b)医用镊子

图 3-6 镊子

6.电工刀。电工刀是用来剖削或切割电工器材的常用工具。由于它的刀柄不绝缘,故不能直接在带电体上进行操作,以免触电。在剖削绝缘导线的绝缘层时,可把刀略微向内倾斜,用刀刃的圆角抵住线芯,刀口向外推出,这样既不容易创伤线芯,又可防止操作者受伤。使用完应立即把刀身折入刀柄。其结构如图 3-7 所示。

图 3-7 电工刀

二、常用线路装修工具

线路装修工具是指电力内外线装修工程必备的工具,它包括用于打孔、紧线、钳夹、切割、剥线、弯管、登高的工具和设备等。

1.冲击电钻。冲击电钻常用于在配电板(盘)、建筑物,或其他金属材料、非金属材料上钻孔。它具有普通钻孔和锤击钻孔两种功能。冲击电钻由电机、传动机构、离合器、传动轴、钻头、控制开关及把手等组成,如图 3-8 所示。

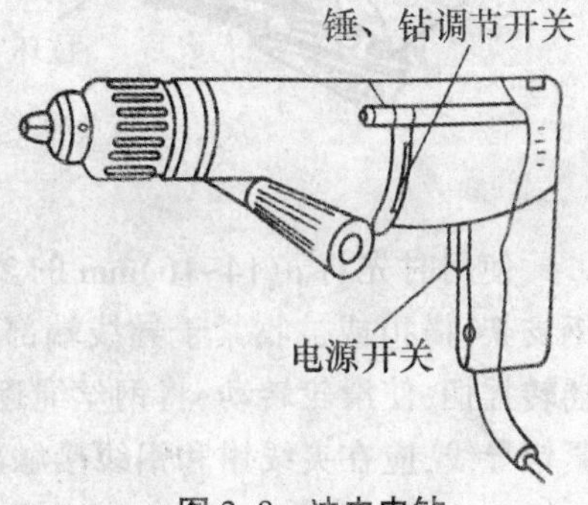

图 3-8 冲击电钻

它的用法是,把调节开关置于“钻”的方向,钻头只旋转而没有前后的冲击动作,可作为普通钻使用。若调到“锤”的位置,通电后钻头边旋转、边前后冲击,便于钻削混凝土或砖结构建筑物上的孔，如膨胀螺栓孔、穿墙孔等。

2.管子钳。管子钳是用于电气管道装修或在排水工程中用于旋转接头及其他圆形金属工件的专用工具。其主要结构如图 3–9 所示。常用规格有 250 mm、300 mm、350 mm 等几种。

3.剥线钳。剥线钳用来剥削直径在 6 mm 以下的塑料电线、橡皮电线线头的绝缘层。外形如图 3–10 所示，它由钳头和手柄两部分组成。剥线钳钳口分有 0.5~3 mm 的多个不同直径切口，用于不同规格线芯的剥削。使用时应使切口与被剥削导线芯线直径相匹配，切口过大难以剥离绝缘层，切口过小会切断芯线。

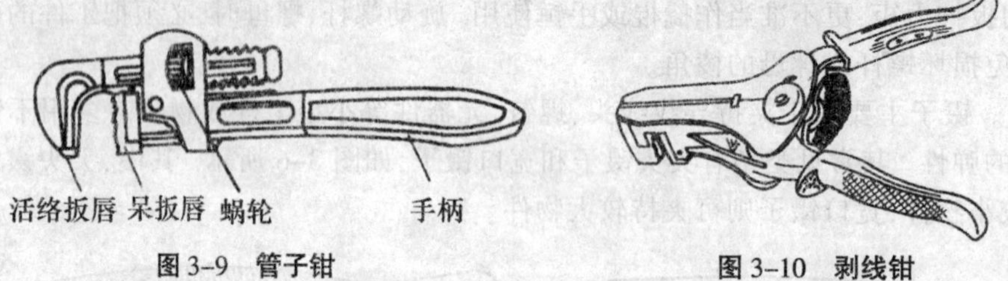

图 3–9　管子钳　　　　图 3–10　剥线钳

剥线钳的用法是，一手拿着待剥导线，另一只手捏住钳柄，将导线放进选定的钳口内，紧握钳柄用力合拢，便可切断导线的绝缘层并同时将其拉出，然后将钳柄松开取出导线。

4.电工用凿。电工用凿主要用来在建筑物上打孔，以便下输线管或安装架线木桩。常用的电工用凿主要有麻线凿、小扁凿和长凿等几种，如图 3–11 所示。

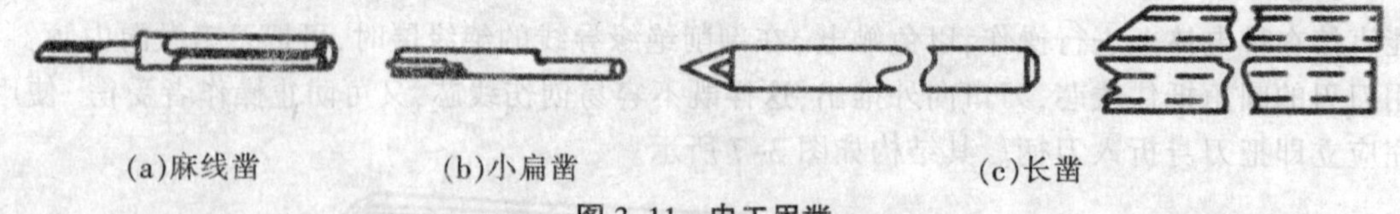

(a)麻线凿　(b)小扁凿　(c)长凿

图 3–11　电工用凿

5.紧线器。紧线器又名收线器或收线钳。在室内、外架空线路的安装中用以收紧将要固定在绝缘子上的导线，以便调整弧垂。紧线器的种类很多，常用的有平口式和虎头式两种，其外形如图3–12 所示。

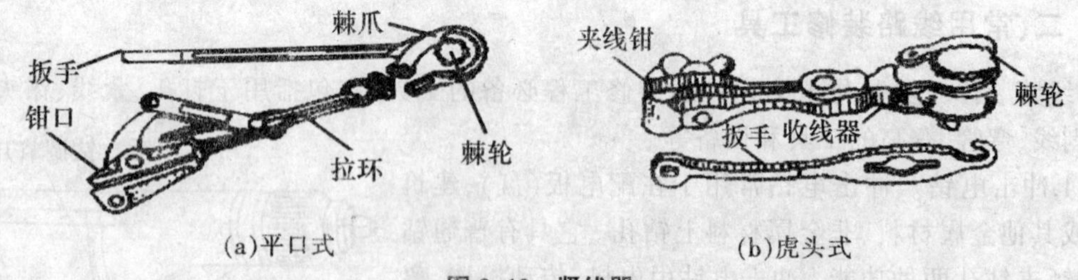

(a)平口式　(b)虎头式

图 3–12　紧线器

使用时先将 ø(14~16)mm 的多股绞合钢丝绳的一端绕于滑轮上拴牢，另一端固定在角钢支架、横担或被收紧于导线端部附近紧固的部位上，并用夹线钳夹紧待收导线，适当用力摇转摇柄，使滑轮转动，将钢丝绳逐步卷入滑轮内，最后将架空线收紧到合适弧垂。如用于收紧铝导线，应在夹线钳和铝线接触部位包上麻布或其他保护层，以免钳口夹伤导线。

6.弯管器。弯管器是用于管道配线中将管道弯曲成型的专用工具,电工常用的是管弯管器和滑轮弯管器。管弯管器由钢管手柄和铸铁弯头组成,适用于手工弯曲直径在 50 mm 及以下的钢管。

使用方法:先将管子要弯曲部分的前缘送入弯管器的工作部分,弯曲焊管时,应将焊缝置于弯曲方向的侧面,以免弯曲时使焊缝处裂口。然后操作者用脚踏住管子,手适当用力扳动管弯管器手柄,使管子稍有弯曲,再逐步依次移动弯头,每移动一个位置,扳弯一个弧度,如图 3-13 所示。最后将管子弯成所需要的形状。

在钢管加工要求较高的场合,特别是批量弯曲曲率半径相同的直径在 50~100 mm 的金属管道时,可采用滑轮弯管器,其结构如图 3-14 所示。操作时将钢管穿过两个滑轮之间的沟槽,扳动滑轮手柄即可弯管。

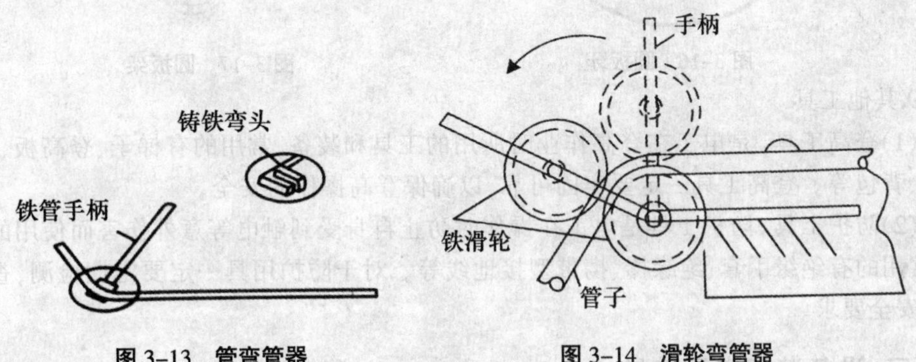

图 3-13 管弯管器　　图 3-14 滑轮弯管器

7.切割器具。常用的切割器具有手钢锯和管子割刀两类。

手钢锯常用于锯割槽板、木榫、角钢、电器管道等,其结构如图 3-15 所示。操作前先旋松张紧螺栓,安上锯条,注意使锯齿向前方倾斜,然后收紧张紧螺栓,以免锯割时锯条左右晃动。锯割时,右手满握锯柄,左手轻扶锯弓前端。起锯时压力要小,行程要短,速度放慢。工件快锯断时,用左手扶住被锯下的部分,以免落下时损伤工件或危及操作人员。

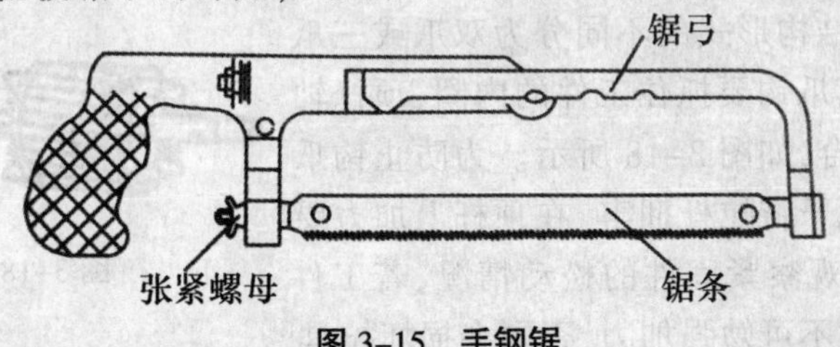

图 3-15 手钢锯

管子割刀又叫割管器,专门用于切割管子,使用时先调整刀片与滚轮之间的距离,将待割的管子卡入其间,再旋动手柄上的螺杆使刀片切入钢管,然后做圆周运动进行切割,而且边切割边调整螺杆,使刀片在管子上的切口不断加深,直至把管子切断。

8.套丝器具。钢管与钢管之间的连接应先在连接处套丝(加工外螺纹),再用管接头连接。厚壁钢管套丝一般用钢管绞板,电工常用的绞板规格有 13~51 mm 和 64~101 mm 两种。若是电线管或硬塑料管套丝,常用圆扳架和圆扳牙。其结构如图 3-16 与图 3-17 所示。

套丝时,先将管子固定在龙门钳上,伸出龙门钳正面的一端不要太长,然后将绞板丝牙套上管端,调整绞板活动刻度盘,使扳牙内径与钢管外径相配合,用固定螺丝将扳牙锁紧。再调整铰板上的三个支持脚,使其卡住钢管,以保证套丝时扳牙前进平稳,不套坏丝扣。绞板调整好后,握住手柄,平稳向前推进,同时向顺时针方向扳动。扳动手柄时用力要均匀。套完所需长度的丝扣后,退出扳牙,并将扳牙稍调小一点,重套一次,边转动边松开扳牙,一方面清除毛刺,另一方面形成锥形丝扣,以便于套入管接头。

电线管或硬塑料管套丝可用圆扳牙。先选好与管子配套的圆扳牙,固定在扳架内,将管子固定后,平正地套上管端,边扳动手柄边平稳向前推进,即可套出所需丝扣。

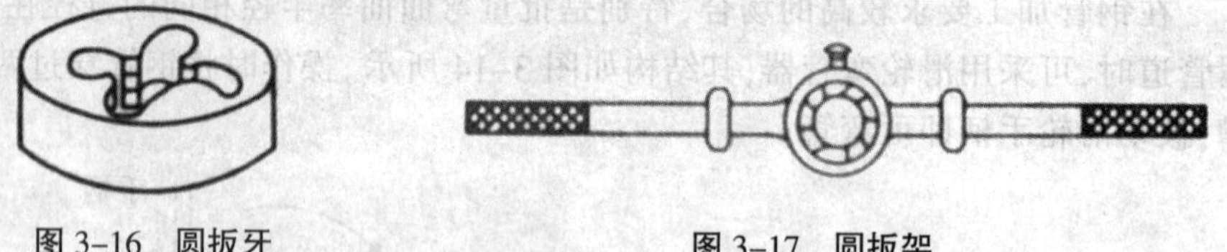

图 3-16 圆扳牙　　图 3-17 圆扳架

9.其他工具

(1)登高工具。是电工在登高作业时所用的工具和装备,常用的有梯子、登高板、脚扣、保险带、背包等。登高工具一定要牢固可靠,以确保登高操作的安全。

(2)防护工具。防护工具是电工在操作时防止自身受到触电等意外伤害而使用的一些工具,常用的有绝缘手套、绝缘棒、携带型接地线等。对于防护用具一定要定期检测,查看是否符合安全要求。

三、设备装修常用工具

设备装修工具是用来进行电气设备的安装与维修而使用的专用工具。

1.拉具。拉具又称拉扒、拉机、拉钩、拉模等,是电工拆卸皮带轮、联轴器、电机轴承、电动机风叶的一种不可缺少的工具。按结构形式的不同分为双爪或三爪两种。使用拉具时,其爪钩要抓住工件的内圈,顶杆轴心线与工件轴心线重合,如图 3-18 所示。为防止钩爪从工件上滑出,可用绳子将拉杆捆牢。在顶杆上加力要均匀,边旋转手柄,边观察紧固件的松动情况,若工件锈死或太紧,拉不下时不可勉强加力,否则会损坏拉具。

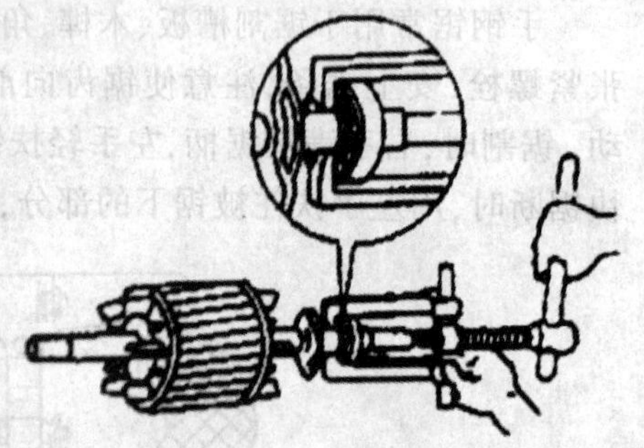

图 3-18 拉具的使用

2.套筒扳手。套筒扳手是由不同规格的套筒和公用手柄组合的旋具套件。主要用于旋动有沉孔或其他扳手不便操作的部位的螺栓或螺母。

3.喷灯。喷灯是一种利用喷射火焰对工件进行加热的工具。常用来焊接铅包电缆的铅包层,大截面铜导线连接处的搪锡,以及其他导体连接表面的防氧化镀锡等。按照使用燃料的不同,喷灯分为煤油喷灯和汽油喷灯两种,它的外形结构如图 3-19 所示。

使用喷灯前,注意加油量不能超过筒体体积的 3/4,先将喷灯预热,即在预热燃烧盘中注入适量燃油,点燃后预热火焰喷头。在燃油尚未燃完时即可向贮油桶打气 3~15 次,然后拧松放油阀，让油雾喷出着火，之后继续打气，直至火焰正常。熄火时关闭放油阀，熄灭火焰，放出贮油筒内的压缩空气。

4.滑轮。滑轮是电气装修中用于起吊重物的工具。根据轮子数目可分为单轮、双轮和三轮等；按使用方法分为定滑轮和动滑轮，一定数目的定滑轮和动滑轮组成的轮系叫滑轮组。定滑轮安装在位置固定的轴上，它的作用是改变绳索或拉力的方向，而不能省力。滑轮的位置可以移动的叫动滑轮，它的滑轮安装在运动的轴上，并与被拉重物一起升降，但它不能改变力的方向。如图 3–20 所示为简单滑轮组的示意图。

图 3–19　喷灯　　图 3–20　简单滑轮组的示意图

第二节　常用导线的连接

一、导线的连接工艺

导线的连接是电工基本工艺之一。电气设备和线路能否安全可靠地运行，在很大程度上取决于导线连接和绝缘层修复的质量。导线连接的方式很多，常用的有绞接、缠绕连接、焊接、管压接等。出线端与电气设备的连接，有直接连接和经接线端子连接。对导线连接的基本要求是：接触紧密，连接可靠美观，机械强度高，耐腐蚀和绝缘性能好。

导线绝缘层的剖削。导线连接前，必须削去导线端的绝缘层，导线接头和导线截面不同，削除的长度就不同。削线通常采用单层削法、分段削法和斜削法三种，如图 3–21 所示。其中单层削法不适用于多层绝缘的导线。下面具体介绍几种常用导线绝缘层的剖削方法。

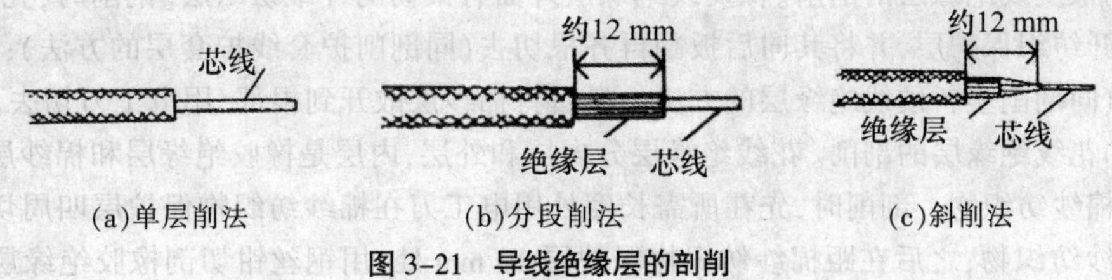

图 3–21　导线绝缘层的剖削

(1)塑料硬线绝缘层的剖削。芯线截面为 4 mm² 及以下的塑料硬导线绝缘层的剖削,通常采用钢丝钳来剖削。剖削时根据所需线头长度用钢丝钳的钳口切割绝缘层,用手握住钢丝钳头部用力向外移,除去塑料绝缘层,如图 3-22 所示。注意:不可切入芯线,若损伤较大,则应剪去该线头,重新剖削。芯线截面为 4 mm² 以上塑料硬导线绝缘层的剖削,其绝缘层可用电工刀来剖削。剖削时根据线头长度,用电工刀以 45°倾斜角切入塑料绝缘层,如图 3-23(a)所示,注意应使刀口刚好削透绝缘层而不伤及芯线。使刀面与芯线间的角度保持在 15°左右,用力向线端推削(不可切入芯线),削去上面一层塑料绝缘,如图 3-23(b)所示。将剩余的绝缘层向后扳翻,如图 3-23(c)所示,最后用电工刀齐根削去。

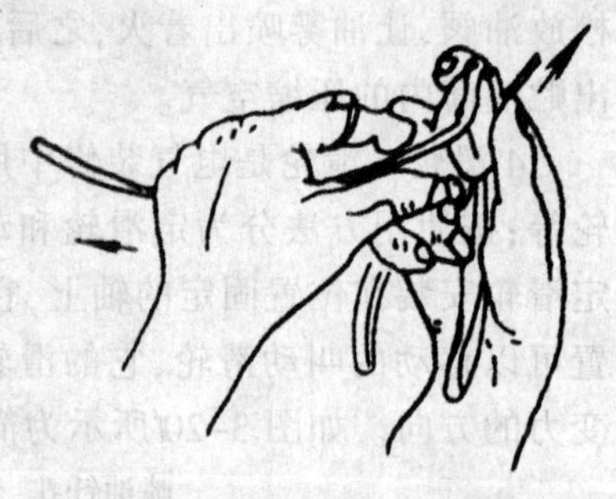

图 3-22 钢丝钳去除导线绝缘层

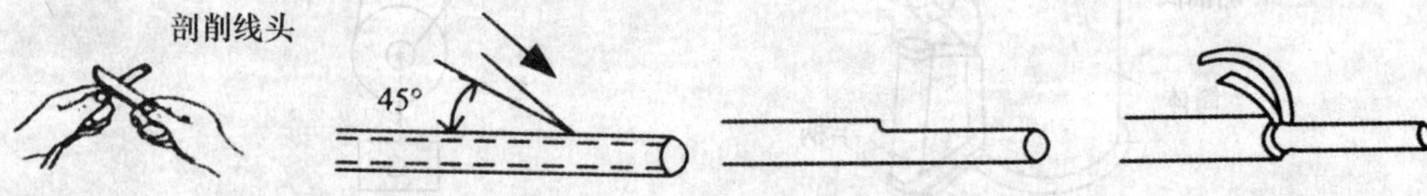

(a)45°倾斜角切入塑料绝缘层 (b)削去上面一层绝缘层 (c)向后扳翻剩余绝缘层

图 3-23 电工刀剖削塑料硬导线绝缘层

(2)塑料软线绝缘层的剖削。采用剥线钳或钢丝钳剖削塑料软线绝缘层,不能用电工刀来剖削以免伤及线芯。剖削方法同塑料硬线。

(3)塑料护套线绝缘层的剖削。塑料护套线绝缘层由公共护套层和每根芯线的绝缘层两部分组成。公共护套层只能用电工刀来剖削,剖削时,按所需线头长度用电工刀刀尖对准芯线缝隙划开护套层,如图 3-24(a)所示;向后扳翻护套层,用电工刀齐根切掉,如图 3-24(b)所示。然后在距护套层 5~10 mm 处,用钢丝钳或电工刀按剖削塑料硬线绝缘层的方法,分别削除每根芯线的绝缘层。

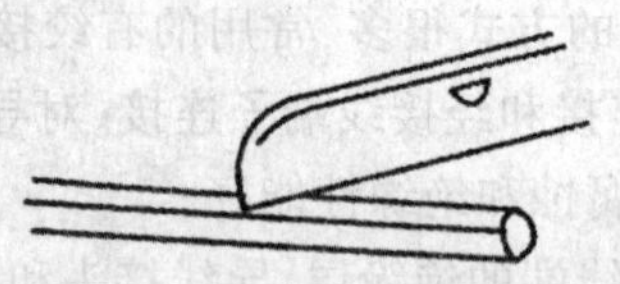

(a)刀在芯线缝隙间划开保护层

(b)扳翻护层并齐根切去

图 3-24 电工刀剖削塑料护套线绝缘层

(4)橡皮线绝缘层的剖削。橡皮线绝缘层外面有柔韧的纤维纺织层。剖削时,先用电工刀刀尖划开纺织保护层,并将其向后扳翻再齐根切去(同剖削护套线护套层的方法);之后削去橡胶层(同剖削塑料硬线绝缘层的方法);最后将棉纱层散开到根部,用电工刀切去。

(5)花线绝缘层的剖削。花线绝缘层分内层和外层,内层是橡胶绝缘层和棉纱层,外层是柔韧的棉纱纺织物。剖削时,先在所需长度处用电工刀在棉纱纺织物保护层四周切割一圈,拉去棉纱纺织物;之后在距棉纱纺织物保护层 10 mm 处,用钢丝钳切剖橡胶绝缘层(注意不要切伤芯线),用力抽拉花线,钳口勒出橡胶绝缘层(方法同塑料硬线绝缘层的剖削);最后用电工刀割断棉纱层。剖削方法如图 3-25 所示。

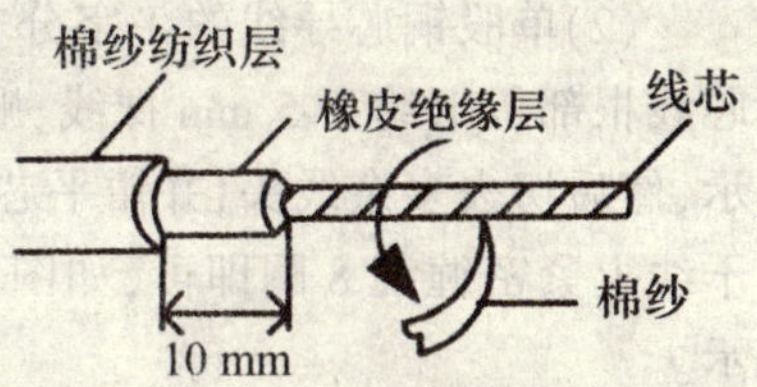

图 3-25 花线绝缘层的剖削

(6)铅包线绝缘层的剖削。铅包线绝缘层分内部芯线绝缘层和外部铅包层。剖削时,先用电工刀把铅包层切割一刀,如图 3-26(a)所示;之后用双手来回扳动切口处,铅层便沿切口折断,就可拉出铅包层,如图 3-26(b)所示;最后按塑料线绝缘层的方法剖削绝缘层,如图 3-26(c)所示。

(a)剖切铅包层

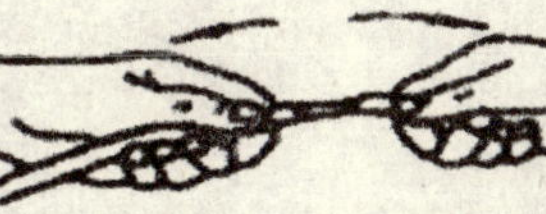
(b)拆扳切口拉出铅包层

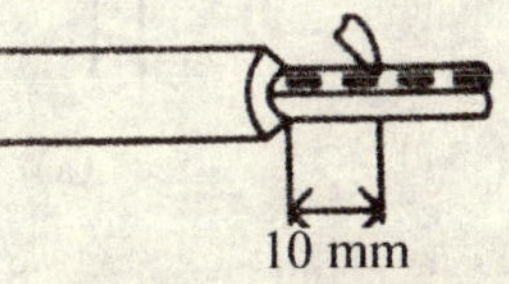

(c)剖削芯线绝缘层

图 3-26 铅包线绝缘层的剖削

(7)漆包线绝缘层的去除。漆包线绝缘层是由绝缘漆喷涂在芯线上而形成的。线径不同,其绝缘层的去除方法也不同。直径在 1.0 mm 以上可用细砂纸或细砂布擦除;直径在 0.6~1.0 mm 的,可用专用刮线刀刮去,如图 3-27 所示;直径在 0.6 mm 以下的也可用细砂纸或细砂布擦去。操作时需细心,否则易造成芯线折断。有时为了保持漆包线线芯直径的准确,也可用微火(不可用大火,以免芯线变形或烧断)烤焦线头绝缘漆层,再将漆层轻轻刮去。

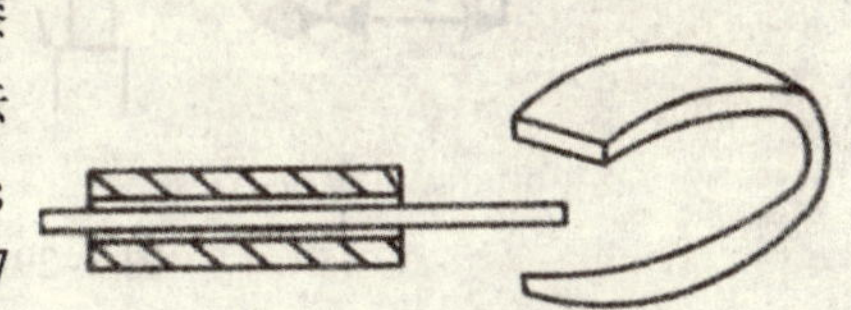

图 3-27 漆包线绝缘层的剖削

(8)橡套软线(橡套电缆)绝缘层的剖削。橡套软线外包护套层,内部每根线芯上又各有橡皮绝缘层。外护套层较厚,可用电工刀切除(方法同塑料层的去除)。露出的多股芯线绝缘层,可用钢丝钳夹去。

二、导线连接方法

常用绝缘导线的芯线股数有单股、7 股、19 股等多种,其连接方法各不相同。

1.铜芯导线的连接。根据铜芯导线股数的不同,有以下几种连接方法:

(1)单股铜芯导线的直线连接。连接时先将两导线心线头成 X 形相交,如图 3-28(a)所示;互相绞合 2~3 圈后扳直两线头,如图 3-28(b)所示;将每个线头在另一导线上紧贴并绕 6 圈,用钢丝钳切去余下的芯线,并钳平芯线末端,如图 3-28(c)所示。

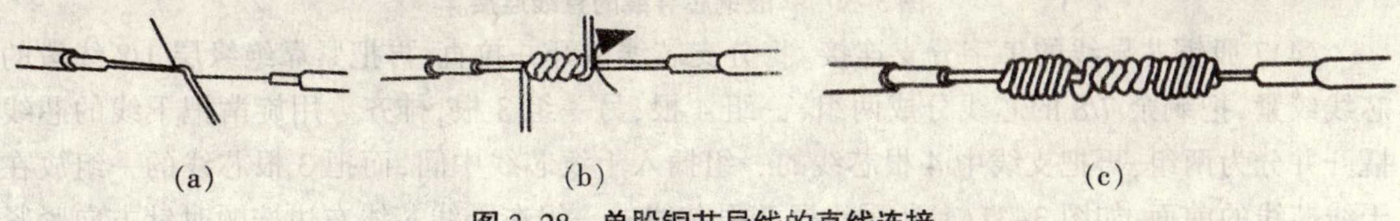

图 3-28 单股铜芯导线的直线连接

(2)单股铜芯导线的T字分支连接。先将支路芯线的线头与干线芯线十字相交，在支路芯线根部留出约3~5 mm裸线，顺时针方向缠绕支路芯线，缠绕6~8圈，如图3-29(a)、(b)所示，然后切去多余线头，并钳平芯线末端。如果连接导线截面较大，两芯线十字交叉后直接在干线上紧密缠绕8圈即可，如图3-29(c)所示。小截面的芯线可以不打结，如图3-29(d)所示。

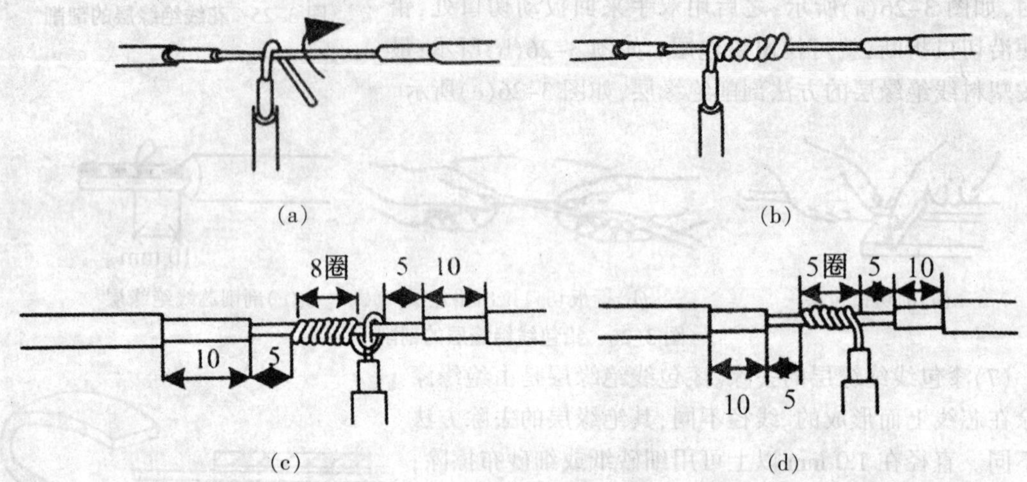

图3-29　单股铜芯导线的T字分支连接

(3)7股铜芯导线的直线连接。先将剖去绝缘层的芯线头散开并拉直，再把靠近绝缘层1/3线段的芯线绞紧，然后把余下的2/3芯线头按如图3-30(a)分散成伞状，并将每根芯线拉直。把两个伞状芯线线头隔根对叉，并拉平两端芯线，如图3-30 (b)所示；把一端的7股芯线按2、2、3根分成三组，把第一组的2根芯线扳起，垂直于芯线，并按顺时针方向缠绕2圈，如图3-30(c)所示。将余下的芯线向右扳直，再把第二组的2根芯线扳直，也按顺时针方向紧紧压着前2根扳直的芯线缠绕2圈，如图3-30(d)所示，并将余下的芯线向右扳直。再把第三组的3根芯线扳直，按顺时针方向紧紧压着前4根扳直的芯线向右缠绕3圈，如图3-30(e)所示。切去每组多余的芯线，钳平线端，如图3-30(f)所示。用同样方法再缠绕另一边芯线。

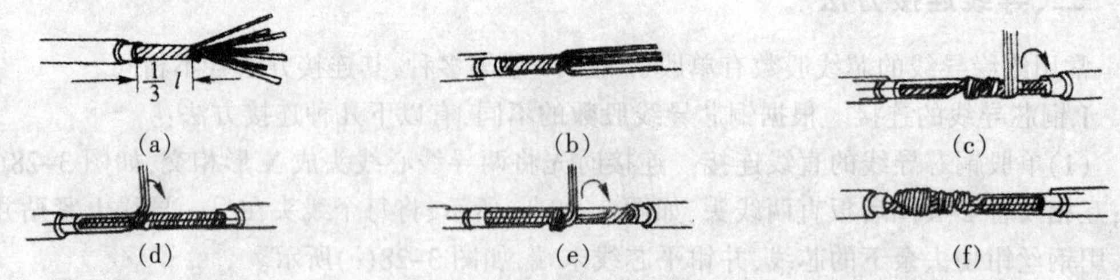

图3-30　7股铜芯导线的直线连接

(4)7股铜芯导线的T字分支连接。将分支芯线散开并拉直，再把紧靠绝缘层1/8线段的芯线绞紧，把剩余7/8的芯线分成两组，一组4根，另一组3根，排齐。用旋凿把干线的芯线撬开并分为两组，再把支线中4根芯线的一组插入干线芯线中间，而把3根芯线的一组放在干线芯线的前面，如图3-31(a)所示。把3根芯线的一组在干线芯线右边按顺时针方向紧紧缠绕 3~4 圈,并钳平线端;把 4 根芯线的一组在干线芯线的左边按逆时针方向缠绕 4~5 圈,如图 3-31(b)所示,钳平线端如图 3-31(c)所示。

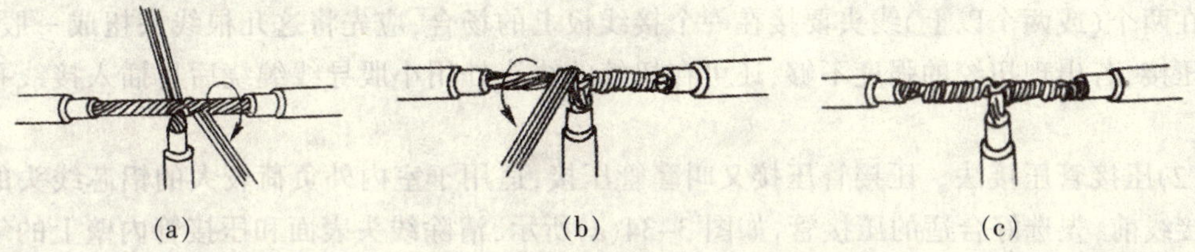

图 3-31 7 股铜芯导线的 T 字分支连接

(5)19 股铜芯导线的直线连接。19 股铜芯导线的直线连接与 7 股铜芯导线的直线连接方法基本相同。由于 19 股铜芯导线的股数较多,可剪去中间的几股,按要求在根部留出一定长度绞紧,隔股对叉,分组缠绕。连接后,在连接处应进行钎焊,以增加其机械强度和改善导电性能。

(6)19 股铜芯导线的 T 字分支连接。19 股铜芯导线的 T 字分支连接与 7 股铜芯导线的 T 字分支连接方法也基本相同,只是将支路芯线按 9 根和 10 根分成两组,将其中一组穿过中缝后,沿干线芯线两边缠绕。连接后,也应进行钎焊。

(7)不等径铜导线的连接。如果要连接的两根铜导线的直径不同,可把细导线线头在粗导线线头上紧密缠绕 5~6 圈,弯折粗线头端部,使它压在缠绕层上,再把细线头缠绕 3~4 圈,剪去余端,钳平切口即可,如图 3-32 所示。

(8)软线与单股硬导线的连接。连接软线和单股硬导线时,可先将软线拧成单股导线,再在单股硬导线上缠绕 7~8 圈,最后将单股硬导线向后弯曲,以防止绑线脱落,如图 3-33 所示。

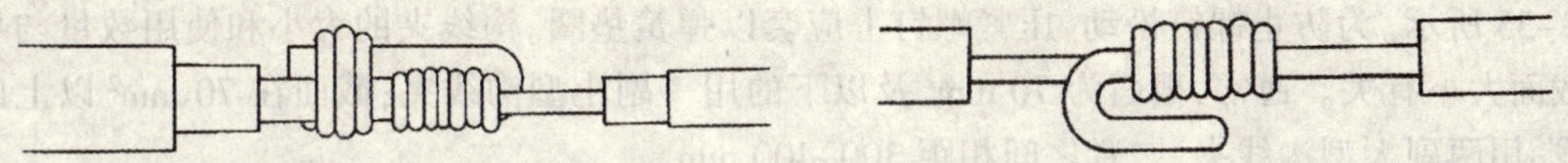

图 3-32 不等径铜导线的连接　　图 3-33 软线与单股硬导线的连接

(9)铜芯导线接头的锡焊。通常,截面为 10 mm² 及以下的铜芯导线接头可用 150 W 电烙铁进行锡焊。焊接前,先清除接头上的污物,然后在接头涂上一层无酸焊锡膏,待电烙铁烧热,即可锡焊。

截面为 16 mm² 及以上的铜芯导线接头,应实行浇焊。浇焊时,先将焊锡放在化锡锅内,用喷灯或在电炉上熔化。当熔化的锡液表面呈磷黄色,就表明锡液已达到高温。此时可将导线接头放在铝锅上面,用勺盛上锡液,从接头上浇下,直到完全焊牢为止。最后用清洁的抹布轻轻擦去焊渣,使接头表面光滑。

2.铝芯导线的连接。由于铝的表面极易氧化,而氧化铝薄膜的电阻率又很高,除小截面铝芯线外,其余铝导线的连接都不采用铜芯线的连接方法。在电气线路施工中,铝线的连接常用螺钉压接法、压接管压接法和沟线夹螺钉压接法。

(1)螺钉压接法。先剖去铝芯线头的绝缘层,用钢丝刷或电工刀除去氧化层,涂上中性凡士林后,将线头伸入接头的线孔内,再旋转压线螺钉压接。通常,线路上导线与开关、熔断器、仪表、瓷接头和端子板的连接，采用螺钉压接法。单股小截面铜导线在电器和端子板上的连接也可以采用螺钉压接法。

在两个(或两个以上)线头要接在一个接线板上的场合，应先将这几根线头扭成一股，再进行压接，若出现扭绞的强度不够，还可在扭绞的线头处用小股导线缠绕后再插入接线孔压接。

(2)压接管压接法。压接管压接又叫套管压接，适用于室内外负荷较大的铝芯线头的连接。接线前，先选好合适的压接管，如图 3–34(a)所示，清除线头表面和压接管内壁上的氧化层和污物，然后将两根线头相对插入并穿出压接管，使两线端各自伸出压接管 25~30 mm，如图 3–34(b)所示，再用压接钳压接，压接后的铝线接头如图 3–34(c)所示。如果压接钢芯铝绞线，则应在两根芯线之间垫上一层铝质垫片。压接钳在压接管上的压坑数目：室内线头通常为 4 个。铝绞线的压坑数目：截面为 16~35 mm^2 的为 6 个；50~70 mm^2 的为 10 个。钢芯铝绞线压坑数目：截面为16 mm^2 的为 12 个，25~35 mm^2 的为 14 个，50~70 mm^2 的为 16 个，95 mm^{2}的为 20 个，125~150 mm^2 的为 24 个。

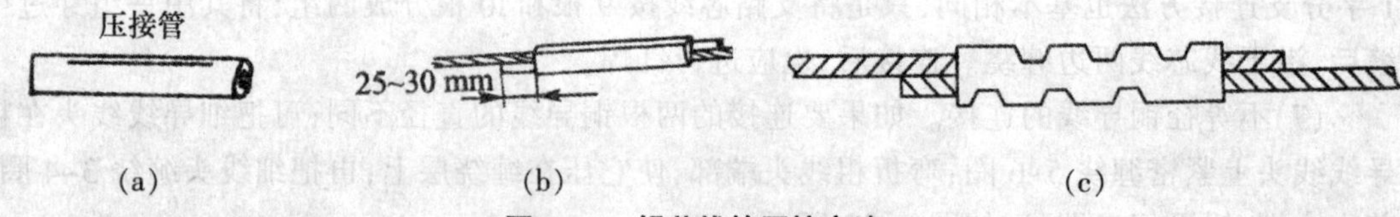

图 3–34　铝芯线的压接方法

(3)沟线夹螺钉压接。沟线夹螺钉压接适用于室内外截面较大的架空铝导线的直线和分支连接。连接前，先用钢丝刷去导线线头和沟线夹线槽内壁上的氧化层和污物，涂上凡士林锌膏粉(或中性凡士林)，然后将导线卡入线槽，旋紧螺钉，使沟线夹紧夹线头而完成连接，如图 3–35 所示。为防止螺钉松动，压紧螺钉上应套以弹簧垫圈。沟线夹的大小和使用数量与导线截面大小有关。通常，截面为 70 mm^2 及以下的用一副小型沟线夹；截面在 70 mm^2 以上的铝线，用两副大型沟线夹，二者之间相距 300~400 mm。

图 3–35　沟线夹螺钉压接

3.铜(导线)、铝(导线)之间的连接。由于铜导线与铝导线连接时，会出现电化腐蚀问题，因此应采取防电化腐蚀的措施。常见的措施有以下两种：

(1)采用铜铝过渡接线端子或铜铝过渡连接管。铜铝过渡接线端子一端是铝筒，另一端是铜接线板。铝筒与铝导线连接，铜接线板直接与电气设备引出的铜导线端子相接。

在铝导线上固定铜铝过渡接线端子，常采用焊接法或压接法。采用压接法时，压接前剥掉铝导线端部绝缘层，除掉导线接头表面和端子内部的氧化层，将中性凡士林加热，熔成液体油脂，将其涂在铝筒内壁上，并保持清洁。将导线线芯插入铝筒内，用压接钳进行压接。压接时，先在靠近端子线筒口处压第一个压槽，然后再压第二个压槽。

如果是铜导线与铝导线连接，则采用铜铝过渡连接管，把铜导线插入连接管的铜端，把铝导线插入选接管的铝端,然后用压接钳压接。

(2)采用镀锌紧固件或夹垫锌片或锡片连接。由于锌和锡及铝的标准电极电位相差较小,因此,在铜、铝之间有一层锌或锡,可以防止电化腐蚀。锌片或锡片的厚度取 1~2 mm。此外,也可将铜皮镀锡作为衬垫。

4.线头与接线端子(接线桩)的连接。通常,各种电气设备、电气装置和电器用具均设有供连接导线用的接线端子。

(1)线头与针孔接线桩的连接。端子板、某些熔断器、电工仪表等的接线,大多利用接线部位的针孔并使用压接螺钉压住线头来完成连接的。如果线路容量小,只用一只螺钉压接即可;如果线路容量较大,或接头要求较高,应用两只螺钉压接。

当单股芯线与接线桩连接时,最好按要求的长度将线头折成双股并插入针孔,使压接螺钉顶紧双股芯线的中间。如果线头较粗,双股芯线插不进针孔时,可直接用单股,但芯线在插入针孔前,应朝着针孔上方稍微弯曲,以免压紧螺钉稍松时线头脱出。

在针孔接线桩上连接多股芯线时,应用钢丝钳将多股芯线进一步绞紧,以保证压紧螺钉顶压时不致松散,注意针孔和线头的大小应匹配,如图 3-36(a)所示。如果针孔过大可选一根直径大小相宜的铝导线作绑扎线,在绞紧的线头上紧密缠绕一层,使线头大小与针孔匹配后再进行压接,如图 3-36 (b)所示。如果线头过大,插不进针孔时,可将线头散开,适量减去中间几股, 然后将线头绞紧即可压接。通常 7 股芯线可剪去 1~2 股,19 股芯线可剪去 1~7 股,如图 3-36(c)所示。

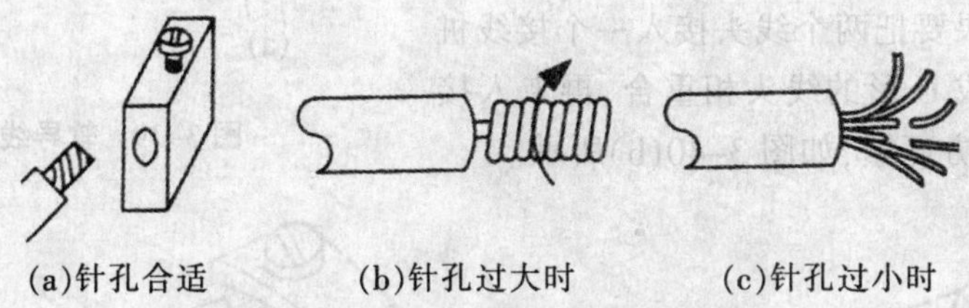

(a)针孔合适　(b)针孔过大时　(c)针孔过小时

图 3-36　多股芯线与针孔接线桩的连接

注意,线头在插入针孔时,必须插到底;同时,不得使绝缘层进入针孔,针孔外的裸线头的长度不得超过 3 mm。

(2)线头与平压式接线桩的连接。平压式接线桩是利用半圆头、圆柱头或六角头螺钉加垫圈将线头压紧来完成连接的。对载流量小的单股芯线,先将线头弯成接线圈,如图 3-37 所示,再用螺钉压接。对于横截面不超过 10 mm²、股数为 7 股及以下的多股芯线,应按如图 3-38 所示的步骤制作压接圈。对于载流量较大、横截面积超过 10 mm²、股数多于 7 股的导线端头,应安装接线耳。

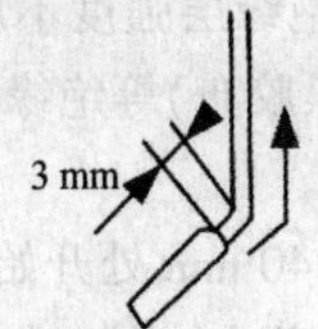

(a)离绝缘层 3 mm 处向外折角

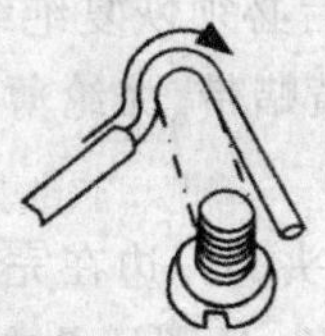

(b)按略大于螺钉直径弯曲圆弧

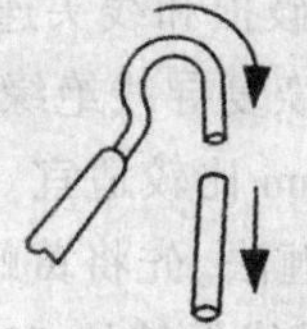

(c)剪除多余线

(d)修正圆弧

图 3-37　单股芯线压接圈弯法

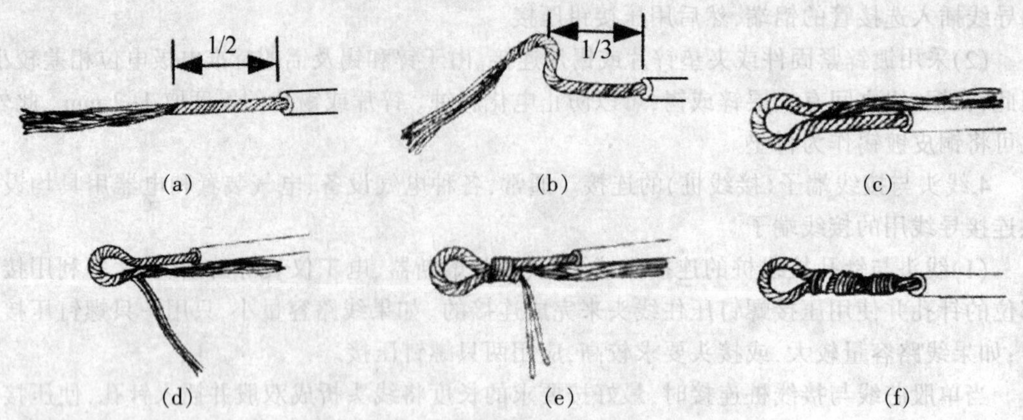

图 3-38 7 股导线压接圈弯法

软线线头也可用螺钉平压式接线桩连接。软导线线头与压接螺钉之间的绕结方法如图 3-39 所示。其工艺要求与上述多股芯线的压接相同。

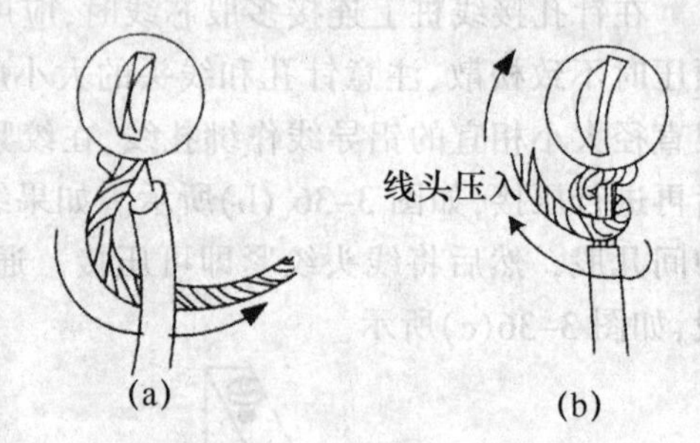

图 3-39 软导线线头连接

(3)线头与瓦形接线桩的连接。瓦形接线桩的垫圈为瓦形。压接前应先去除氧化层和污物。为了不致线头从瓦形接线桩内滑出,应将线头弯曲成 U 形,如图 3-40(a)所示,再将其卡入瓦形接线桩压接。如果要把两个线头接入一个接线桩内,应使两个弯成 U 形的线头相重合,再卡入接线桩瓦形垫圈下方压紧,如图 3-40(b)所示。

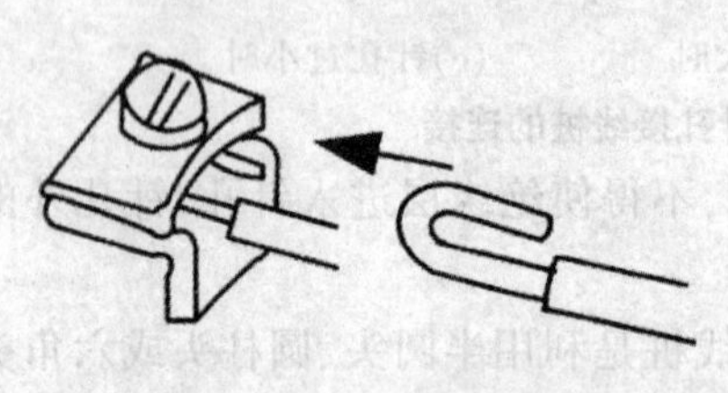
(a)一个线头的连接

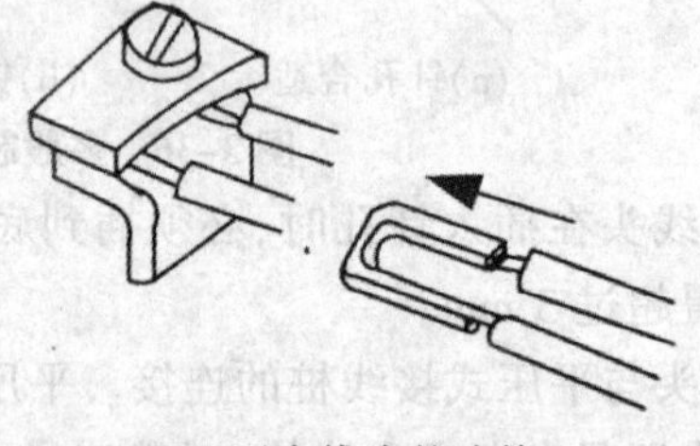
(b)两个线头的连接

图 3-40 单股芯线与瓦形接线桩的连接

三、线头绝缘层的恢复

导线绝缘层破损和线头连接完工后必须恢复绝缘层。恢复后的绝缘层强度不应低于原有的绝缘强度。恢复导线绝缘层常用黄蜡带、涤纶薄膜带和黑胶带(黑胶布)等绝缘材料。绝缘带宽度选 20 mm 比较适宜。

1.绝缘带包缠法。先将黄蜡带从线头的一边在完整绝缘层离切口 40 mm 处开始包缠。包缠时,绝缘带与导线保持约 55°的倾斜角,后圈压叠在前一圈 1/2 的宽度。如图 3-41(a)、(b)所示。黄蜡带包缠完以后,将黑胶带接在黄蜡带尾端,如图 3-41(c)、(d)所示。

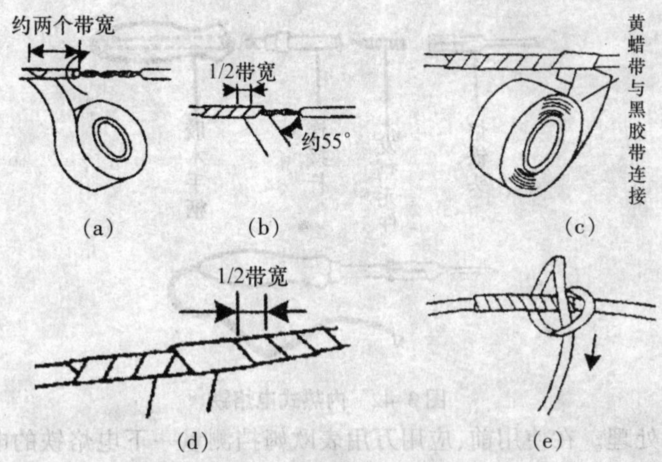

图 3-41 绝缘带包缠法

2.绝缘带包缠注意事项。恢复 380 V 的线路上的绝缘层时，先包缠 1~2 层黄蜡带(或涤纶薄膜带)，然后再包缠一层黑胶带。恢复 220 V 线路上绝缘层，先包缠一层黄蜡带(或涤纶薄膜带)，再包一层黑胶带；也可只包两层黑胶带。包缠绝缘带时，不能过密，不能过疏，更不允许露出芯线，以免发生短路或触电事故；绝缘带不可保存在温度高或湿度大的地点，也不可被油脂浸染。

第三节 常用焊接工艺

在电子电器的装配与维修中，导线和元件的焊接工作必不可少。焊接工艺质量对电路、整机的性能指标和可靠性都有很大的影响。随着电子设备的复杂化、超小型化和对可靠性要求的不断提高，焊接质量的重要性越来越突出。电工或电子技术人员必须能熟练地进行焊接操作，正确地掌握焊接要领，才能在电器维修中提高效率，保证工作质量。

一、焊接工具

1.电烙铁。电烙铁是手工焊接的主要工具。其结构的主要部分是烙铁头(传热元件)和烙铁芯(发热元件)，烙铁头由导热性良好且容易沾锡的紫铜做成，烙铁芯是将电阻丝绕制在云母或瓷管绝缘筒上制成，通电后烙铁头由烙铁芯加热。

(1)电烙铁的种类及构造。常用的电烙铁有外热式和内热式两大类，下面只介绍在电子技术中广泛使用的内热式电烙铁。

内热式电烙铁常见的规格有 20 W、35 W、50 W、70 W、100 W 等几种。外形和结构如图 3-42 所示。主要部分由烙铁头、发热器、连接杆和手柄等组成。在组合上，它的发热器(烙铁芯)装置在烙铁头空腔内部，故称为内热式。它的连接杆既起支架作用，又起传热作用。内热式电烙铁具有发热快、耗电省、效率高、体积小、重量轻、便于操作等优点。

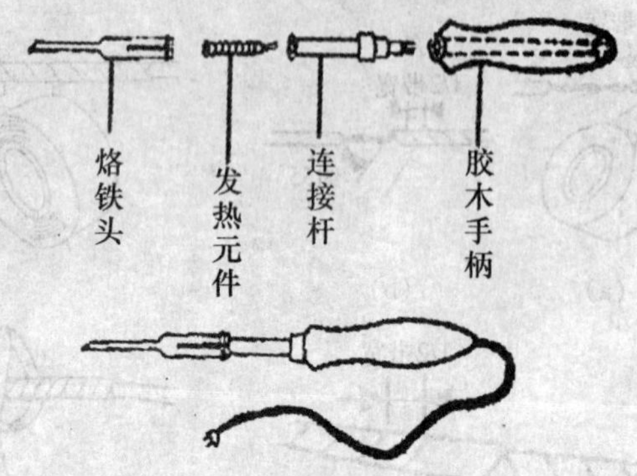

图 3-42 内热式电烙铁

(2)新烙铁的处理。在使用前,应用万用表欧姆挡测量一下电烙铁的电源线插头两端是否短路或开路,以及插头和外壳间是否短路或漏电,如测量无异常现象,方可通电使用。

新烙铁在加热前,先用细锉刀将烙铁头表面的氧化物锉干净,并锉成 10°~15°的斜角,如图 3-43 所示,然后接通电源,当烙铁头加热开始变成紫色时,在它上面涂上一层松香,再将烙铁头放至焊锡上轻擦,使烙铁头均匀地涂上一层薄薄的光亮的锡(称为上锡)。此后,烙铁便可用来进行焊接了。

(3)电烙铁的使用与保养。焊接时,烙铁头温度要合适,约为 250 ℃,这时烙铁头接触焊锡后能使之较快地熔化,且焊锡在烙铁头上又容易附着。若烙铁头温度不合适,可通过改变烙铁头伸出长度进行调节。

烙铁经长时间通电使用后,因加热过度,将使烙铁铜头氧化(烙铁头完全变黑),氧化部分不再传热,焊锡就沾不上去,这种情况叫烙铁头"烧死"。烙铁头烧死后,要像处理新烙铁头那样重新上锡才能使用。为了防止烙铁烧死,在加热一定时间后(约 2~3 h),应拔除电源冷却一下,然后再加热继续使用。

使用烙铁时,要经常使烙铁头表面保持清洁;并经常上锡,不要猛力敲打,以免电阻丝或引线震断。

电烙铁用完后,要上好锡再拔下电源线。

2.烙铁架。焊接时为了防止烫坏工作台或其他物品,电烙铁应放置在烙铁架上。烙铁架由托架和底座组成,如图 3-44 所示,烙铁架可自制。

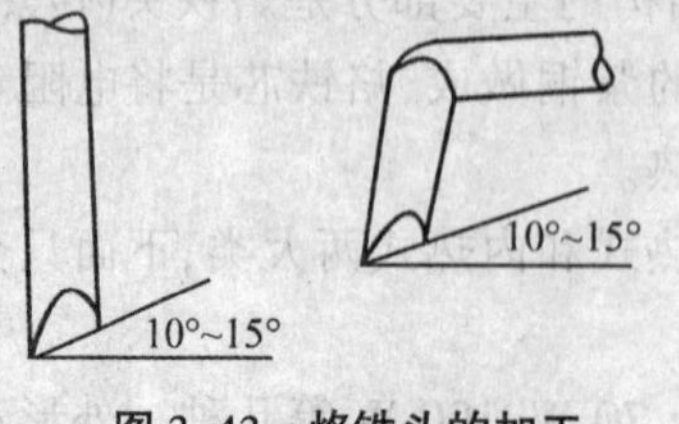

图 3-43 烙铁头的加工

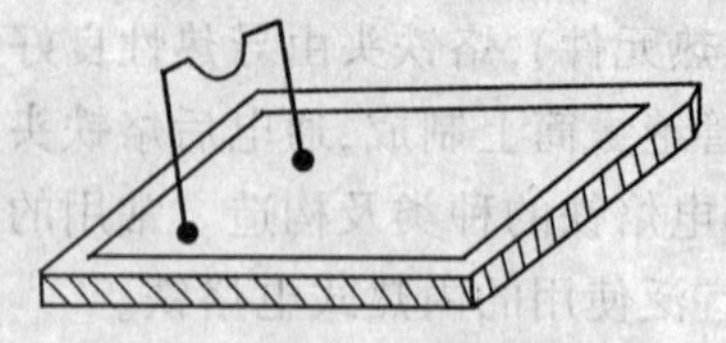

图 3-44 烙铁架

二、焊料与焊剂

1.焊料的选用。焊料简称焊锡,是一种铅锡合金。目前常用的焊锡成分为:锡 63%,铅

36.5%,锑 0.5%,熔点为 190 ℃。通常将焊锡做成直径为 2~4 mm 的焊锡丝。有的焊锡丝被做成 2~4 mm 的管状,管中装入松香,称为松香焊丝。用松香焊丝焊接时,不必再加焊剂,使用非常方便。

使用焊锡丝时,将烙铁头先与焊点接触一段时间,等温度升高后,再用焊锡丝与焊点接触,使焊锡熔化附着在焊点周围,就能与焊点很好地结合,不易虚焊。

2.焊剂的选用。焊剂又称粗焊剂,常用的有松香和焊油(焊膏)。

(1)松香。松香是一种没有腐蚀作用,不导电的物质,松香受热汽化时,能将金属表面的氧化膜带走,并有价廉、无腐蚀性、干后不易沾灰的优点,故松香是焊剂中使用最为普遍的一种焊剂。松香有黄色和褐色两种,以淡黄色的为好。

使用松香焊剂的简要方法是用烙铁头吸附固体松香, 此法的缺点是松香在烙铁头易受热挥发和氧化变质,故最好把松香压成粉末溶于酒精中,制成液态松香(1 份松香放 5 份以上 95%的酒精)来使用,焊接时将此溶液点在焊剂处即可。

(2)焊膏(焊油)。焊膏的主要成分是松香,其中掺有的氯化锌和其他化学药品,具有一定的腐蚀性并能导电,日久会使电路板、元器件腐蚀,或造成短路、绝缘不良。在焊接较粗大的元件时,可少量使用焊膏,但焊完后必须用酒精把它擦洗干净,以免腐蚀元器件,不宜用焊膏作助焊剂焊接印刷电路板。

三、电烙铁钎焊

电烙铁钎焊一般要经过焊接前准备(包括元器件引线和印制线路板表面清洁、预焊、元器件引线成型与插装)、焊接及焊点检验三个步骤。

1.焊接前的准备。元器件或待焊料(元器件引线、接线柱、印制板焊盘等)的表面受到氧化格污染后,影响焊接质量。所以要对这些待焊材料进行清洁,去除表面氧化层或污物,然后对其进行预焊镀锡处理。预焊的方法有两种:一种是用带有焊料的烙铁头去加热涂有焊剂的待焊材料使焊接处表面镀上一层焊料;另一种是在焊料槽中进行渗锡。

对于表面涂有焊料和焊剂等保护层的印制线路板,可直接焊接。对于未涂焊料和焊剂的印制线路板可用砂纸磨光,清洁其表面、烘干,再涂覆焊料或焊剂。

清洁元器件引出线(焊接处)时,要除去引线上的氧化物或污物,但引线上镀金或镀银的晶体管或集成电路不能刮,若引线不清洁,可用橡皮擦干净。

2.焊接

(1)电烙铁和焊料的握法。电烙铁握法有三种:正握法、反握法、笔握法,如图 3-45 所示。反握法适于大功率的电烙铁,长时间操作不易疲劳;正握法适于中功率的电烙铁或带弯头的电烙铁;笔握法适于小功率印制板电路的焊接。

(a)压握法

(b)反握法

(c)笔握法

图 3-45 电烙铁握法

焊锡丝的拿法:先将焊锡丝拉直,用不拿烙铁的手握住焊锡,配合焊接的速度和焊锡丝头部熔化的快慢适当向前送进。焊锡丝的拿法有两种,如图 3-46 所示。

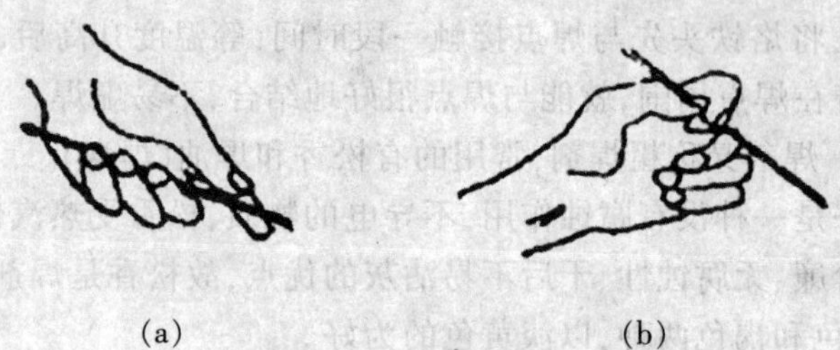

图 3-46 焊锡丝的拿法

(2)焊接步骤。对于初学者来说,可采用五步法来进行焊接,如图 3-47 所示。

图 3-47 焊接五步法

①准备。将加热好的电烙铁(烙铁头上熔化有焊料)和带有助焊剂的焊料对准已经预处理好的待焊材料。

②烙铁加热。用电烙铁加热预焊处,要掌握好烙铁头的角度,使焊点与烙铁头的接触面积大一些且有一定压力。

③送焊料。待焊材料加热到一定温度后,从烙铁头的对面送上焊料并熔化焊料。

④去焊料。当焊料熔化适量后,应迅速移开。

⑤完成。在焊点已经形成,但焊剂尚未完全挥发前,应迅速电烙铁。注意,焊接时不能将烙铁头在焊点上来回磨动,应将烙铁头的搪锡面紧贴焊点,等到焊锡全部熔化,并因表面张力收缩而使其表面光滑后,迅速将烙铁头从斜面上方约 45°角的方向移开。这时焊锡不会立即凝固,不要使被焊接件移动,否则焊锡会凝成砂粒状或造成焊接不牢固而形成虚焊。

掌握好焊接温度和时间很重要。对于一般焊点来说,多烙铁预热待焊材料到移开的总焊接时间应在 3 s 左右,太长会烫伤元器件或线路板,太短又不能使焊料充分熔化;对于大焊点可适当延长焊接时间。

(3)使用电烙铁的注意事项

①必须检查两股电源线与保护接地线的接头是否正确,千万不能接错,否则会使操作人员带电。

②电烙铁工作时要放在烙铁架上,以免烫伤其他物品。

③不可用烧死(烙铁头因氧化为吃锡)焊接,以免烧坏焊件。

④电烙铁焊接时挥发的气体对人体有害,操作时鼻子离烙铁不能太近,一般以 30 cm 为宜。

⑤不准甩动使用中的电烙铁,以免锡珠飞溅伤人。

(4)对焊点的质量要求。对一个高质量的焊接点的要求是:具有良好的导电性,有一定的强度,焊接点上的焊料多少要适当,焊接点表面应有良好的光泽,焊接点不应有毛刺、空隙(这对高频、高压、电子设备极为重要),其中,焊点导电性能良好和有一定强度是两个最基本的要求。

图3–48给出了两个焊点的示意图。质量较好的焊点如图3–48(a)所示,交界处焊锡、焊孔和引线三者很好地结合在一起。如图3–48(b)所示,从表面上看,焊锡也抱住了导线,但焊点内部并没有完全焊牢,这种焊点称为虚焊点,即焊锡与被焊接的金属没有形成合金,或焊锡与被焊锡的金属物面被氧化层、焊剂的未挥发物及污物隔离,焊锡只是简单地堆积在被焊接的金属物面上。虚焊的主要表现是被焊接的两种金属互不接触或接触不牢。虚焊是焊接过程中最常出现、也最难发现的质量问题。

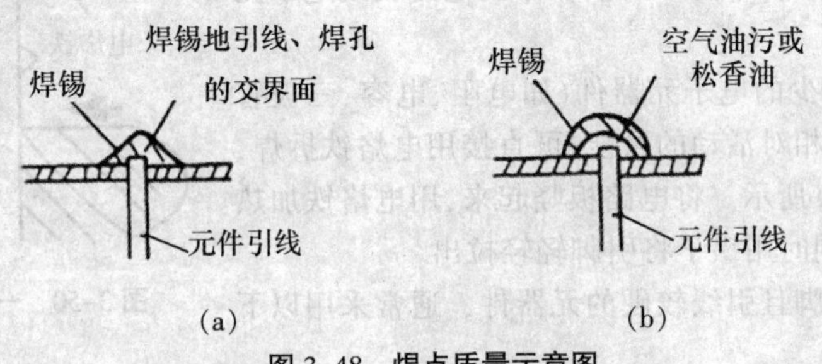

图3–48 焊点质量示意图

形成虚焊点的主要原因是焊接物面不清洁,特别是氧化层未被除去,所以在焊接前应先除尽氧化层并对被焊处预上锡,不除去氧化层,或虽除去氧化层但不预上锡就直接焊接都是不允许的。焊锡或焊剂的质量不好,用量太少,烙铁头温度偏低,焊接时间掌握不当等也是形成虚焊的原因。

(5)印刷电路板的焊接。焊接前,先检查印刷电路板是否有短路、断路、焊盘不整等缺陷,是否涂有阻焊剂和助焊剂,并将所有元件按位整形。焊接前,先焊接较低的元件,后焊接较高的元件;先焊接较小的元件,后焊接较大的元件。焊接完成时,要检查有无漏焊和虚焊,有则补焊,最后用酒精棉球清理多余的焊剂。注意,在焊接集成电路时,由于焊点密,烙铁头需要尖,焊接温度应控制在230 ℃左右,焊接时间要短(通常不超过10 s,MOS型集成电路不能超过5 s),并要给集成电路进行散热,以防烫坏内部电路。烙铁头上只需蘸少量焊锡,焊料与焊剂适量,在元件引线与接点之间轻轻点牢即可。

(6)导线的焊接。导线与导线之间的焊接时,要去掉一定长度的绝缘层,同时要除去线芯上氧化层;其次要穿上合适的绝缘套管,再次绞合两个线芯,剪齐端部,用电烙铁施焊,最后趁热套上绝缘管,冷却后固定在接头处。

注意:焊接后的接头不能有毛刺,有则要打磨掉,并要用绝缘胶布带包缠好接头处,确保其绝缘强度。导线的焊接工艺过程如图3–49所示。

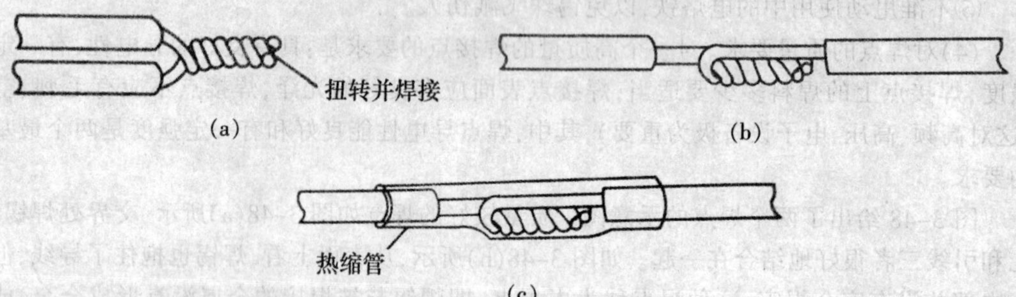

图 3-49 导线的焊接过程

(7)拆焊操作工艺。拆焊就是在装配与修理时,将已经焊接的连线或元器件拆除。拆焊有一定的难度,需要用恰当的方法和必要的工具,才能不致损坏印刷电路板或电子元器件。

对于一些管脚少的电子元器件(如电阻、电容、三极管等),每个管脚都有相对活动的可能,可直接用电烙铁拆焊,具体方法如图 3-50 所示。将电路板竖起来,用电烙铁加热待拆元件的焊点,同时用镊子将引脚轻轻拉出。

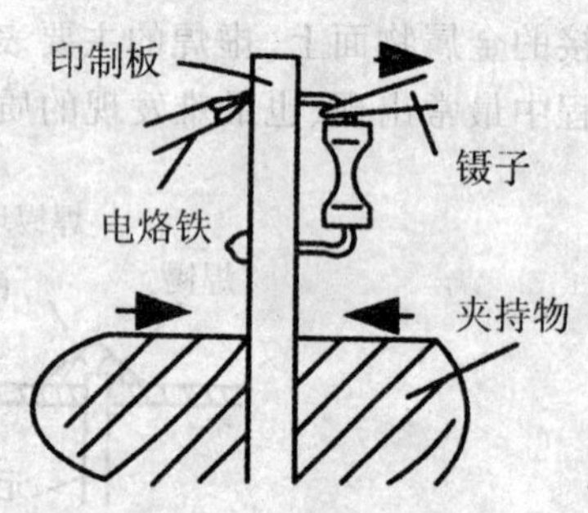

图 3-50 一般元件的拆焊

对于有多个引脚且引线较硬的元器件,通常采用以下两种方法:

①采用有吸锡功能的电烙铁或吸锡器,吸出焊孔内的焊锡,拆下元件,但费时。

②用吸锡材料(如屏蔽线编织层、细铜丝网、多股铜线等)吸去被加热熔化的焊锡,即将吸锡材料浸上松香水后贴在拆焊点上,用烙铁头加热吸锡材料,通过吸锡材料传热到焊点,使焊点熔化后,将焊锡吸附到吸锡材料上,即可拆焊。

第四节 电气设备紧固件的埋设

为了在建筑物上敷设电气线路和安装电气设备,必须在建筑物的墙体、天花板、楼板等处埋设或安装穿墙套管、紧固件、支架等,以固定线路和设备。埋设固定件是电工必须掌握的操作技能。

一、墙孔的开凿

在埋设或安装固定件前,常需在建筑物上开凿木榫孔、膨胀螺栓孔、导线穿墙孔和预埋其他紧固件的墙孔。

1.木榫孔的开凿。在砖墙、水泥墙和水泥楼板上敷设线路和安装设备,通常用木榫支持,这就需开凿木榫孔。在砖墙上开凿时用小扁凿,应尽量在砖块之间的夹缝位置凿打,开凿成方形孔;在水泥墙(面)上开凿时用圆榫凿开凿成圆形孔。木榫孔比木榫应小 1~2 mm,而深度则比木榫长度长 5 mm 左右。木榫孔应与墙面保持垂直。

2.膨胀螺栓孔的开凿。电工用膨胀螺栓按材料和膨胀方式有多种类型,安装时应根据被固定线路或电气装置的负荷来选择相应的规格。它主要靠螺钉或螺栓拧入胀管,使胀管胀开而将自身及器材固定在建筑物上。在钻孔或凿孔时,应使孔径的大小和深度刚好与膨胀螺栓大小和深度相配合,安装时可直接将膨胀螺栓装入孔中。

3.穿墙孔的开凿。导线在室与室或室内外穿越时,均需开凿穿墙孔,并在孔内安装穿墙套管,如瓷管、钢管或硬塑料管等。在砖墙上开凿穿墙孔,常使用无缝钢管制的长凿;在水泥墙或混凝土楼板上开凿穿墙孔常用碳钢制的长凿。室内的穿墙孔,应凿得平直,两侧与线路保持在同一水平位置上。从室内向室外开凿的穿墙孔,室外侧孔口应稍低,以利排水。穿墙孔径应配合穿墙套管的外径。穿墙套管的管径一般根据穿墙导线的总截面来选择,管内导线(包括绝缘层)的总截面不应大于管子有效截面的40%。同一穿越点如果要排列多根穿墙套管,则应一管一孔,均匀水平排列。埋设进户穿墙瓷管时,必须每线一根,并采用弯头瓷管,室外一端的弯头朝下。所有穿墙套管埋入穿墙孔后,应使用水泥浇封。

二、膨胀螺栓的安装

膨胀螺栓按其结构的不同,分为胀开外壳式和纤维填料式(如图 3–51 所示);按其所用材质的不同,分为塑料、橡胶和金属三种。安装纤维填料式膨胀螺栓时,先把套筒嵌进墙孔中,再把螺钉拧入纤维填料中,即可把套筒胀紧。安装胀开外壳式膨胀螺栓时,先将压紧螺栓放入外壳内,再将外壳嵌入墙孔,拧入压紧螺帽,这样就会胀开外壳的接触片进而胀紧在孔壁上。

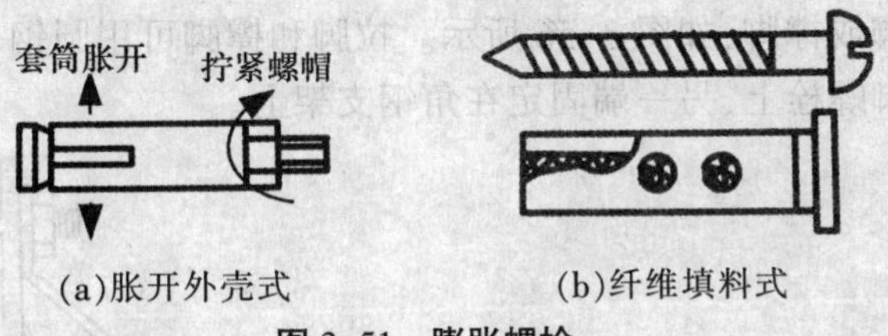

(a)胀开外壳式　　(b)纤维填料式

图 3–51　膨胀螺栓

三、角钢支架的埋设

要将绝缘子固定在建筑物上,多用角钢支架支承。角钢支架按其功能分为“一”字形和“门”字形两类。“一”字形通常用于安装线路中间的绝缘子,而“门”字形通常用于安装线路转角和终端的绝缘子。

埋设支架前,先将埋入建筑物内的部分锯口扳岔,扳岔方向由角钢支架受力方向决定。终端角钢支架、中间角钢支架和转角角钢支架的扳岔方向分别如图 3–52、图 3–53、图 3–54 所示。

开凿角钢支架预埋孔时,凿孔位置应选在砖缝处,注意不要损伤角钢外挡的砖块,如图 3–55 所示。埋设时,角钢脚与孔壁之间应灌水泥砂浆,水泥不低于 400 号。水泥和沙子的比

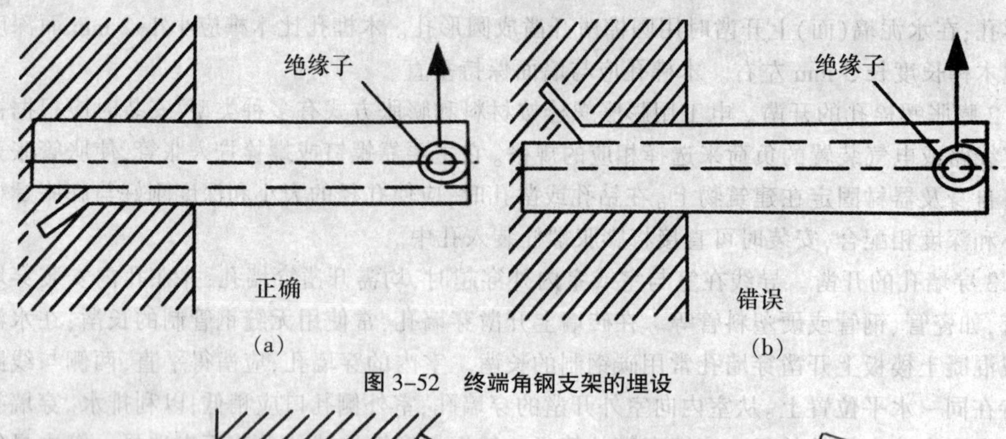

图 3-52　终端角钢支架的埋设

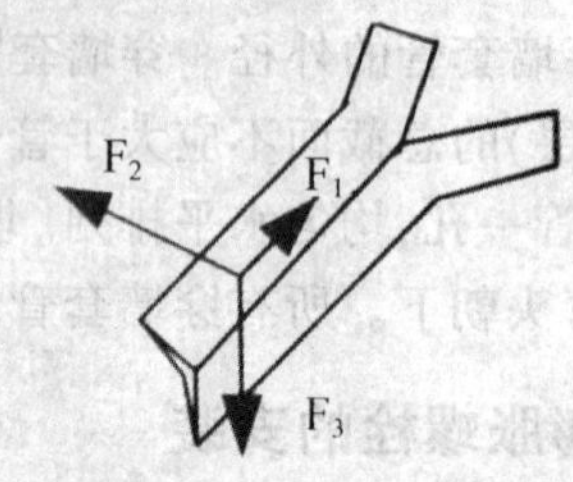

图 3-53　中间角钢支架的埋设　　图 3-54　转角角钢支架的埋设

例按 1:2 或 1:3 加水调匀后再加入淘净的硬度较大的青石子或砾石。灌浆前,先清理墙孔并用水浸湿,然后用条形板将水泥砂浆灌入,接着插入角钢,调整好角钢支架角度,最后将水泥砂浆捣实。如果角钢支架较长、悬臂较大或安装的导线较粗,为了增强角钢支架的支撑力,对于中间角钢支架,可在支架的下方加一斜撑;对于终端角钢支架和转角角钢支架,可在受力方向的背面加装拉脚或撑脚,如图 3-56 所示。拉脚和撑脚可用圆钢、扁钢或角钢制成,其一端固定在墙体的开脚螺栓上,另一端固定在角钢支架上。

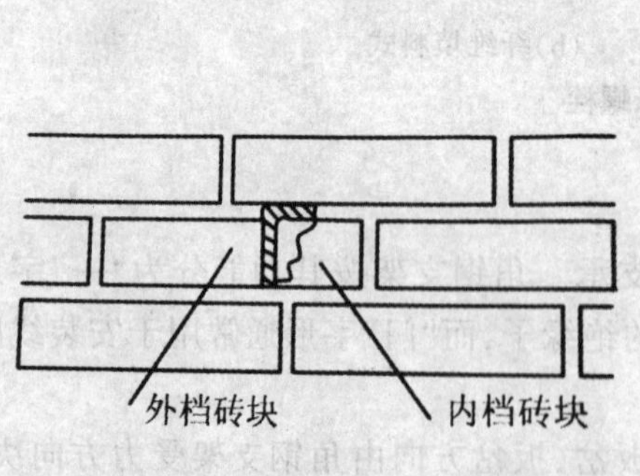

图 3-55　角钢支架孔的开凿

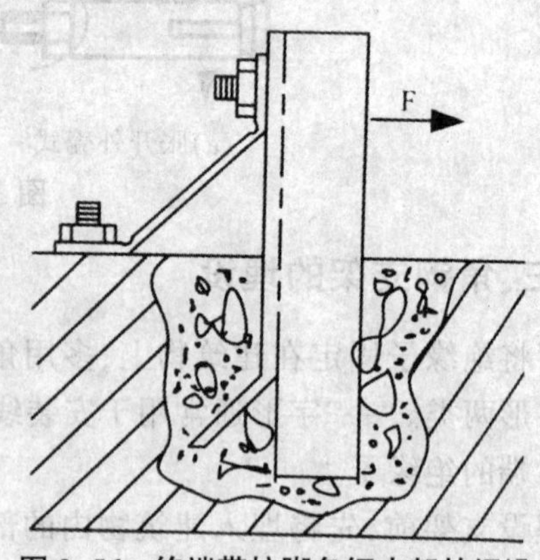

图 3-56　终端带拉脚角钢支架的埋设

四、开脚螺栓和拉线耳环的埋设

开脚螺栓和拉线耳环都会受到向外的拉力。开脚螺栓的埋设尽量在砖缝处凿孔,孔口凿成长方形,长边略大于螺栓开脚的宽度,短边口部要窄,内部掏宽以便开脚螺栓能在孔内旋转 90°。根据受力方向,在支承点(如图 3-57 所示 A、B 处)处用石子压紧,并注入水泥砂浆。也可采用金属膨胀螺柱代替开脚螺栓(但要考虑膨胀螺柱的承受力)。

埋设拉线耳环时也应在开脚内塞满石子并注入水泥砂浆,以免开脚受力后并拢。其开孔形状和埋设方法与开脚螺栓相同,如图 3-58 所示。

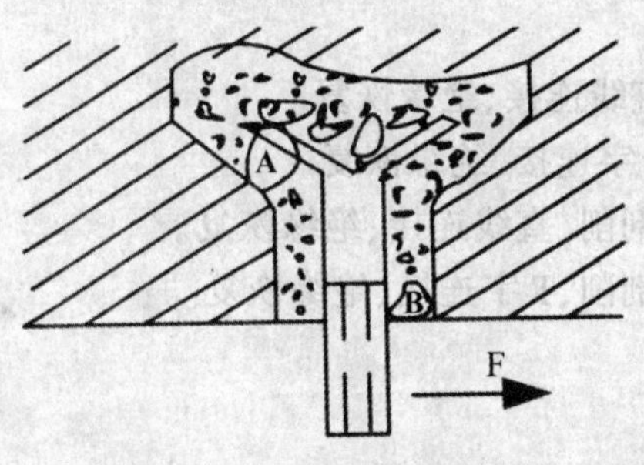

图 3-57　开脚螺栓的埋设

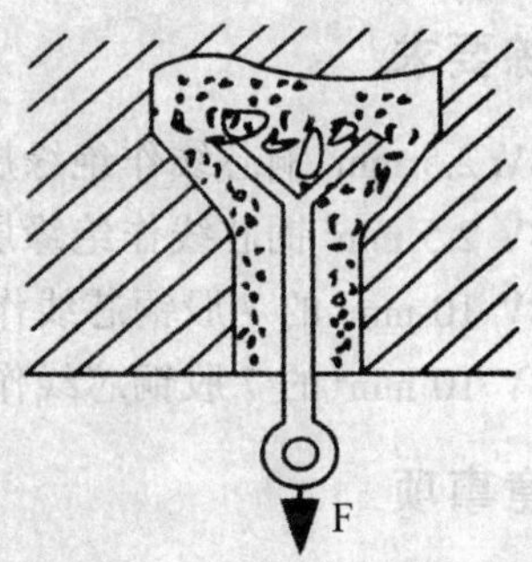

图 3-58　拉线耳环的埋设

思考与练习

1.电工操作常用的通用电工工具、线路安装工具、设备维修工具各有哪些?试简述其各自的使用方法。

2.试绘草图说明:单股铜芯线、7 股铜芯线进行直接连接和 T 行连接的工艺过程。

3.导线线头与接线桩的连接有哪些方法?各应怎样操作?

4.铜芯线和铝芯线各应怎样封端?

5.在 380 V 和 220 V 的线路上,要恢复线头的绝缘层各有哪些要求?

6.一支内热式电烙铁插上电源后不热,应怎样检查这种故障?如果一插上电源就熔断熔丝,又该怎样检查?

7.在电烙铁钎焊工艺中,对焊点质量有哪些基本要求?

8.怎样开凿墙孔?怎样预埋穿墙套管?

9.怎样安装角钢支架、开脚螺栓和拉线耳?

实训 3-1　常用导线的连接

一、实训目的

学会剖削常用导线绝缘层,连接导线线头并恢复其绝缘层。

二、实训器材

1.剥线钳、钢丝钳、电工刀等常用电工工具。

2.长 1 m 的 BV 2.5 mm²(1/1.76 mm)塑料铜芯线 4 根。

3.长 1 m 的 BV 10 mm²(7/1.33 mm)塑料铜芯线 4 根。

4.黄蜡带、黑胶带各 1 卷。

三、训练要求

1. 2 根 BV 2.5 mm² 铜芯线作绝缘层剖削、直线连接、绝缘恢复。

2. 2 根 BV 2.5 mm² 铜芯线作绝缘层剖削、T 字连接、绝缘恢复。

3. 2 根 BV 10 mm² 的 7 股铜芯线作绝缘层剖削、直线连接、绝缘恢复。

4. 2 根 BV 10 mm² 的 7 股铜芯线作绝缘层剖削、T 字连接、绝缘恢复。

四、注意事项

1.正确使用电工工具。

2.剖削导线绝缘层时,不能损伤线芯。

3.导线缠绕后要平直、整齐和紧密,不留毛刺。

4.使用绝缘带绝缘时,密疏适度,不能露出芯线。

实训 3-2 电烙铁的使用

一、实训目的

使用电烙铁在空心铆钉板上焊接元器件,在印刷电路板上焊接元器件。

二、实训器材

电烙铁、烙铁架、尖嘴钳、镊子、剪刀、焊锡、助焊剂、20 个电阻、10 个电容、空心铆钉板 1 块、印刷电路板 1 块、铜丝若干。

三、训练要求

1.在铆钉板上的铆钉上焊接 10 个电阻、5 个电容。焊接前应清除铆钉表面氧化层。

2.在空心铆钉板上焊接铜丝。焊接前应清除铆钉与铜丝表面氧化层。

3.在印刷电路板上焊接 10 个电阻、5 个电容。

4.在印刷电路板上焊接钢丝。焊接前应清除钢丝表面氧化层。

四、注意事项

1.电烙铁金属外壳接地要可靠。

2.使用中的电烙铁应搁置在烙铁架上。

3.不可用烧死(烙铁头因氧化不吃锡)焊接,以免烧坏焊件。

4.电烙铁焊接时挥发的气体对人体有害，一般电烙铁距离鼻子不能少于 20 cm，通常以 30 cm 为宜。

5.元件焊接时间应尽量短，以防烧坏元件。

6.在电路板上焊接元件时，焊锡应包住管脚，焊锡固化前不能移动元器件管脚，以防虚焊。

第四章 电气照明与内线安装

电气照明是利用电能发光的一种光源,内线是在室内传送电能的输电线路。各种电气照明在生产、生活中有着非常广泛的应用,人们对这个领域内的知识和技术的需求也日趋增长,因此照明设备和内线安装技术是电气人员必须掌握的专业技能。

第一节 电气照明概述

要从事电气照明线路的装修,应首先了解有关电气照明的基本知识。本节主要介绍常用电光源和常用照明器具以及照明器具的布置和安装要求。

一、常用电光源和常用照明器具

1.照明光源的分类。照明光源种类很多,按发光形式分为热辐射光源、气体放电光源和电致发光光源三类。

(1)热辐射光源。热辐射光源是利用导体通过电加热时辐射发光的原理制成的。常见的有白炽灯、卤钨灯等。

(2)气体放电光源。气体放电光源则是利用气体放电(电流通过气体的过程称气体放电)时发光的原理制成的。气体放电有弧光放电和辉光放电两种。弧光放电光源包括:荧光灯、低压钠灯、高压汞灯、高压钠灯、碳弧灯、氙灯等。辉光放电光源包括辉光指示光源和霓虹灯。

(3)电致发光光源。是根据在电场作用下使固体物质发光的原理而制成的,主要包括场致发光光源和发光二极管两种。

2.常用照明器具

(1)白炽灯。白炽灯是目前使用得最为广泛的一种光源。白炽灯是靠电能将灯丝(钨丝)

加热至白炽而发光，结构简单，价格低廉，使用方便，而且显色性好，适用于居室、客厅、大堂、客房、商店、餐厅、走道、会议室及庭院等。但其发光效率低，寿命短，其寿命通常只有 1 000 h 左右。

(2)荧光灯。荧光灯也是使用得非常广泛的照明光源。它是靠汞蒸气放电时发出可见光和紫外线，后者又激励管内壁的荧光粉而发光，荧光灯的光色好，发光柔和；发光效率较高，是白炽灯的 2~4 倍；寿命长，可达 3 000 h。但荧光灯附件多，造价也高，功率因数低(仅 0.5 左右)，而且故障率比白炽灯高，安装维修比白炽灯难度大。但由于其优点突出，因此使用仍然很广泛。

(3)高压汞灯。高压汞灯又叫高压水银灯，这种灯的特点是：寿命长、光效率高，耐震好，但显色性能较差，由于它主要是青紫色光，红光几乎没有，所以光色难看，主要用于道路照明、室内外工业照明及商业等大面积照明。在车间内使用时，最好与白炽灯混光使用改善其光色和显色性。其缺点是造价高，启辉时间长，对电压波动适应能力差。

(4)霓虹灯。霓虹灯管内充有非金属元素或金属元素，能发出不同的光色，广泛使用于夜间宣传广告。配有专门的霓虹灯电源变压器供电。

(5)节能灯。节能灯具有光效高(是普通灯泡的 5 倍)，节能效果明显(一只 7 W 紧凑型节能灯的亮度相当于一只 40 W 的白炽灯的亮度，节电率高达 80%)，寿命长(是普通灯泡的 8 倍)，体积小，使用方便等优点，正逐步取代白炽灯成为新型电光源。

(6)LED 灯。LED 灯是用高亮度白色发光二极管作光源，被称为“绝色照明光源”，发热量低，自身对环境没有任何污染。与白炽灯、荧光灯相比，节电效率可以达到 90%。目前已应用于交通信号灯、LED 手电筒及 LED 台灯等上。

二、照明灯具的布置和安装要求

1.灯具的安装方式。灯具的安装方式应根据设计施工要求确定。通常采用的有悬吊式(悬而未决挂式)、吸顶式和壁式等几种。悬吊式又分为吊线式、吊链式和吊管式。吸顶式分为吸顶和嵌入式两种。灯具的几种安装方式如图 4-1 所示。

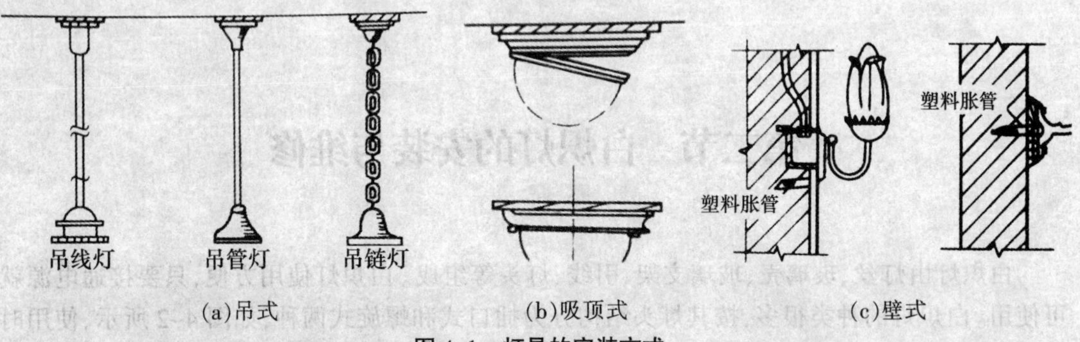

(a)吊式　(b)吸顶式　(c)壁式

图 4-1　灯具的安装方式

2.电气照明系统安装基本要求。灯具安装应符合如下要求：

(1)室外照明灯具安装应不低于 3 m(在墙上安装时可低于 2.5 m)；在室内照明灯具的最低悬挂高度一般不低于 2.5 m。

(2)普通开关和普通插座距地面的高度应不低于 1.3 m,如因特殊需要,欲将插座降低安装时,其高度不能低于 150 mm,并应使用安全插座。幼儿园、托儿所等处不应装设底位插座。

(3)除花灯回路外,每个照明回路的灯和插座不宜超过 25 个,并且应有 15 A 及以下的熔断器保护。

(4)吊灯应安装牢固,应装有挂线盒,一般每只挂线盒只能装一盏灯。超过 1 kg 的灯具必须用金属链条或其他方法吊装,使吊灯导线不承受力。吊灯灯具的重量超过 3 kg 时,应预埋吊钩和螺栓。

(5)金属卤化物灯的灯具安装高度应在 5 m 以上,电源线应经接线柱连接并且电源线不能靠近灯具的表面;灯管必须与触发器和限流器配套使用。

(6)照明开关必须串接于电源相线上。

(7)照明配电箱有悬挂式明装和嵌入式暗装两种。悬挂式配电箱可安装在墙上或柱子上。配电箱嵌入式安装通常是配合土建砌墙而将箱体预埋在墙内。

(8)对于潮湿、有腐蚀性气体、易燃、易爆的场所,应分别采用合适的防潮、防爆、防雨的开关、灯具。

(9)照明灯具连接导线必须大于最小允许截面,照明灯具连接导线最小允许截面如表 4-1 所列。

表 4-1　照明灯具连接导线最小允许截面

导线允许截面 (mm^2) / 导线种类 / 安装场所		铝线	铜线	铜芯软线
照明灯头线	室外	2.5	1.0	1.0
	工业建筑物内	2.5	0.8	0.5
	民用建筑物内	1.5	0.5	0.4
移动用电设备	生产用	—	—	1.0
	生活用	—	—	0.2

第二节　白炽灯的安装与维修

白炽灯由灯丝、玻璃壳、玻璃支架、引线、灯头等组成。白炽灯使用方便,只要接通电源就可使用。白炽灯的种类很多,按其灯头结构分为插口式和螺旋式两种,如图 4-2 所示,使用时就相应的插口或螺旋灯座相配套。按其工作电压分有 6 V、12 V、36 V、11 V 和 220 V 等 6 种。按其用途分为普通照明白炽灯、投光型白炽灯、低压安全灯、红外线灯及各类信号指示灯等。各种不同额定电压的灯泡外形很相似,所以在安装使用时应注意灯泡的额定电压必须与线路电压相一致。

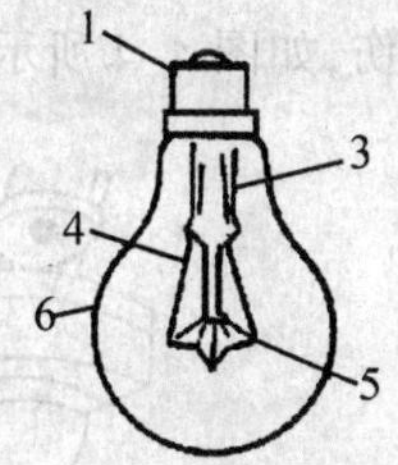

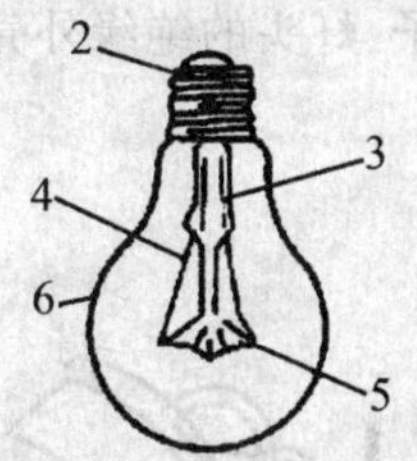

1.插口灯头;2.螺口灯头;3.玻璃支架;4.引线;5.灯丝;6.玻璃壳

图 4–2 白炽灯泡的构造

常用照明附件包括灯座、开关、插座、挂线盒等器件。

1.灯座。灯座的种类大致分为插口式和螺旋式两种。灯座外壳分瓷、胶木和金属材料三种。根据不同的应用场合分平灯座、吊灯座、防水灯座、荧光灯座等。

2.开关。开关的作用是在照明电路中接通或断开照明灯具的器件。按其安装形式分明装式和暗装式,按其结构分单联开关、双联开关、旋转开关等。

3.插座。插座的作用是为各种可移动用电器提供电源的器件。其安装形式可分为明装式和暗装式,从其结构可分为单相双极插座、单相带接地的三极插座及带接地的三相四极插座等。

4.挂线盒。挂线盒用于悬挂吊灯并起接线盒的作用,制作材料可分为磁质和塑料。

一、白炽灯的安装

使用螺口灯头时,相线必须接于螺口灯头座的中心铜片上,灯头的绝缘外壳不应有损伤,螺口白炽灯泡金属部分不准外露。开关应接在相线上。若选用花线,花线应接在相线上,无花单色线应接零线,且灯具的导线不应有接头。

白炽灯电路安装步骤为配线,安装灯座,安装接线开关。安装白炽灯的关键是:灯座、开关串联,相线进开关,零线进灯座。

1.白炽灯安装步骤

(1)灯座的安装

①平灯座的安装。平灯座上有两个接线桩,一个与电源中性线连接,另一个与来自开关的一根线(开关控制的相线)连接。插口平灯座上的两个接线桩可任意连接上述的两个线头,而对螺口平灯座有严格的规定:必须把来自开关的线头连接在连通中心弹簧片的接线桩上,电源中性线的线头连接在连通螺纹圈的接线桩上。

②吊灯座的安装。把挂线盒底座安装在已固定好的木台上,再将塑料软线或花线的一端穿入挂线盒罩盖的孔内,并打个结,使其能承受吊灯的重量(采用软导线吊装的吊灯重量应小于 1 kg,否则应采用吊链),然后将两个线头的绝缘层剥去,分别穿入挂线盒底座正中凸起部分的两个侧孔里,再分别接到两个接线桩上,旋上挂线盒盖。接着将软线的另一端穿入吊灯座盖孔内,也打个结,把两个剥去绝缘层的线头接到吊灯座的两个接线桩上,罩上吊灯座盖。安装方法如图 4–3 所示。

③吊灯头的安装。旋下吊灯头上的胶木盖子,将软吊线下端穿入灯头盖孔中,在离导线

下端头 30 mm 处打个结，然后把去除了绝缘层的两个下端头芯线分别压接在两个灯头接线桩上，最后旋上灯头盖子，灯头的绝缘外壳不能有损伤，如图 4–4 所示。

图 4–3　吊灯座的安装　　　　图 4–4　吊灯头的安装

(2)开关的安装。开关应串联在通往灯头的火线上，开关的安装步骤和做法与灯座大体相同，只是在从圆木中穿出线头时，一根是电源火线，另一根是进入灯头的火线。它们应分别接在开关底座的两个接线桩上，然后旋紧开关盖。

①单联开关的安装。开关明装时也要装在已固定好的木台上，将穿出木台的两根导线(一根为电源相线，一根为开关线)穿入开关的两个孔眼，固定开关，然后把剥去绝缘层的两个线头分别接到开关的两个接线桩上，最后装上开关盖，如图 4–5 所示。

②双联开关的安装。双联开关一般用于在两处用两只双联开关控制一盏灯，原理图如图 4–6 所示。双联开关的安装方法与单联开关类似，但其接线较复杂。双联开关有三个接线端，分别与三根导线相接，注意双联开关中连铜片的接线桩不能接错，一个开关的连铜片接线桩应和电源相线连接，另一个开关的连铜片接线桩与螺口灯座的中心弹簧片接线桩连接。每个开关还有两个接线桩用两根导线分别与另一个开关的两个接线桩连接。待接好线，要经过仔细检查无误后才能通电使用。

(3)插座的安装。明装插座应安装在木台上，安装方法与安装开关类似，穿出木台的两根导线为相线和中性线，分别接于插座的两个接线桩上。对于单相三极插座，其接地线桩必须与接地线连接，不能用插座中的中性线作为接地线。同时要注意接线插孔的极性，插座插孔极性连接方式如图 4–7 所示。

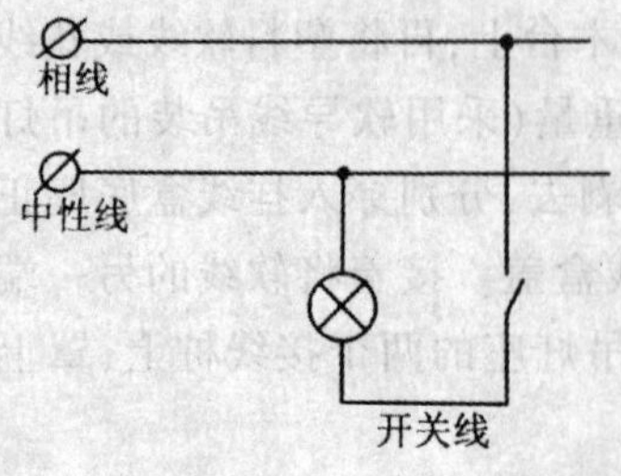

图 4–5　单联开关控制白炽灯电路原理图

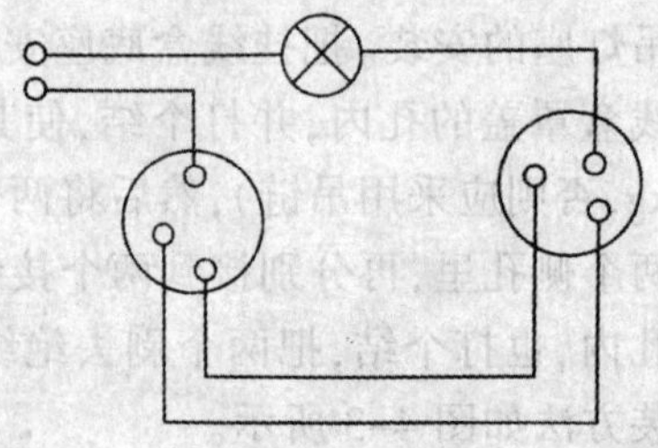

图 4–6　双联开关控制白炽灯电路原理图

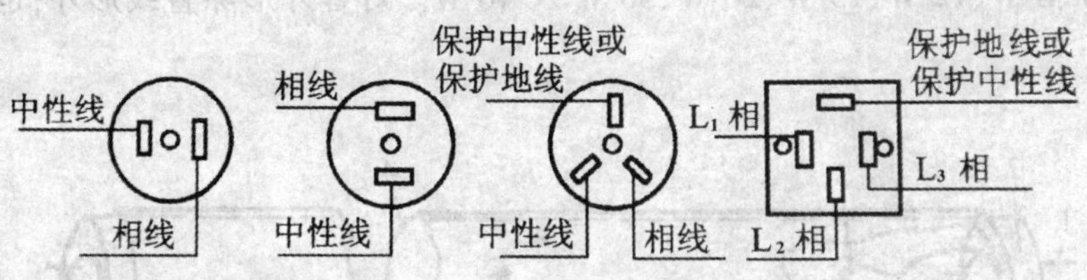

图 4-7　插座插孔极性连接方式

二、白炽灯常见故障及维修方法

1.灯泡不亮

可能的原因:(1)灯丝断,更换灯泡。(2)电源保险丝熔断,另外还可能是灯座内两线路短路,灯座内中心触头与螺旋圈相碰短路,线路中短路。(3)电源保险丝未断,另外还可能是灯头与灯座内触头接触不良,电源中断,开关接触不良。

2.灯泡强白

可能的原因:(1)灯丝短接(搭丝),从而电阻减小,电流增大;(2)电源电压与灯泡电压不相符。

3.灯光暗淡

可能的原因:(1)灯泡内钨丝蒸发后积聚在玻壳表面使玻壳发乌,透光度减,另一方面钨丝蒸发后变细,电阻增大,电流减小,光通量减小。(2)电源电压过低或离电源点太远。(3)线路绝缘不良有漏电现象,致使电压过低。(4)灯泡外部积垢或积灰。

4.灯泡忽明忽暗或忽明忽熄

可能的原因:(1)灯座,开关等处接线松动。(2)保险丝接触不良。(3)电源电压的变化或附近有电动机等大功率用电设备启动。(4)灯丝正好断在挂灯丝钼丝钩处,受震动后忽接忽离。

第三节　荧光灯的安装与维修

荧光灯又叫日光灯，其照明线路与白炽灯照明线路同样具有结构简单、使用方便等特点,而且荧光灯还有发光效率高的优点,因此,荧光灯也是应用较普遍的一种照明灯具。

一、荧光灯照明线路

1.荧光灯及其附件的结构。荧光灯照明线路主要包括灯管、启辉器、启辉器座、镇流器、灯座等。

(1)灯管。由玻璃管、灯丝、灯头、灯脚等组成,其外形结构如图 4-8 所示。玻璃管内抽成真空后充入少量汞(水银)和氩等惰性气体,管壁涂有荧光粉,在灯丝上涂有电子粉。灯管常用规格有 6 W、8 W、12 W、15 W、20 W、30 W 及 40 W。灯管外形除直线形外，也有制成环形或 U 形的。

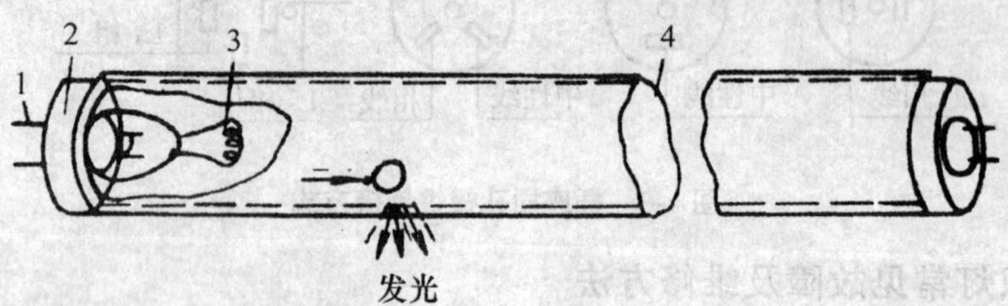

1.灯脚；2.灯头；3.灯丝；4.玻璃管

图 4-8 荧光灯管的结构

(2)启辉器。由氖泡、纸介质电容器、出线脚、外壳等组成，氖泡内有∩形动触片和静触片，其组成如图 4-9 所示。常用规格有 4~8 W、15~20 W、30~40 W，还有通用型 4~40 W 的。

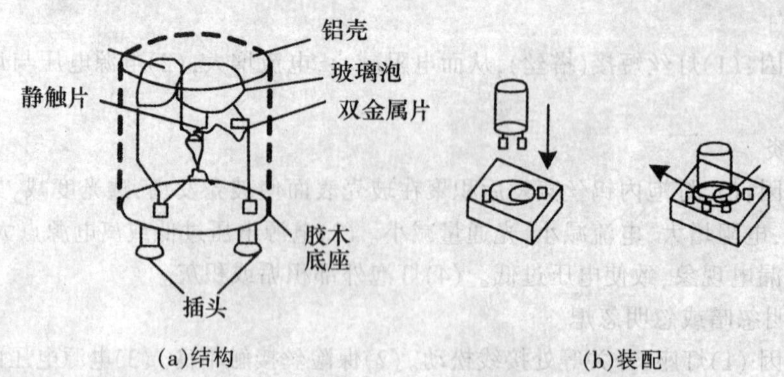

(a)结构 (b)装配

图 4-9 启辉器

(3)启辉器座。常用塑料或胶木制成，用于放置启辉器。

(4)镇流器。分铁芯电感式和电子式两种。铁芯电感式由铁芯和线圈等组成。电子式结构轻巧，效率高。使用时镇流器的功率必须与灯管的功率及启辉器的规格相符。

(5)灯座。灯座有开启式和弹簧式两种。灯座规格有大型的，适用 15 W 及以上的灯管；也有小型的，适用 6~12 W 灯管。

2.荧光灯的工作原理。荧光灯工作原理如图 4-10 所示。

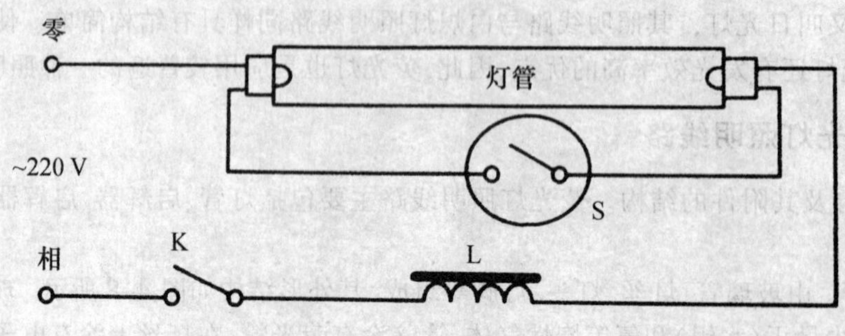

图 4-10 荧光灯的工作原理图

闭合开关接通电源后，电源电压经镇流器、灯管两端的灯丝加在启辉器的∩形动触片和静触片之间，引起辉光放电。放电时产生的热量使得用双金属片制成的∩形动触片膨胀并向外伸展，与静触片接触，使灯丝预热并发射电子。在∩形动触片与静触片接触时，二者间电压为零而停止辉光放电，∩形动触片冷却收缩并复原而与静触片分离，在动、静触片断开瞬间会在镇流器两端产生一个比电源电压高得多的感应电动势，感应电动势与电源电压串联后加在灯管两端，使灯管内惰性气体被电离而引起弧光放电。随着灯管内温度升高，液态汞汽化游离，引起汞蒸气弧光放电而发生肉眼看不见的紫外线，紫外线激发灯管内壁的荧光粉后，发出近似日光的可见光。

镇流器在电路中除上述作用外还有两个作用：一是在灯丝预热时限制灯丝所需的预热电流，防止预热电流过大而烧断灯丝，保证灯丝电子的发射能力。二是在灯管启辉后，维持灯管的工作电压并限制灯管的工作电流在额定值，以保证灯管稳定工作。

启辉器有两个作用：一是与镇流器线圈形成 LC 振荡电路，延长灯丝的预热时间和维持感应电动势。二是吸收干扰收音机和电视机的交流杂声。

二、荧光灯照明线路的安装

安装荧光灯照明线路中导线的敷设，木台、接线盒、开关等照明附件的安装方法与要求与白炽灯照明线路基本相同。现主要介绍荧光灯的安装方法。

荧光灯的接线装配方法如图 4-11 所示。

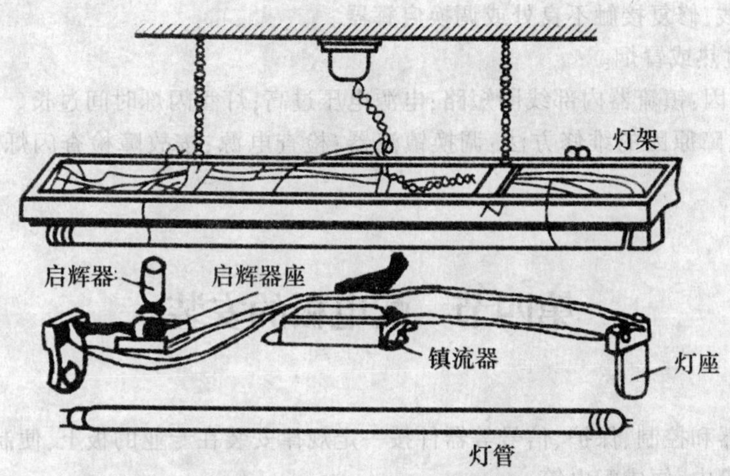

1.灯座；2.启辉器座；3.启辉器；4.火线；5.零线；6.开关连接线；7.灯架；8.镇流器

图 4-11 日光灯线路的连接方法

1.用导线把启辉器座上的两个接线桩分别与两个灯座中的一个接线桩连接。

2.把一个灯座中余下的一个接线桩与电源中性线连接，另一个灯座中余下的一个接线桩与镇流器的一个线头相连。

3.镇流器的另一个线头与开关的一个接线桩连接。

4.开关的另一个接线桩接电源相线。

接线完毕后，把灯架安装好，旋上起辉器，插入灯管。注意当整个荧光灯重量超过 1 kg 时应采用吊链，载流导线不承受重力。

三、荧光灯照明线路常见故障原因及维修方法

1.接通电源后，荧光灯不亮。

(1)故障原因：灯脚与灯座、启辉器与启辉器座接触不良；灯丝断；镇流器线圈断路；新装荧光灯接线错误。

(2)对应故障原因的维修方法：转动灯管或启辉器，找出接触不良处并修复；用万用表电阻挡检查灯管两端的灯丝是否断，可换新灯管；修理或调换镇流器；找出接线错误处。

2.荧光灯光闪动或只有两头发光。

(1)故障原因：启辉器氖泡内的动、静触片不能分开或电容器被击穿短路；镇流器配用规格不合适；灯脚松动或镇流器接头松动；灯管陈旧；电源电压太低。

(2)对应故障原因的维修方法：更换启辉器；调换与荧光灯功率适配的镇流器；修复接触不良处；换新灯管；如有条件采取稳压措施。

3.光在灯管内滚动或灯光闪烁。

(1)故障原因：新管暂时现象；灯管质量不好；镇流器配用规格不合适或接线松动；启辉器接触不良或损坏。

(2)对应故障原因的维修方法：开用几次可消除故障现象；换灯管试一下；调换合适的镇流器或加固接线；修复接触不良处或调换启辉器。

4.镇流器过热或冒烟。

(1)故障原因：镇流器内部线圈短路；电源电压过高；灯管闪烁时间过长。

(2)对应故障原因的维修方法：调换镇流器；检查电源；按故障检查闪烁原因并排除故障。

第四节　配电板的安装

将测量仪器和控制、保护、信号等器件按一定规律安装在专业的板上，便制成配电板。将其装入专用的箱内，便成配电箱。

配电板(箱)安装要求是：配电板(箱)应用不可燃材料制作；触电危险性小的生产场所和办公室，可安装开启式的配电板；在触电危险性大或作业环境较差的加工车间、铸造、锻造、热处理、锅炉房、木工房等场所，应安装封闭式箱柜；在有导电性粉尘或可产生易燃易爆气体的危险作业场所，必须安装密闭式或防爆型的电气设施；配电板(箱)各电气元件、仪表、开关和线路应排列整齐，安装牢固，操作方便。落地安装的板(箱)底面应高出地面 5~10 mm；操作手柄中心高度一般为 1.2~1.5 m；板(箱)前方 0.8~1.2 m 的范围内无障碍物；保护线连接可靠；板(箱)以外不得有裸带电体外露；必须装设在板(箱)外表面或配电板上的电气元件，必

须有可靠的屏护。

一、单相电能表

单相电能表是用于测量单相交流电用户电量,即测量电能的仪表。

1.单相电能表的结构和工作原理

(1)单相电能表的结构。单相电能表的结构主要由驱动元件:包括电流元件和电压元件;转动元件即转盘;制动元件即制动磁铁;计数器组成。

(2)电能表的工作原理。电能表接入交流电源,并接通负载后,电压线圈接在交流电源两端,而电流线圈又流入交流电流,这两个线圈产生的交变磁场,穿过转盘,在转盘上产生涡流,涡流和交变磁场作用,产生转矩,驱使转盘转动。转盘转动后在制动磁铁的磁场作用下也产生涡流,该涡流与磁场作用产生与转盘转向相反的制动力矩,使转盘的转速与负载的功率大小成正比。转速用计数器显示出来,计数器累计的数字即为用户消耗的电能,并已转换为度数(kWh)。

2.单相电能表的接线。单相电度表接线盒如图 4–12 所示。盒里共有四个接线桩,从左至右 1、2、3、4 编号。直接接线方法一般有两种:(1)按编号 1、3 接进线(1 接火线,3 接零线),2、4 接出线(2 接火线,4 接零线),如图 4–12 所示。(2)按编号 1、2 接进线(1 接火线,2 接零线),3、4 接出线(3 接火线,4 接零线)。由于有些电度表的接线方法特殊,在具体接线时,应以电度表接线盒盖内侧的线路图为准。

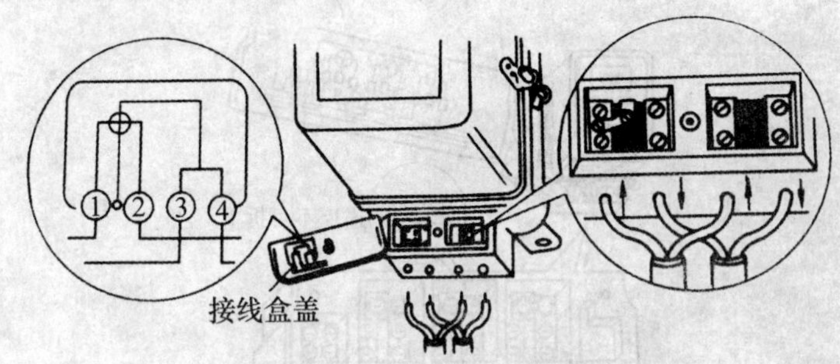

图 4–12 单相电度表接线圈

单相电度表的选用应注意与家庭全部用电器的总电流相适应。在 220 V 电压下,可根据公式 $P=UI$,计算出不同规格的电度表可接用电器的最大总功率。

目前,随着单片机技术的发展,一种多功能数字化智能电度表已经开始应用,它具有电能计数、数字显示、电路保护、用电收费等功能。由于其使用方便,节省人力,将会被普及使用。

二、配电板的安装

1.配电板的安装。室外交流电源线通过进户装置进入室内,再通过量电装置和配电装置才能将电能送至用电设备。量电装置通常由进户总熔丝盒、电能表等组成。配电装置一般由控制开关、过载及短路保护电器等组成,容量较大的还装有隔离开关。

一般将总熔丝盒装在进户管的墙上, 该装置用于防止下级电力线路的故障影响到前级配电干线而造成更大区域的停电,而因电能表、控制开关、短路和过载保护电器均安装在同一块配电板上，如图 4–13 所示。

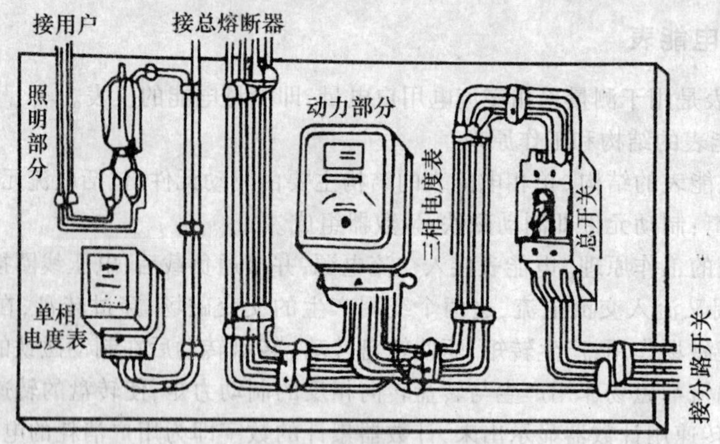

图 4–13　配电板的安装

该配电板左边为照明部分，右边为动力部分。动力部分的三相电能表选用直接式三相四线制电能表。这种电能表共有十一个接线桩头，从左到右按 1、2、3、4、5、6、7、8、9、10、11 编号，其中 1、4、7 是电源相线的进线桩头；3、6、9 是相线的出线桩头，分别去接总开关的三个进线桩头；10、11 是电源中线的进线桩头和出线桩头，2、5、8 三个接线桩头可空置，如图 4–14 所示。

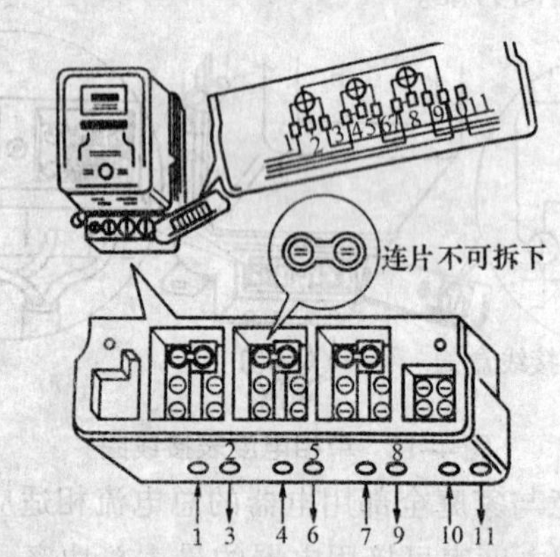

图 4–14　直接式三相四线制电度表的接线

2.安装配电板注意事项

(1)正确选择电能表的容量。电能表的额定电压与用电器的额定电压相一致，负载的最大工作电流不得超过电能表的最大额定电流。

(2)电能表总线必须采用铜芯塑料硬线，其最小截面不应小于 1.5，中间不准有接头，自总熔丝盒到电能表之间沿线敷设长度不宜超过 10 m。

(3)电能表总线必须明线敷设或线管明敷，进入电能表时，一般以“左进右出”原则接成。

(4)电能表的安装必须垂直于地面。

(5)配电板应避免安装在易燃、高温、潮湿、震动或有灰尘的场所。配电板应安装牢固。

第五节 电气布线的基本要求

一、导线的选择

1.线芯材料的选择。作为线芯的金属材料,必须同时具备的特点是:电阻率较低;有足够的机械强度;在一般情况下有较好的耐腐蚀性;容易进行各种形式的机械加工,价格较便宜。铜和铝基本符合这些特点,因此,常用铜或铝作导线的线芯。当然,在某些特殊场合,需要用其他金属作导电材料。铜导线的电阻率比铝导线小,焊接性能和机械强度比铝导线好,因此它常用于要求较高的场合。铝导线密度比铜导线小,而且资源丰富,价格较铜低廉,因此目前铝导线的使用极为普遍。

2.导线截面的选择。选择导线,一般考虑三个因素:长期工作允许电流,机械强度和线路电压降在允许范围内。

(1)根据长期工作允许电流选择导线截面。由于导线存在电阻,当电流通过导线电阻时会发热,如果导线发热超过一定限度时,其绝缘物会老化、损坏,甚至发生电火灾。所以,根据导线敷设方式不同、环境温度不同,导线允许的载流量也不同。通常把允许通过的最大电流值称为安全载流量。在选择导线时,可依据用电负荷,参照导线的规格型号及敷设方式来选择导线截面。

(2)根据机械强度选择导线。导线安装后和运行中,要受到外力的影响。导线本身自重和不同的敷设方式使导线受到不同的张力,如果导线不能承受张力作用,会造成断线事故。在选择导线时必须考虑导线截面。

(3)根据电压损失选择导线截面

①住宅用户,由变压器低压侧至线路末端,电压损失应小于6%。

②电动机在正常情况下,电动机端电压与其额定电压不得相差±5%。

按照以上条件选择导线截面的结果,在同样负载电流下可能得出不同截面数据。此时,应选择其中最大的截面。

对所使用导线的要求:其额定电压应不小于线路的工作电压,其绝缘层应符合线路的安装方式和敷设环境的条件,其截面应满足供电的要求和机械强度的要求。导线应能更换,导线的连接和分支处,不应受到机械力的作用。线路中应尽量减少导线接头,以减少故障点,导线与电器端子的连接要紧密结实,力求减少接触电阻和防止脱落。

线路应尽可能避开热源,不在发热的表面敷设。水平敷设的线路距地面不得低于2 m,垂直敷设的线路距地面不得低于1.8 m,否则均应装设预防机械损伤的装置,布置的位置应便于检查和维修。为防止漏电,线路的对地电阻应不小于0.5 MΩ。

二、明线布线的规范要求

明线布线，应整齐、紧贴敷设面，走线合理美观，接点不得松动。具体要求如下：

1.走线通道应尽可能少，同一通道中的沉底导线，需按主电路和控制电路分类集中，单层平行密排，并紧贴敷设面。

2.布线应该横平竖直，变换走向应垂直。

3.在同一平面上的导线应高低一致或前后一致，不能交叉。当必须交叉时，该导线应从接线端子引出，水平架空跨越，但必须走线合理。

4.导线与接线柱或接线端子连接时，应不压绝缘层，并使同一元件、同一回路不同接点的导线间的距离一致。

5.一个电器元件接线端子的连接导线不得超过两根，线端子板上的连接导线一般只允许连接一根。

6.布线时严禁损伤线芯和破坏绝缘层。

7.每个导线线头应套上编码管。

三、线槽布线的规范要求

进入线槽的导线要完全置于走线槽内，并能方便盖上线槽盖；各接点不能松动；在线格外的导线应该横平竖直、整齐、走线合理。

具体要求如下：

1.走线槽内的导线尽可能避免交叉，装线不要超过其容量的70%。

2.各电器元件接线端子引出或引入的导线，须经过走线槽连接。

3.各电器元件与走线槽之间的外露导线，要尽可能做到横平竖直，变换走向要垂直。从同一元件位置一致的端子上引入或引出的连接导线，要敷设在同一平面上，且高低一致或前后一致，不得交叉。

4.各电器元件接线端子引出线的走向以元件的水平中心线为界限，水平中心线以上接线端子引出的导线，必须进入元件上面的走线槽；水平中心线以下接线端子引出的导线，必须进入元件下面的走线槽。任何导线都不允许从水平方向进入走线槽内。

5.所有导线连接必须牢固，截面积在等于或大于0.5 m^2时须采用软线。若接线端子不适合连接软线时，可以在导线端头穿上针形或叉形轧头并压紧。

6.所有接线端子、导线线头上必须套有与原理图上相应接点一致的线号编码配管。

7.布线时严禁损伤线芯和导线绝缘。

思考与练习

1.常用的电光源有哪几种？各有什么特点？

2.常用的照明灯具有哪几种？

3.白炽灯的安装步骤有哪些？

4.白炽灯的常见故障有哪些？
5.日光灯的常见故障有哪些？
6.单相照明配电盘的安装要求是什么？
7.线槽布线的规范要求是什么？

实训 4-1 单相、三相电度表安装

一、单相电度表安装

1.实训目的
(1)了解单相电度表的工作原理。
(2)正确连接单相电度表与照明线路。
2.实训设备
单相电度表、单相闸刀开关、拉线开关、灯座、灯泡 220 V/25 W(与灯座配套)、插座(双孔)、导线。
3.实训线路
根据图 4-15 完成单相电度表的实物连接,要求连接规范、正确。

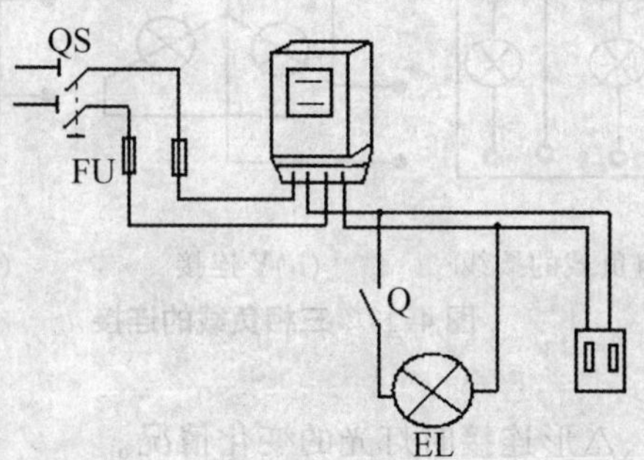

图 4-15 单相电度表连接电路图

4.实训报告
(1)正确画出单相电度表的外部接线图。
(2)如何计算用电数,1 度电=?

二、三相电度表安装

1.实训目的
(1)了解三相电度表的结构与工作原理。
(2)正确连接三相电度表的线路。
(3)掌握三相负载 Y 形与△形相电压与线电压、相电流与线电流之间的数值关系。

2.实训设备

三相电度表、三相闸刀开关、万用表、灯座、灯泡 220 V/25 W(与灯座配套)、接线柱(桩)、导线。

3.实训线路

根据图 4-16 完成三相电度表的接线。

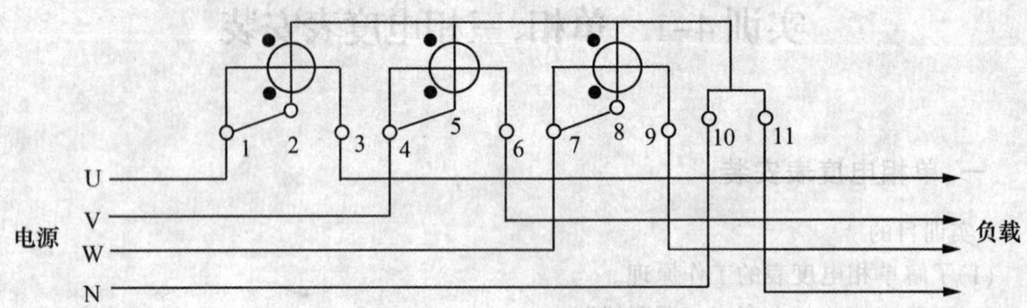

图 4-16　三相电度表连接线路

根据图 4-17 完成三相负载的连接,接线要正确,牢靠。

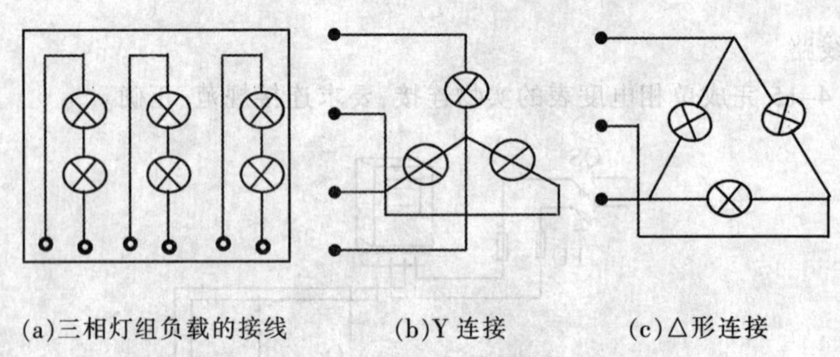

(a)三相灯组负载的接线　(b)Y 连接　(c)△形连接

图 4-17　三相负载的连接

4.实训报告

(1)观察三相负载 Y 形、△形连接时灯光的变化情况。

(2)三相四线制电路中中线的作用是什么?

(3)整理测量数据并小结。

实训 4-2　用两只双联开关在两地控制一盏灯

一、实训目的

1.熟悉双联开关的结构与工作原理。

2.正确连接双联开关的控制线路。

二、实训设备

双联开关、单相闸刀开关、灯座、灯泡 220 V/25 W(与灯座配套)、导线。

三、实训线路

根据图 4–18 完成两只双联开关在两地控制一盏灯的接线。

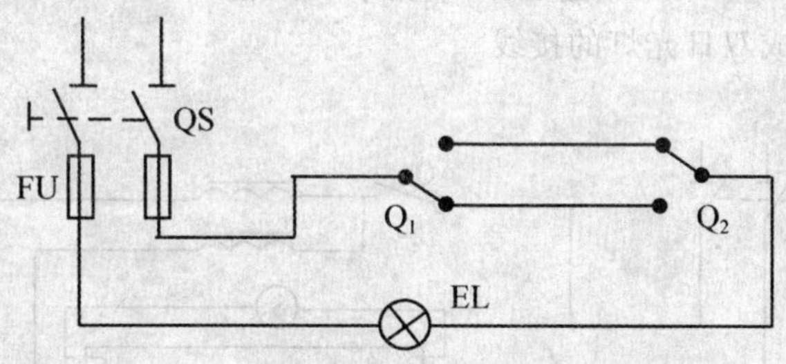

图 4–18 两只双联开关在两地控制一盏灯

四、实训报告

1.分析用两只双联开关在两地控制一盏灯的工作原理。
2.如果不用双联开关是否可以实现两地控制一盏灯。

实训 4–3 日光灯线路的安装

一、实训目的

1.熟悉日光灯的工作原理。
2.正确连接日光灯。
3.正确连接双日光灯的线路。

二、实训设备

日光灯、单相闸刀开关、导线。

三、实训线路

1.根据图 4–19 完成日光灯的接线。

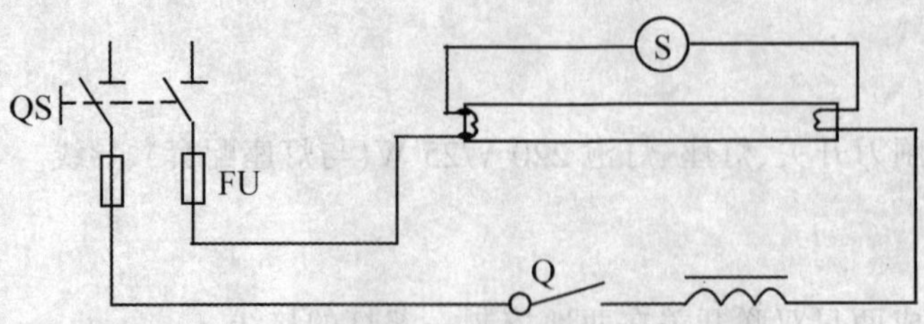

图 4-19 日光灯一般接法

2.根据图 4-20 完成双日光灯的接线。

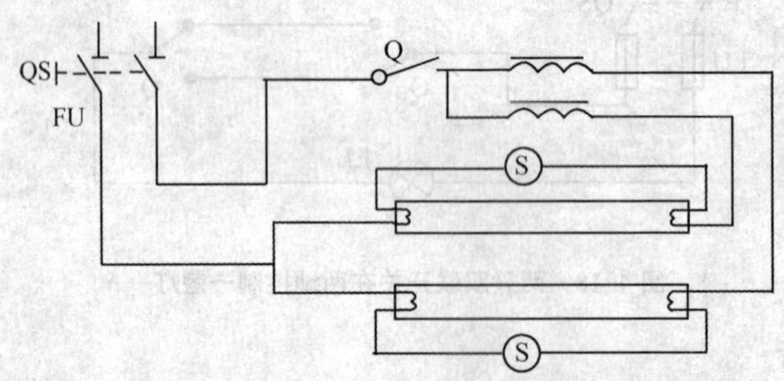

图 4-20 双日光灯接线方法

四、实训报告

1.简述日光灯的工作原理。

2.如果少一个启动器,你用什么方法使日光灯点亮?

实训 4-4 简易三相交流电源相序指示器

一、实训目的

1.熟悉三相交流电源相序指示器原理。

2.正确连接三相交流电源相序指示器线路。

二、实训设备

单相闸刀开关,灯座,红、黄、绿三色灯泡 220 V/8 W(与灯泡配套),导线。

三、实训线路

根据图 4-21 完成三相交流电源相序指示器的接线。

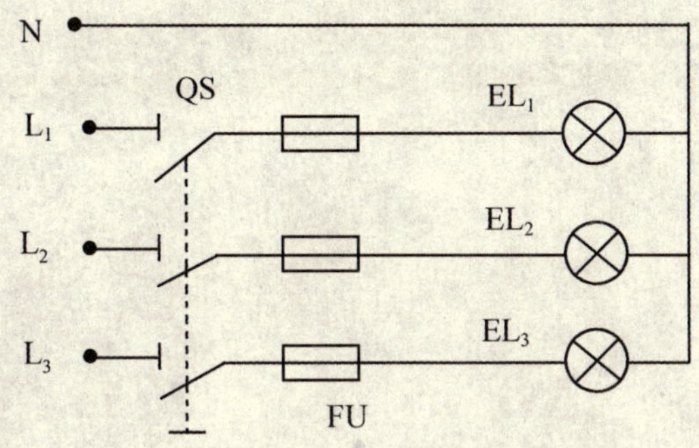

图 4-21 三相交流电源相序指示器线路

四、实训报告

1.观察现象,小结三相交流电源相序的正确安装情况。

2.灯亮说明了什么,不亮的一相又说明了什么?

第五章 常用电工仪表

电工仪表及测量技术对从事电气技术工作的人员来说是十分必要的；不论是电气设备的安装、调试、试验、运行、维修；还是对电气产品进行检验、测试、鉴定都会涉及电磁测量方面的技术问题。而且该技术应用于工农业生产、生活、国防、科研等各个领域，如变电所、配电室、发电厂、电力监控网、火箭发射中心、家用电能计量表等。

第一节 电工仪表基本知识

一、仪表误差的分类

仪表用来量度的。但无论仪表的制造工艺如何完善，性能质量如何好，仪表的指示值和被测量的实际值之间总有差异，这种差异就叫误差。

1.系统误差。系统误差是指按一定规律出现的误差；在同一条件下，多次重复测试同一量时，误差的数值和正负号有较明显的规律。系统误差通常在测试之前就已经存在，而且在测试过程中，始终偏离一个方向，在同一测试中其大小和符号相同。例如，电压表示值的偏差等。特征是有其对应的规律性的，它不能依靠增加测量次数来加以消除，但一般可通过测试分析方法掌握其变化规律，并按照相应规律采取补偿或修正的方法加以消减。

2.偶然误差。在同一条件下，对某一个量多次重复测量时，其各次的大小和符号均以不可预定的规律变化的误差而谓之随机误差或偶然误差，它是具有不确定性的一类误差。它的产生是由测量过程中出现的各种各样不显著却又难于控制的随机因素的综合影响而造成。

3.过失误差。测量误差明显地超出正常值，是由于人员的疏忽，如测错、读错、记错或计算错误等；或测试条件突变所致。

二、误差的表示方法

仪表的误差,一般可用绝对误差、相对误差和引用误差来表示。

1.绝对误差。仪表的绝对误差是指测量值与被测量真值之差。

2.相对误差。相对误差是指绝对误差与真值之比,并用百分数表示。

3.引用误差。引用误差是指仪表某一刻度点读数的绝对误差除以仪表测量满量程值,并用百分数表示。

三、仪表的准确度

仪表的准确度用来反映仪表的基本误差。仪表的准确度用引用误差来表示。但是,若将仪表上每个点的引用误差都列出来,以说明仪表的准确度,很不方便。因此,用在正常工作条件下可能出现的最大引用误差来表示仪表的准确度等级。

我国生产的电工仪表的准确度,按国家标准分为七个等级,即 0.1、0.2、0.5、1.0、1.5、2.5 和 5.0 级。各级仪表引用误差表示的基本误差不超过表 5-1 中的规定。

表 5-1 各级仪表允许的基本误差

仪表准确度等级	0.1	0.2	0.5	1.0	1.5	2.5	5.0
基本误差(%)	±0.1	±0.2	±0.5	±1.0	±1.5	±2.5	±5.0

通常,0.1、0.2 级仪表用作标准表,用以检定其他准确度较低的仪表;0.5、1.0、1.5 级仪表多用于电度计量和实验室;1.5、2.5、5.0 级仪表常用于工程电气测量。

第二节 电气测量的一般知识

一、电气测量概述

随着测量学的发展和无线电电子学的应用,诞生了以电子技术为手段的测量,即电气测量。电气测量涉及极宽频率范围内的所有电量、磁量以及各种非电量的测量。

目前,电气测量不仅因为其应用广泛而成为现代科学技术中不可缺少的手段,同时它也是一门发展迅速、对现代科学技术的发展起着重大作用的独门学科。从某种意义上来说,近代科学技术的水平是由电气测量的水平来保证和体现的;电气测量的水平,是衡量一个国家科学技术水平的重要标志之一。

测量结果的量值由两部分组成:数值(大小及符号)和相应的单位名称。没有单位的量值是没有物理意义的。

二、电气测量的分类

1.按测量方法分为直接测量法、间接测量法和组合测量法：

(1)直接测量法。指直接从电子仪器或仪表上读出测量结果。例如，用通用电子计数器测频率，用电压表测量电路中的电压，都属于直接测量。

直接测量的特点是不需要对被测量与其他实测的量进行函数关系的辅助运算，因此测量过程简单迅速，是工程测量中广泛应用的测量方法。

(2)间接测量法。对几个与被测量有确切函数关系的物理量进行直接测量，然后通过代表该函数关系的公式、曲线或表格，求出被测量值的方法，称为间接测量。例如，要测量已知电阻 R 上消耗的功率，先测量加在 R 两端的电压 U，然后再根据公式 $P=U^2/R$ 求出功率 P 之值。

(3)组合测量法。在某些测量中，被测量与几个未知量有关，测量一次无法得出完整的结果，则可改变测量条件进行多次测量，然后按被测量与未知量之间的函数关系组成联立方程，求解，得出有关未知量。此种方法称为组合测量，它是一种直接测量与间接测量兼用的方法。

直接测量的优点是测量过程简单迅速，在工程技术中采用得比较广泛。间接测量法多用于科学实验。组合测量适用于科学实验及一些特殊的场合。

2.按测量的性质分为时域测量、频域测量、数据域测量和随机测量：

(1)时域测量。时域测量是测量被测对象在不同时间的特性。这时把被测信号看成是一个时间函数，使用示波器能显示瞬时波形，测量它的幅度、宽度、上升和下降沿等参数。时域测量还包括一些周期性信号的稳态参量的测量，如正统交流电压，虽然它的瞬时值会随时间变化，但是交流电压的振幅值和有效值是稳态值，可用指针式仪器测量。

(2)频域测量。频域测量是测量被测对象在不同频率时的特性。这时把被测对象看成是一个频率的函数。信号通过非线性电路会产生新的频率分量，能用频谱仪进行分析。放大器的幅频特性在高频端和低频端会下降，可用频率特性图示仪予以显示。放大器对不同频率的信号会产生不同的相移，可使用相位计测量放大器的相频特性。

(3)数据域测量。数据域测量是测试数字量或电路的逻辑状态随时间变化而变化的特性。数据域测量的目的一是确定系统中是否存在故障，称为合格/失效测试，或称故障检测；二是确定故障的位置，称为故障定位。

(4)随机测量。随机测量又称统计测量，主要是对各类噪声信号源进行动态测量。这是一项较新的测量技术，尤其在通信领域有广泛的应用。

3.测量方法的选择。在选择测量方法时，主要考虑以下几种因素：

(1)被测量本身的特性。

(2)所要求的测量的准确度。

(3)测量环境。

(4)所用测量设备，在此基础上，选择合适的测量仪器和正确的测量方法。否则，即使使用价格昂贵的精密仪器设备，也不一定能够得到准确的测量结果，甚至还有可能损坏测量仪器和被测设备。

第三节 电流测量仪表

测量长度可以用刻度尺,测量时间可以用钟表,测量电流要用专门的仪表——电流表。电流表的种类很多,根据所测电流的大小,电流测量仪表可分为微安表、毫安表和安培表。用安培表测电流时应注意以下几点:

1.安培表型式的选择。磁电系安培表只能测量直流电流,而电磁系或电动系安培表可以交、直流两用。

2.安培表的接线方法。测量电流时,安培表必须串接到被测量的电路中。使用磁电系安培表测量直流电流时,还应注意让电流从安培表的"+"极性端钮流入,如果安培表正负接线柱接反了,指针将反向偏转,并会损坏安培表。

3.安培表量程的选择。电流表的量程就是可以测的电流值最大不能超过这个值,否则要烧坏电流表。量程应该有很多,也分直流和交流。测电流时首先要知道是交流还是直流,不确定就先用交流挡。指针式电流表测量直流还要注意电流方向。估计电流的大小是否会超过电流表的量程。先用大挡测量,逐步减小到合适挡位。在选择量程时还应注意使指针尽可能接近于满刻度值,一般工作最好在不小于满刻度值的 2/3 区域内。

4.安培表内阻对测量值的影响。为了减小安培表接入电路后对电路原始状态的影响,要求安培表的内阻尽可能小。安培表的内阻越小,测量结果就越接近于实际值。

由于磁电系安培表的游丝和线圈截面均很细,不能通过很大的电流。因此用磁电系安培表测量大的直流电流时,一般可采用附加分流器的方法来扩大量程。

分流器由锰镉铜片或锰钢条制成,将电阻为 $R_{分}$ 的分流器和内阻为 r 的测量机构(表头)相并联,使被测电流 I 分为两部分,一部分为 $I_{测}$,流经安培表的测量机构(表头);另一部分为 $I_{分}$,流经分流器,结果为 $I=I_{测}+I_{分}$,如图 5-1(b)所示。

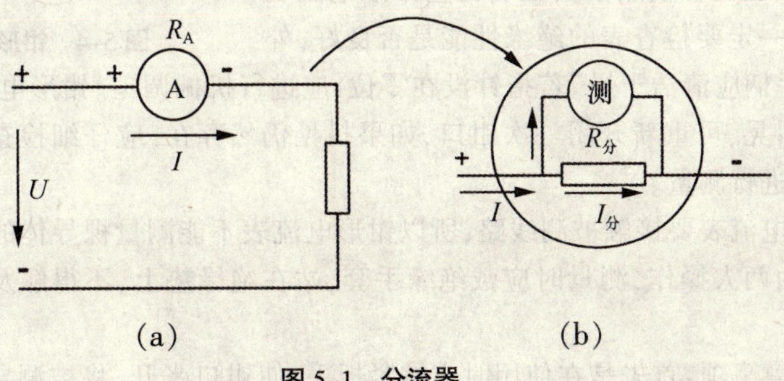

图 5-1 分流器

接上不同阻值的分流器,即可制成多量程的安培表。如图 5-2 所示,即为 5~10 A 双量程磁电系直流安培表的外形和内部接线图。由电磁系或电动系制成交流安培表一般不采用分流器,而是用改变固定线圈的接法或利用电流互感器来扩大量程。图 5-3 所示,即为5~10 A双量程电磁系交流安培表的外形和内部接线图。

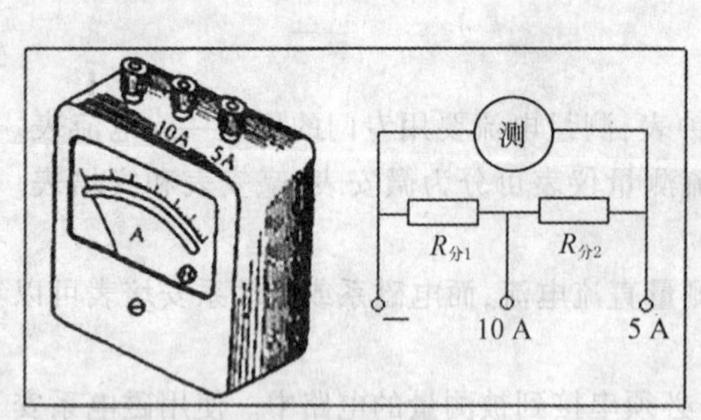

图 5-2 直安培表

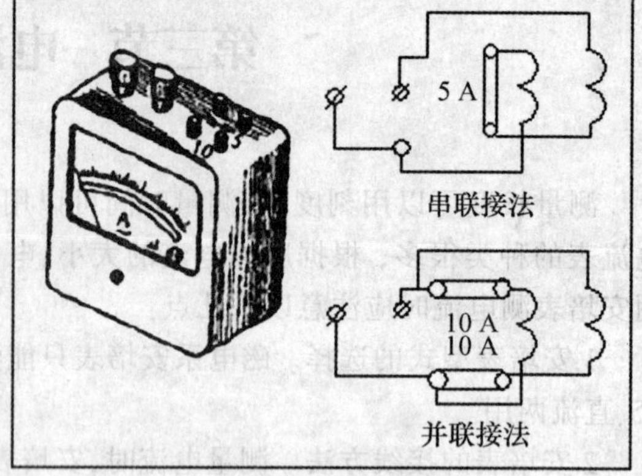

图 5-3 双量程交流安培表

当被测电流为 0~5 A 时,应把两组线圈串联;而当被测电流大于 5 A、小于 10 A 时,则把两组线圈并联。

随着仪表仪器的发展和电工现场测量工作任务的需要,钳形电流表在测量中得到广泛应用。钳形电流表使用方便,无需断开电源和线路即可直接测量运行中电气设备的工作电流,便于及时了解设备的工作状况。图 5-4 所示为钳形电流原理图。

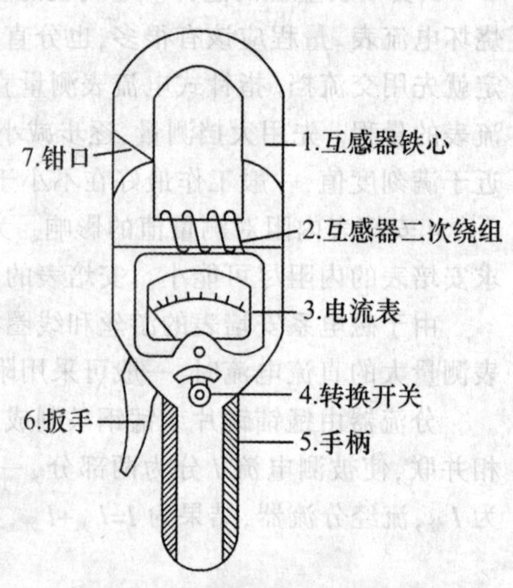

图 5-4 钳形电流表原理图

在平时工作中使用钳形电流表应注意以下问题:

测量前注意事项:首先是根据被测电流的种类电压等级正确选择钳形电流表,被测线路的电压要低于钳表的额定电压。测量高压线路的电流时,应选用与其电压等级相符的高压钳形电流表。低电压等级的钳形电流表只能测低压系统中的电流,不能测量高压系统中的电流;其次是在使用前要正确检查钳形电流表的外观情况,一定要检查表的绝缘性能是否良好,外壳应无破损,手柄应清洁干燥。若指针没在零位,应进行机械调零。钳形电流表的钳口应紧密接合,若指针抖晃,可重新开闭一次钳口,如果抖晃仍然存在,应仔细检查,注意清除钳口杂物、污垢,然后进行测量。

由于钳形电流表要接触被测线路,所以钳形电流表不能测量裸导体的电流。用高压钳形表测量时,应由两人操作,测量时应戴绝缘手套,站在绝缘垫上,不得触及其他设备,以防止短路或接地。

测量时注意事项:首先是在使用时应按紧扳手,使钳口张开,将被测导线放入钳口中央,然后松开扳手并使钳口闭合紧密。钳口的结合面如有杂声,应重新开合一次,仍有杂声,应处理结合面,以使读数准确。另外,不可同时钳住两根导线。读数后,将钳口张开,将被测导线退出,将挡位置于电流最高挡或 OFF 挡。其次要根据被测电流大小来选择合适的钳型电流表的量程。选择的量程应稍大于被测电流数值,若无法估计,为防止损坏钳形电流表,应从最大量程开始测量,逐步变换挡位直至量程合适。严禁在测量进行过程中切换钳形电流表的挡位,换挡时应先将被测导线从钳口退出再更换挡位。

当测量小于 5A 以下的电流时,为使读数更准确,在条件允许时,可将被测载流导线绕数圈后放入钳口进行测量。此时被测导线实际电流值应等于仪表读数值除以放入钳口的导线圈数。

测量时应注意身体各部分与带电体保持安全距离,低压系统安全距离为 0.1~0.3 m。测量高压电缆各相电流时,电缆头线间距离应在 300 mm 以上,且绝缘良好,待认为测量方便时,方能进行。观测表计时,要特别注意保持头部与带电部分的安全距离,人体任何部分与带电体的距离不得小于钳形表的整个长度。

测量低压可熔保险器或水平排列低压母线电流时,应在测量前将各相可熔保险或母线用绝缘材料加以保护隔离,以免引起相间短路。当电缆有一相接地时,严禁测量,防止出现因电缆头的绝缘水平低发生对地击穿爆炸而危及人身安全。

测量后注意事项:测量结束后钳形电流表的开关要拔至最大量程挡,以免下次使用时不慎过流,并应保存在干燥的室内。

第四节 电压测量仪表

测量电压时可用毫伏表、电压表和千伏表。用电压表测电压时应注意以下几点:

1.电压表型式的选择。测量直流电压时,可使用磁电系、电磁系或电动系电压表。由于磁电系电压表的灵敏度和准确度高,所以使用较为广泛。测量交流电压时,则只能选用电磁系或电动系的电压表,其中电磁系电压表较为常用。

2.电压表的接线方法。要测量某部分电路或用电器两端电压时,必须把电压表跟这部分电路或用电器并联,并且必须把电压表的"+"接线柱接在电路流入电流的那端。使用磁电系电压表测量直流电压时,还应注意电压表接线端钮上的"+"、"-"极性标记,应和被测两点的高低电位相一致,即"+"端接高电位,"-"端接低电位,不能接错,否则指针会反转,并会损坏电压表。

3.电压表量程的选择。每个电压表都有一定的测量范围即量程,使用时必须注意所测的电压不得超出电压表的量程。如果被测的那部分电路或用电器的电压数值估计的不够准,可在闭合电键时采取试触的方法;如果发现电压表的指针很快地摆动并超出最大量程范围,则必须选用更大量程的电压表才能进行测量。在用电压表测量电压之前,先要仔细观察所用的电压表,看看它有几个量程,各是多少,并弄清刻度盘上每一个格的数值。

4.电压表内阻对测量值的影响。电压表的内阻越大,误差就越小,为了减小电压表接入电路后对电路原始状态的影响,要求电压表内阻尽可能大,这样测量结果与实际值就越接近，如图 5–5 所示。

一般要求其内阻 R_V>100 R(R 为电压表并联的电阻)。交流和直流电压表均采用倍压器来扩大其量程。倍压器就是一个远较测量机构的电阻大得多的附加电阻。把它与测量机构串联，以限制通过线圈的电流，其阻值 R_S 视量程的大小而定，如图 5–6 所示。

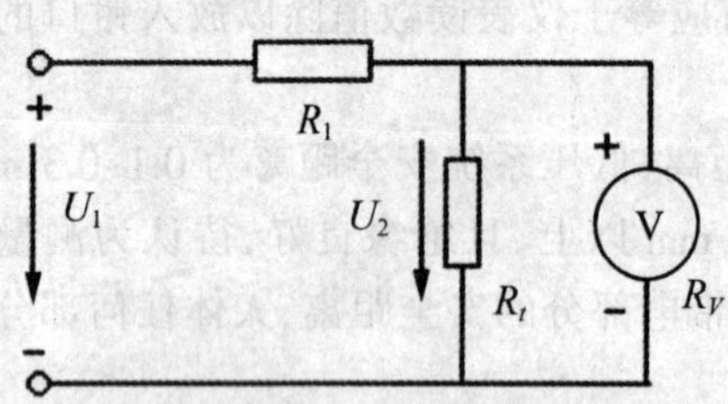

图 5–5 电压表接入电路

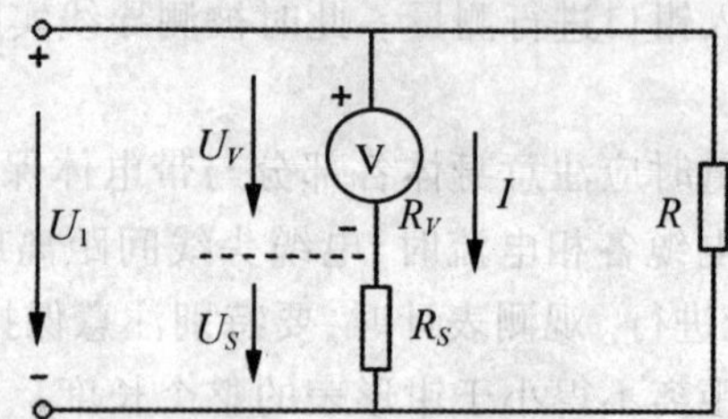

图 5–6 附加电阻的接入

电压表内阻为 R_V，附加电阻为 R_S，流过伏持表的电流为 I。一般 R_S 的阻值大于 R_V，所以被测电压的大部分都加在 R_S 上，R_S 起了分压的作用。

由此可见，如需将电压表的量程扩大 K 倍，应选用阻值为 $(K-1)R_V$ 的附加电阻与电压表串联。如果附加几个不同电阻值得倍压器，则可制成多量程的电压表。如图 5–7 所示，即为常用的多量程磁电系直流电压表。

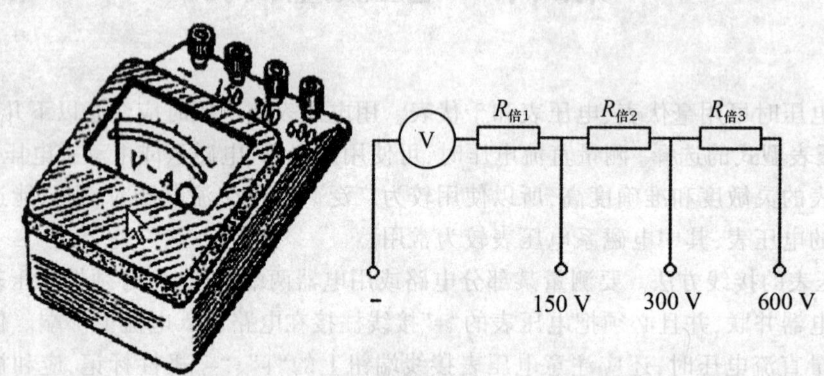

图 5–7 多量程电压表

采用串联附加电阻的方法可以扩大交流电压的量程，但用这种方法测量高电压时会增加仪表的功耗，而且很不安全。工厂中高压变电装置的电压，一般为交流 6 kV，10 kV，35 kV 等；在输变电系统中电压更高，如 110 kV，220 kV 等。对交流高电压的测量均要通过电压互感器，将电压变低后，再用电压表去测量这个低电压。但测量的读数要乘上一个系数 K(K 为电压互感器的变比)，才是被测电压的实际数值。但在某些测量中，例如开关板上，电压表的度尺是直接标出被测电压的数值的。

第五节 电阻测量仪表

各种负载、电阻器、导线等都具有一定大小的电阻，这种电阻称为导体电阻。绝缘材料的电阻称为绝缘电阻，其阻值远远大于导体的电阻，在正常情况下，至少在 100 kΩ 以上。在工作中，有时需要测量它们的阻值，下面就测量电阻的仪表分别加以介绍。

一、直流电桥

电桥是测量电阻的一种常用方法，是一种比较式仪表，其灵敏度和准确度都很高。电桥的种类很多，直流电桥有单臂电桥、双臂电桥；交流电桥有电容电桥、电感电桥等。这里仅介绍两种用于测量电阻的直流电桥：单臂电桥和双臂电桥。

1.直流单臂电桥。直流单臂电桥又称惠斯登电桥，其特点是测量精度高、范围大，适用于测量 1 Ω~10 MΩ 左右的中阻值电阻。

直流单臂电桥的原理电路如图 5-8 所示。

它是由四个电阻 R_a、R_b、R_0、R_x 联成一个四边形回路，这四个电阻称作电桥的四个“臂”。在这个四边形回路的一条对角线的顶点间接入直流工作电源，另一条对角线的顶点间接入检流计，这个支路一般称作“桥”。适当地调节 R_0 值，可使 C、D 两点电位相同，检流计中无电流流过，这时称电桥达到了平衡，如图 5-8 所示。

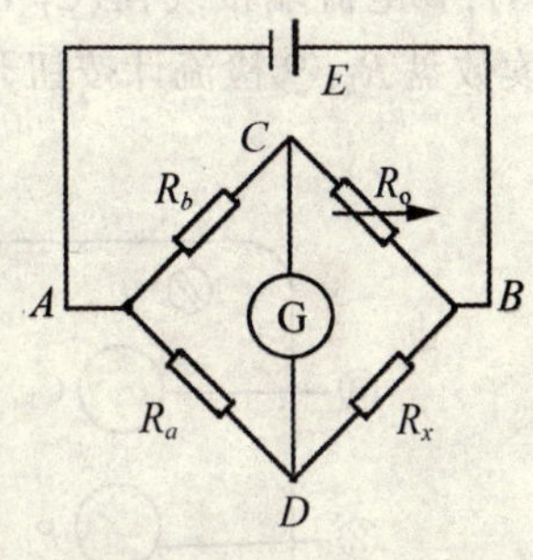

图 5-8 直流单臂电桥

人们常把 R_a、R_b 称作比例臂，C 为比例臂的倍率；R_0 称作比较臂；R_x 称作待测臂。比例臂的倍率分成七档，分别为 0.001、0.01、0.1、1、10、100 和 1 000。它由四组可调电阻串联而成，每组均有九个相同的电阻，由比较臂的转换开关调节。R_x 则接在被测的端钮上。图 5-9 为 QJ23 型携带式单臂电桥的面板示意图。

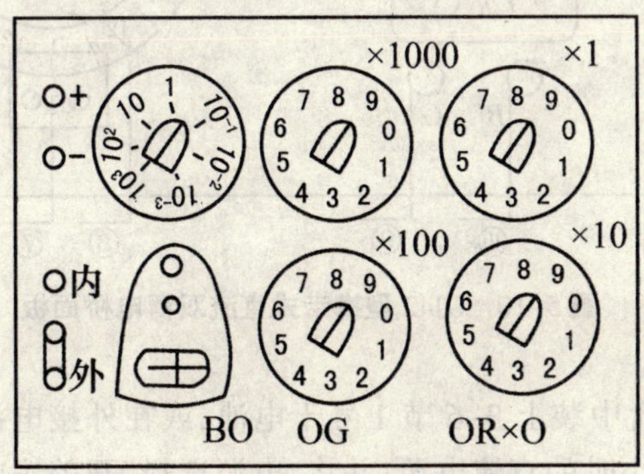

图 5-9 直流单臂电桥面板图

直流单臂电桥的使用方法：

(1)先将检流计的锁扣打开(内外),调节调零器把指针调到零位。

(2)把被测电阻接在"R_X"的位置上。要求用较粗较短的连接导线,并将漆膜刮净。接头拧紧,避免采用线夹。因为接头接触不良将使电桥的平衡不稳定,严重时可能损坏检流计。

(3)估计被测电阻的大小,选择适当的桥臂比率,使比较臂的四挡都能被充分利用。这样容易把电桥调到平衡,并能保证测量结果4位有效数字。

(4)先按电源按钮 B,(锁定)再按下检流计的按钮 G(点接)。

(5)调整比较臂电阻使检流计指向零位,电桥平衡。若指针指"+",则需增加比较臂电阻,针指向"-",则需减小比较臂电阻。

(6)读取数据:R_X=倍率×比较臂的读数(Ω)。

(7)测量完毕,先断开检流计按钮,再在断开电源按钮,然后拆除被测电阻,再将检流计锁扣锁上,以防在搬动过程中损坏检流计。

2.直流双臂电桥。用单臂电桥测量电阻时,其所测电阻值一般可以达到4位有效数字,最高阻值可测到10 MΩ,最低阻值为1 Ω。当被测电阻的阻值低于1 Ω时(称为低值电阻),则要使用直流双臂电桥。

3.双臂电桥。箱式双臂电桥的形式多样,本实验采用QJ42型携带式直流双臂电桥,图5-10为其面板配置图。各部分名称如下:①检流计,其上有机械调零器;②电位端接线柱(P_1、P_2);③电流端接线柱(C_1、C_2);④倍率开关;⑤电源选择开关;⑥外接电源接线柱;⑦标尺;⑧读数盘 R_b;⑨检流计按钮开关;⑩电源按钮开关。

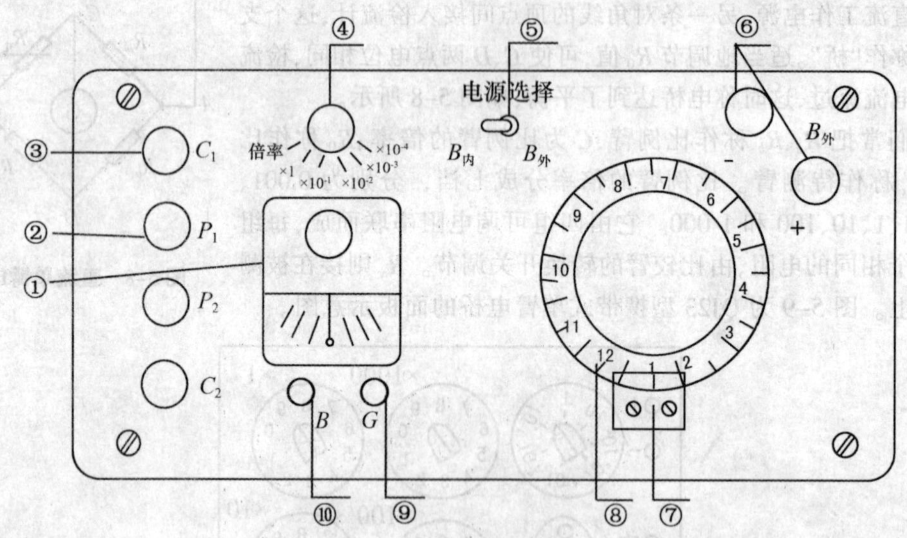

图5-10 QJ42型携带式直流双臂电桥面板

使用方法:

①在仪器底部电池盒中装上3~6节1号干电池,或在外接电源接线柱"$B_外$"上接入1.5~2伏且容量大于10安培小时的直流电源,并将"电源选择"开关拨向相应位置。

②将检流计指针调到"0"位置。

③将被测电阻 R_X 的四端接到双臂电桥的相应四个接线柱上。

④估计被测电阻值将倍率开关旋到相应的位置上。

⑤当测量电阻时,应先按"B"后按"G" 按钮,并调节读数盘 R_b,使电流计重新回到"0"位。断开时应先放"G"后放"B"按钮。注意:一般情况下,"B"按钮应间歇使用。此时电桥已处于平衡状态,而被测电阻 R_X 为 R_X=(倍率开关的示值)×(读数盘的示值)欧。

⑥使用完毕,应把倍率开关旋到"G 短路"位置上。

二、兆欧表

兆欧表(Megger)俗称摇表,是电工常用的一种测量仪表(图 5-11)。兆欧表主要用来检查电气设备、家用电器或电气线路对地及相间的绝缘电阻,以保证这些设备、电器和线路工作在正常状态,避免发生触电伤亡及设备损坏等事故。兆欧表大多采用手摇发电机供电,故又称摇表。它的刻度是以兆欧(MΩ)为单位的。

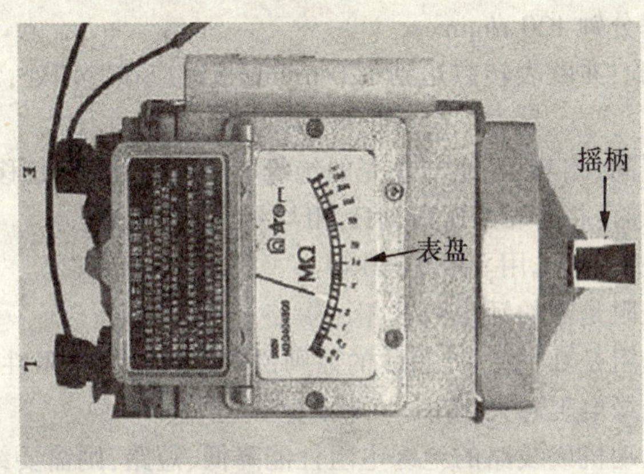

图 5-11 兆欧表外形图

1.兆欧表的正确使用:

(1)兆欧表的选择。主要是根据不同的电气设备选择兆欧表的电压及其测量范围。对于额定电压在 500 V 以下的电气设备,应选用电压等级为 500 V 或 1 000 V 的兆欧表;额定电压在 500 V 以上的电气设备,应选用 1 000~2 500 V 的兆欧表。

(2)测试前的准备。测量前被被测设备切断电源,并短路接地放电 3~5 min,特别是电容量大的,更应充分放电以消除残余静电荷引起的误差,保证正确的测量结果以及人身和设备的安全;被测物表面应擦干净,绝缘物表面的污染、潮湿,对绝缘的影响较大,而测量的目的是为了了解电气设备内部的绝缘性能,一般都要求测量前先用干净的布或棉纱擦净被测物,否则会达不到检查的目的。兆欧表在使用前应平稳放置在远离大电流导体和外磁场的地方;测量前对兆欧表本身进行检查。开路检查,两根线不要绞在一起,将发电机摇动到额定转速,指针应指在"∝"位置。短路检查,将表笔短接,缓慢转动发电机手柄,看指针是否到"0"位置。若零位或无穷大达不到,说明兆欧表有故障,必须进行检修。

(3)接线。 一般兆欧表上有三个接线柱,"L"表示"线"或"火线"接线柱;"E"表示"地"接线柱,"G"表示屏蔽接线柱。一般情况下对于"L"和"E"接线柱,可用有足够绝缘强度的单相绝缘线将"L"和"E"分别接到被测物导体部分和被测物的外壳或其他导体部分(如测相间绝缘)。在特殊情况下,如被测物表面受到污染没有擦干净、空气太潮湿,或者有外电磁场干扰等,就必须将“G”接线柱接到被测物的金属屏蔽保护环上;以消除表面漏流或干扰对测量结果的影响。

(4)测量。摇动发电机使转速达到额定转速(120 r/min)并保持稳定。一般采用一分钟以后的读数为准,当被测物电容量较大时,应延长时间,以指针稳定不变时为准。

(5)拆线。在兆欧表没停止转动和被测物没有放电以前,不能用手触及被测物和进行拆线工作,必须先使被测物对地短路放电,然后再停止兆欧表的转动,防止电容放电损坏兆欧表。

(6)测量电动机的绝缘电阻时,E 端接电动机的外壳,L 端接电动机的绕组。

2.兆欧表测量电器绝缘时注意事项:

(1)兆欧表使用时必须平放。

(2)兆欧表转速每分钟 120 r/min。

(3)自查,开路试验;兆欧表转数达到 120 r/min,指针应在“∞”处;短路,慢慢地转动兆欧表,指针应在“0”处。

(4)电动机的绕组间、相与相、相与外壳的绝缘电阻应≥0.5 MΩ,移动电动工具≥2 MΩ。

(5)测量线路绝缘时:相与相≥0.38 MΩ,相与零≥0.22 MΩ。

(6)中、小型电动机一般选用 500~1000 型。

(7)若测得这相电阻是零的话说明这相已短路。

(8)若测得这相电阻是 0.1 或 0.2 MΩ 的话则说明这相绝缘电阻性能已降低。

(9)电器设备的绝缘电阻越大越好。

(10)结论:如果电动机或线路的绝缘电阻性能降低、短路,则需要维修,不能再使用。

第六节 功率测量仪表

能比较全面地了解电气设备的特性和运行情况,除了测量电流和电压外,还需要测量电功率和能量。通常将电动系仪表做成功率表(又称瓦特表)直接测量有功功率。

一、瓦特表的构造

瓦特表大多为电动系结构,其中两个线圈的安排如图 5-12 所示。一是固定线圈,它的匝数较少,导线较粗,可与负载串联作为电流线圈;二是可动线圈,它的匝数较多,导线较细,可与负载并联作为电压线圈。

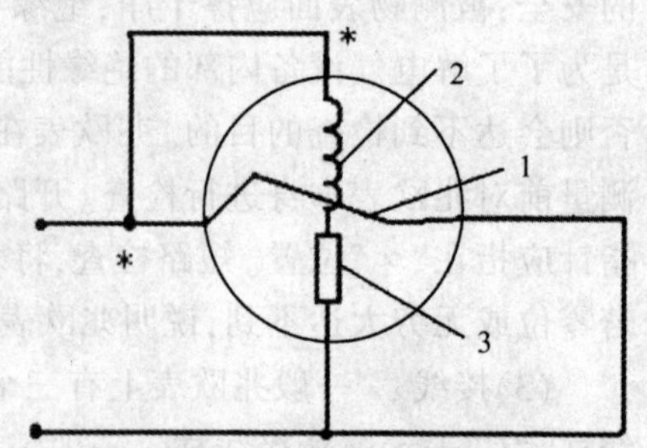

1.电流线圈;2.电压线圈;3.附加电阻

图 5-12 瓦特表结构原理图

二、瓦特表工作原理

瓦特表是根据通电固定线圈的磁场与通电活动

线圈相互作用产生转动力矩的原理制成的。固定线圈与负载串联反映负载电流,活动线圈串联一附加电阻再与负载并联反映负载电压。功率表既可以测直流电的功率,也可以测交流电的功率,并且可使用同一刻度。

三、使用瓦特表的注意事项

1.正确选用。正确选择电流量程和电压量程,使电流量程容许通过负载电流,电压量程能够承受负载电压。

2.正确接线。注意极性,电流线圈和电压线圈的“电源端”(标有“*”或“+”)须接在一起且接入电源的同一极上。保证两个线圈的电流都从标有 * 号的电源端钮流入,而且从“+”极到“-”极。满足这种要求的接线方法有两种,如图 5-13 所示。图 5-13(a)为电压线圈前接法,图 5-13(b)为电压线圈后接法。

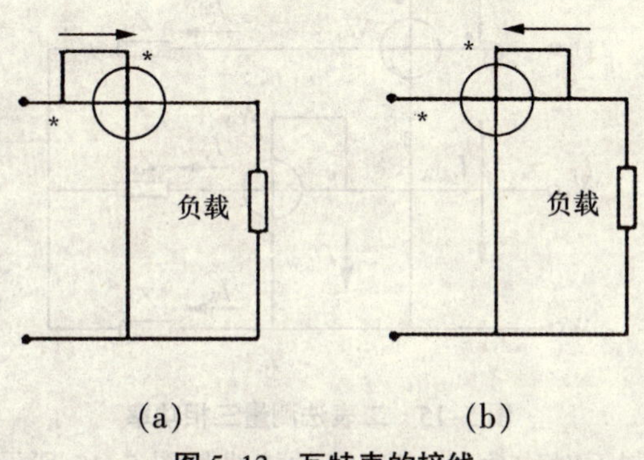

图 5-13 瓦特表的接线

当负载电阻远大于电流线圈内阻时,应采用电压线圈前接法。这时电压线圈所测的电压是负载和电流线圈的电压之和,瓦特表反映的是负载和电流线圈共同消耗的功率。因为负载电阻远大于电流线圈内阻,所以可略去电流线圈分压所造成的功率损耗影响,其测量值比较接近负载的实际功率值。

当负载电阻远小于电压线圈支路电阻时,应采用电压线圈后接法。这时电流线圈中的电流是负载和电压线圈支路的电流之和, 瓦特表反映的是负载和电压线圈支路共同消耗的功率。因为负载电阻远小于电压线圈支路的电阻,所以可略去。电压线圈支路分流所造成的功率损耗的影响很小。测量值也比较接近负载的实际功率值。

3.正确读数。只能读出指针偏转的格数 a,功率的瓦数。

$$P=Ca=(U_N I_N/a_m)a=U_N I_N(a/a_m)$$

U_N—所接量程的电压额定值;

I_N—所接量程的电流额定值;

a_m—满刻度格数。

4.测量三相功率

一表法测三相对称功率,测一相读数为 P_1,则 $P=3P_1$。由于这种方法只用一只功率表,所以称为一表法。如图 5-14 所示为一表法的两种接线法。

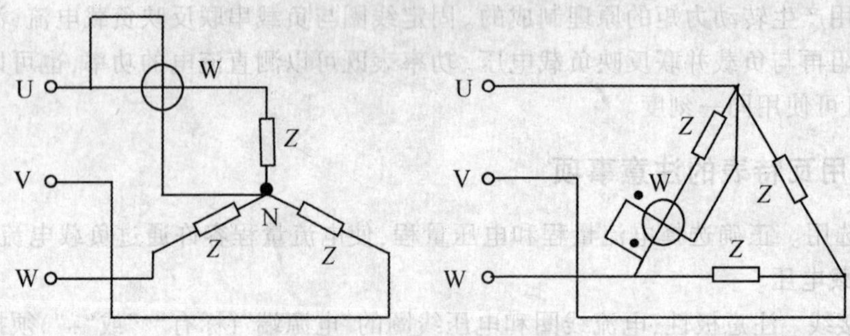

图 5-14 一表法测量三相功率

二表法测三相三线制功率，接线：W_1 电流线圈串接 A 相，电压线圈接 AC；W_2 电流线圈串接 B 相，电压线圈接 VW 总功率 $P=P_1+P_2$，如图 5-15 示二表法测量三相功率。

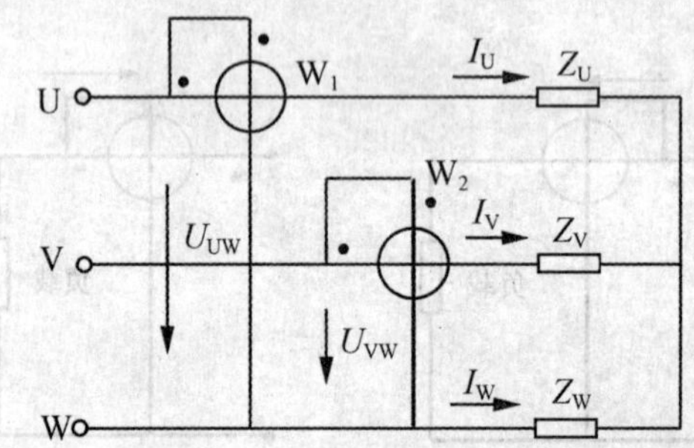

图 5-15 二表法测量三相功率

三表法测三相四线制不对称功率，三表法的接线如图 5-16 所示。图中，三只单相瓦特表分别测出各相功率，三表读数之和就是三相电路的总功率。$P=P_1+P_2+P_3$。

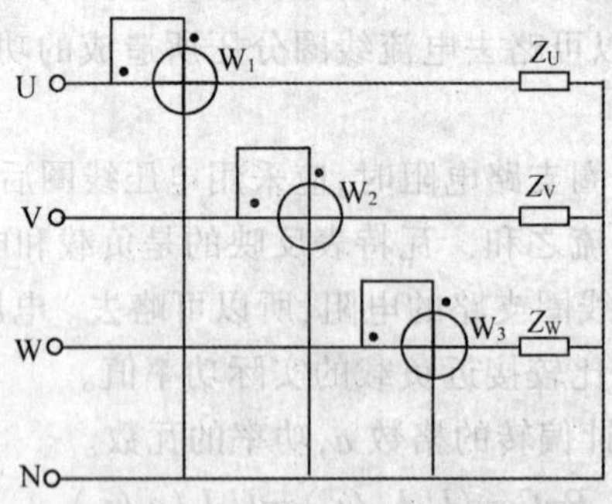

图 5-16 三表法测量三相功率

测量三相四线制不对称负载电路的功率，还可以用三相三元件的瓦特表进行直接测量。三相三元件的瓦特表具有三个独立单元，它们装在同一个支架上，每一个单元就相当于一只单相瓦特表，这三个单元的可动部分机械地固定连接在同一轴上，可以绕轴自由偏转。它们的工作原理和接线方法与三表法相同，但三相电路的总功率可以从标度尺上直接读取。

第七节 万用表

万用表是一种多用途、多量程仪表。它一般以测量电流、电压和电阻为主,有的还可以测量电感、电容、功率和晶体三极管的直流放大倍数等。

一、万用表的结构和工作原理

万用表的基本原理是建立在欧姆定律和电阻串、并联分压分流规律基础之上的。万用表由表头、转换开关、分流和分压电路、整流电路等组成。在测量不同的电量或使用不同量程时,可通过转换开关进行切换。

1.直流电流挡。万用表的直流电流挡实质上是一个多量程的直流电流表。由于其表头的满量程电流小,所以采用内附分流器的方法来扩大电流量程。量程越大,配置的分流电阻越小。多量程分流器有开路式和闭路式两种,如图 5-17 所示。

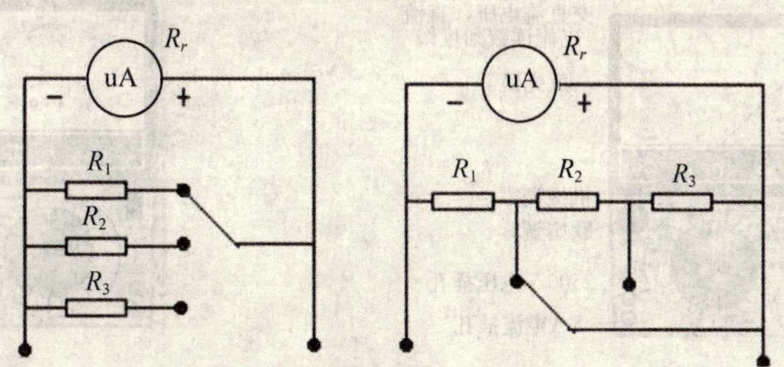

图 5-17 万用表的直流电流挡

2.直流电压挡。万用表的直流电压挡实质上是一个多量程的直流电压表。它采用多个附加电阻与表头串联的方法来扩大电压量程。量程越大,配置的串联电阻也越大。串联附加电阻的方式有单独式和共用式两种,如图 5-18 所示。

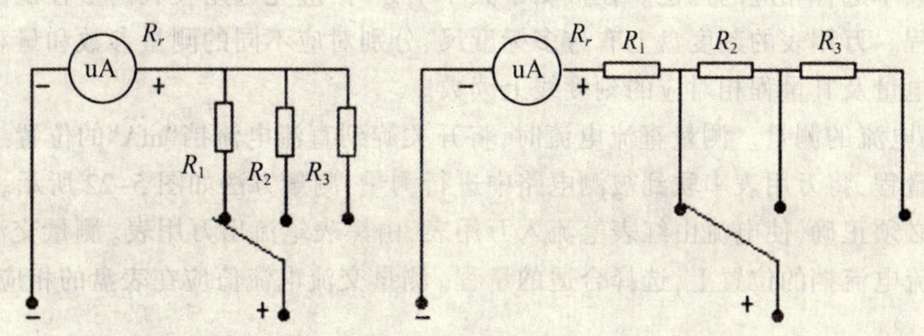

(a)单独式附加电阻 (b)共用式附加电阻

图 5-18 万用表的直流电压挡

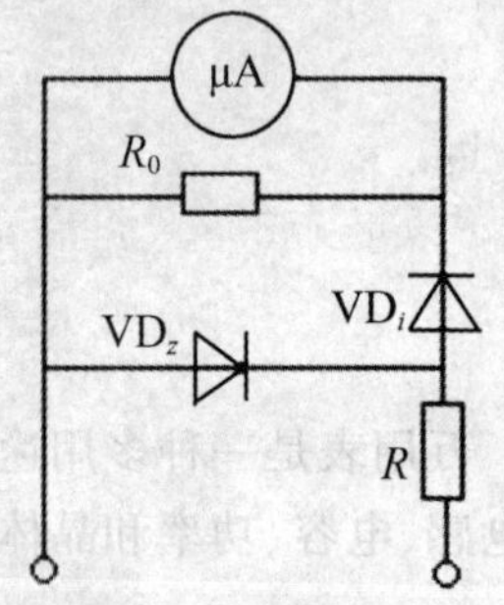

图 5-19 万用表测量交流电压挡

3.交流电压挡。交流电压挡如图 5-19 所示。万用表测量交流电压时,先要将交流电压经整流器变换成直流后再送至磁电式表头。万用表的交流测量部分实际上是整流式仪表,其标尺刻度是按正弦交流电压的有效值标出的。由于整流器在小信号时有非线性,因此交流电压低挡位的标尺刻度起始的一小段不均匀。

二、万用表

万用表按指示方式不同,可分为指针式和数字式两种。

1.指针万用表的使用。万用表型号很多,但原理基本相同,使用方法相近。下面以常用的 MF-47 型万用表为例说明其使用方法。MF-47 型万用表的外形如图 5-20 所示。

(1)使用前的准备。万用表使用前先要调整机械零点。把万用表水平放置好,看指针是否指在电压刻度零点,若不指零,则应旋动机械调零旋钮,使表针指在零点上。操作方法如图 5-21 所示。

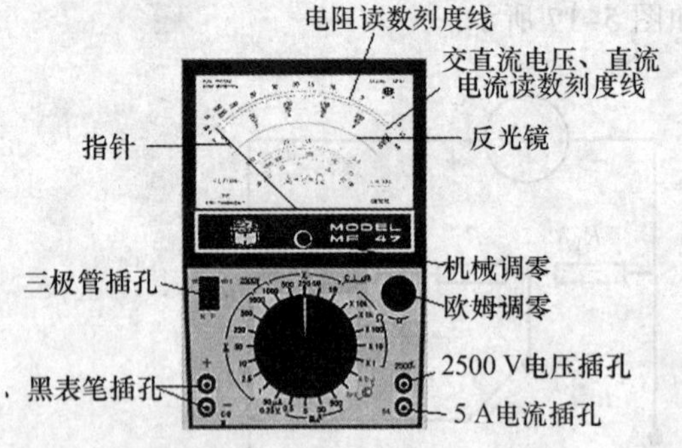

图 5-20 MF-47 型万用表的外形

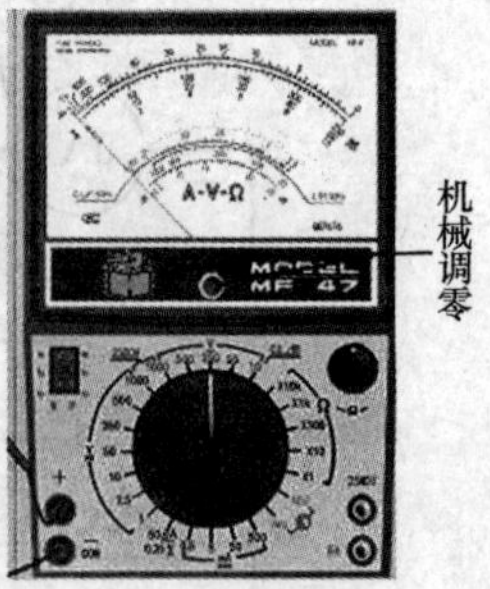

图 5-21 MF-47 型万用表机械调零

万用表有红色和黑色两只表笔,使用时应分别插在表下方标有“+”和“*”(或“-”)的两个插孔内。

MF-47 型万用表有一个转换开关,用于选择测量的电量和量程式,使用时应根据被测电量及其大小选择相应的挡位。在被测量大小不详时,应先选用较大的量程试测,直到选择了合适量程。万用表的刻度盘上有许多标度尺,分别对应不同的测量参数和量程,测量时应在与被测电量及其量程相对应的刻度线上读数。

(2)电流的测量。测量直流电流时,将开关旋到直流电流挡“mA”的位置上,再选择适当的电流量程,将万用表串联到被测电路中进行测量,测量方法如图 5-22 所示。测量时注意正负极性必须正确,使电流由红表笔流入万用表,由黑表笔流出万用表。测量交流电流时,开关旋到交流电流挡的位置上,选择合适的量程。测量交流电流值应在表盘的相应量程刻度线上读数。

(3)电压的测量。将开关转到电压挡“V”的位置上,再选择合适的电压量程,将万用表与被测电路并联进行测量,测量直流电压时,正负极性必须正确,红表笔应接被测电路的高电位端,黑表笔接低电位端,测量方法如图 5-23 所示。

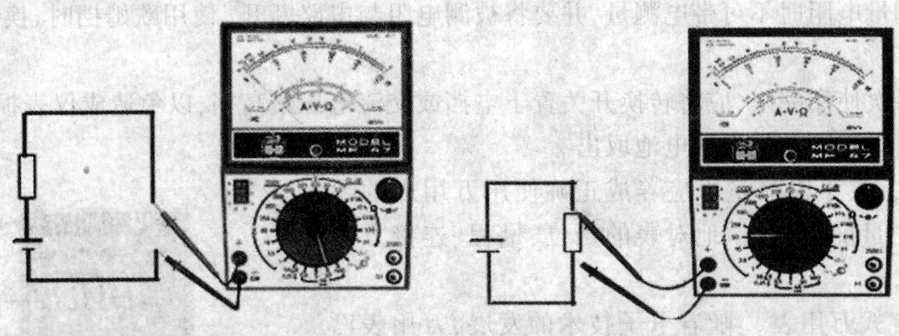

图 5-22 电流的测量　　　　图 5-23 电压的测量

(4)电阻的测量。将开关旋到欧姆挡"Ω"的位置上,再选择合适的电阻量程。测量前应先调整欧姆零位:将两表笔短接,看表针是否指在欧姆零点上,若不指零,应转动欧姆调零旋钮,使指针指在零点,操作方法如图 5-24 所示。

注意:如调不到零,说明表内的电池不足需要更换电池。每次更换量程挡位后,应重新调节欧姆零点,测量电阻时用红、黑表笔接在被测电阻两端进行测量,为提高测量的准确度,选择量程时应使表针指在"Ω"刻度的中间位置附近为宜,测量值由表盘"Ω"刻度线上读数,被测电阻值=表盘读数×倍率。测量时不允许用两手同时触及被测电阻两端,以避免并联上人体电阻,使读数减小,造成误差。

测量电阻的方法如图 5-25 所示。测量接在电路中的电阻时,须断开电阻的一端或断开与被测电阻相并联的电路,此外还必须断开电源,即在断电的情况下测量电阻,否则会烧坏万用表。

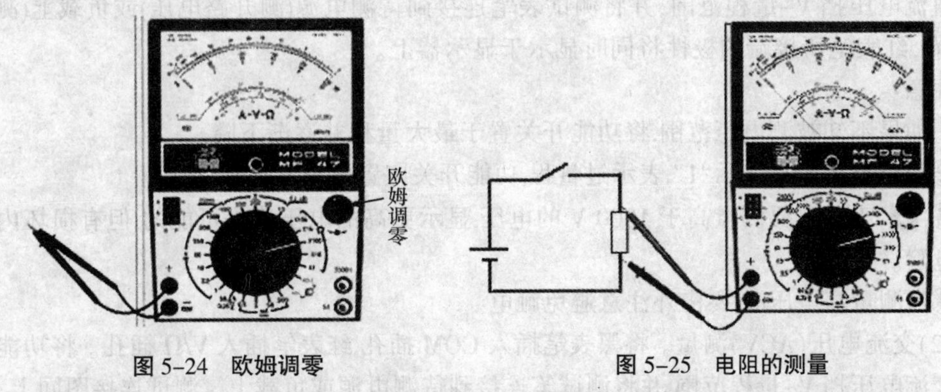

图 5-24 欧姆调零　　　　图 5-25 电阻的测量

使用万用表的安全操作规程:

(1)正确选择被测量电量的挡位,不能选错。禁止带电转换量程开关。切忌用电流挡或电阻挡测量电压。

(2)在测量电压或电流时,如果对于被测量的电流、电压大小无法估计时,应先选最大量程,然后再换到合适的量程进行测量。

(3)测量直流电压或直流电流时,必须注意极性。

(4)测量电流时,应特别注意把电路断开后,将表串接于电路中。

(5)测量电阻时不可带电测量,并要将被测电阻与电路断开。使用欧姆挡时,换挡位要重新调零。

(6)每次使用完毕,应将转换开关置于空挡或交流电压最高挡,以免造成仪表损坏。长期不使用时,应将万用表中的电池取出。

总之,在平时测量中应养成正确使用万用表的习惯,每次测量前,应习惯地对表的挡位、量程、连接方法进行检查。

2.数字式万用表。随着电子技术的发展,万用表已从指针式向数字式方向发展。数字式万用表采用了大规模集成电路和液晶数字显示技术。与指针式万用表相比,数字式万用表具有许多特有的性能和优点:读数方便、显示直观,不会产生读数误差,精度高,小巧轻便,耗电省,功能多。许多数字式万用表还具有自动量程选择和语言报值功能。因此,数字式万用表已经得到了广泛的应用,并具有广阔的前景。DT9205A 型数字万用表外形如图 5-26 所示。

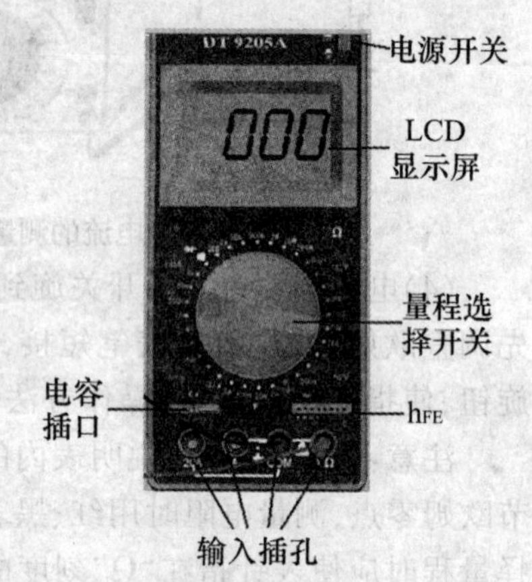

图 5-26 DT9205A 数字式万用表外形

使用时将 ON/OFF 开关置于 ON 位置,检查 9 V 电池,如果电池电压不足,将显示在显示器上,这时则需更换电池。测试笔插孔旁边的符号,表示输入电压或电流不应超过指示值,这是为了保护内部线路免受损伤。测试之前。功能开关应置于所需要的量程。

(1)直流电压(DCV)测量。将黑表笔插入 COM 插孔,红表笔插入 V/Ω 插孔。将功能开关置于直流电压挡 V-量程范围,并将测试表笔连接到待测电源(测开路电压)或负载上(测负载电压降),红表笔所接端的极性将同时显示于显示器上。

注意:

①如果不知被测电压范围.将功能开关置于最大量程并逐渐下降。

②如果显示器只显示“1”,表示过量程,功能开关应置于更高量程。

③“⚡”表示不要测量高于 1000 V 的电压,显示更高的电压值是可能的,但有损坏内部线路的危险。

④当测量高电压时,要格外注意避免触电。

(2)交流电压(ACV)测量。将黑表笔插入 COM 插孔,红表笔插入 V/Ω 插孔。将功能开关置于交流电压挡 V~量程范围,并将测试笔连接到待测电源或负载上。测试连接图同上,测量交流电压时,没有极性显示。

注意:

①参看直流电压注意①、②、④。

②“⚡”表示不要输入高于 700 V 的电压,显示更高的电压值是可能的,但有损坏内部线路的危险。

(3)直流电流(DCA)测量。将黑表笔插入 COM 插孔,当测量最大值为 200 mA 的电流时,红表笔插入 mA 插孔,当测量最大值为 20 A 的电流时,红表笔插入 20 A 插孔。将功能开关置于直流电流挡 A–量程,并将测试表笔串联接入到待测负载上,电流值显示的同时,将显示红表笔的极性。

注意:

①如果使用前不知道被测电流范围,将功能开关置于最大量程并逐渐下降。

②如果显示器只显示"1",表示过量程,功能开关应置于更高量程。

③表示最大输入电流为 200 mA,过量的电流将烧坏保险丝,应再更换,20 A 量程无保险丝保护,测量时不能超过 15 秒。

(4)交流电流(ACA)的测量。将黑表笔插入 COM 插孔,当测量最大值为 200 mA 的电流时,红表笔插入 mA 插孔,当测量最大值为 20 A 的电流时,红表笔插入 20 A 插孔。将功能开关置于交流电流挡 A~量程,并将测试表笔串联接入到待测电路中。

注意:

①参看直流电流 DCA 测量注意①、②、③。

(5)电阻测量。将黑表笔插入 COM 插孔,红表笔插入 V/Ω 插孔。将功能开关置于 Ω 量程,将测试表笔连接到待测电阻上。

注意:

①如果被测电阻值超出所选择量程的最大值,将显示过量程"1",应选择更高的量程,对于大于 1 MΩ 或更高的电阻,要几秒钟后读数才能稳定,这是正常的。

②当没有连接好时,例如开路情况,仪表显示为"1"。

③当检查被测线路的阻抗时,要保证移开被测线路中的所有电源,所有电容放电。被测线路中,如有电源和储能元件,会影响线路阻抗测试正确性。

④万用表的 200 MΩ 档位,短路时有 10 个字,测量一个电阻时,应从测量读数中减去这 10 个字。如测一个电阻时,显示为 101.0,应从 101.0 中减去 10 个字,被测元件的实际阻值为 100.0 即 100 MΩ。

(6)电容测试。连接待测电容之前,注意每次转换量程时,复零需要时间,有漂移读数存在不会影响测试精度。将功能开关置于电容量程 C(F) ,将电容器插入电容测试座中。

注意:

①仪器本身已对电容挡设置了保护, 故在电容测试过程中不用考虑极性及电容充放电等情况。

②测量电容时,将电容插入专用的电容测试座中(不要插入表笔插孔 COM、V/Ω)。

③测量大电容时稳定读数需要一定的时间。

④电容的单位换算:1 μF=10^6 pF,l μF=10^3 nF。

(7)二极管测试及蜂鸣器的连接性测试。将黑表笔插入 COM 插孔,红表笔插入 V/Ω 插孔(红表笔极性为"+"),将功能开关置于标有二极管符号挡,并将表笔连接到待测二极管,读数为二极管正向压降的近似值。将表笔连接到待测线路的两端如果两端之间电阻值低于约 70 Ω,内置蜂鸣器发声。

(8)自动电源切断使用说明。仪表设有自动电源切断电路,当仪表工作时间约30分钟至1小时,电源自动切断,仪表进入睡眠状态,这时仪表约消耗7 μA的电流。当仪表电源切断后若要重新开起电源请重复按动电源开关两次。

(9)仪表保养。该数字多用表是一台精密电子仪器,不要随意更换线路,并注意以下几点:

①不要接高于1000 V直流电压或高于700 V交流有效值电压。

②不要在功能开关处于Ω位置时,将电压源接入。

③在电池没有装好或后盖没有上紧时,请不要使用此表。

④只有在测试表笔移开并切断电源以后,才能更换电池或保险丝。

思考与练习

1.仪表误差的分类有哪些?

2.电气测量的分类方法有哪些?

3.测量电流时电流表的量程怎样选择?

4.测量电压时电压表的量程怎样选择?

5.直流单臂电桥的工作原理是什么?

6.兆欧表测量电器绝缘时应注意哪些事项?

7.瓦特表的构造及工作原理是什么?

8.使用万用表的安全操作规程是什么?

实训5-1　电流表与电压表的使用

一、电流表的使用

1.实训目的

(1)熟悉电流表的结构与工作原理。

(2)正确连接电流表。

2.实训设备

电池、单向闸刀开关、电流表、灯泡(3 V/0.5 W)、连接导线。

3.实训电路

4.实训报告

(1)分析电流表的工作原理(如图5-27所示),保证它的“+”、“-”接线柱的接法正确。

(2)如何选择电流表的量程。

二、电压表的使用

1.实训目的

(1)熟悉电压表的结构与工作原理。

(2)正确连接电压表。

2.实训设备

电池、单向闸刀开关、电压表、(灯泡 220 V/25 W)、导线。

3.实训线路

4.实训报告

(1)分析电压表的工作原理(如图 5-28 所示)。

(2)如何选择电压表的量程。

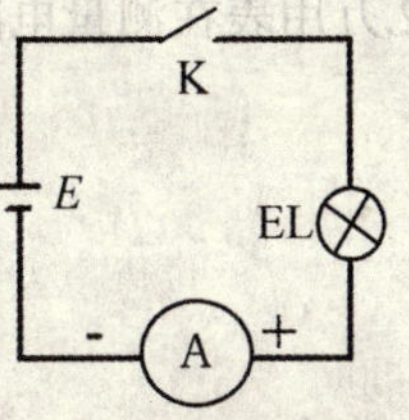

图 5-27 直流电流测量实训原理

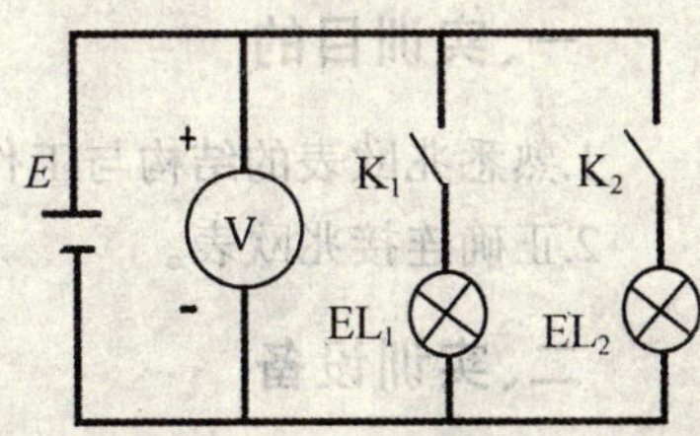

图训 5-28 直流电压测量实训原理

实训 5-2 万用表的使用

一、实训目的

1.掌握用万用表测量电阻的原理。

2.正确连接万用表。

二、实训设备

电池(9 V)、单向闸刀开关、万用表、电阻 4.7 kΩ 1 只、680 kΩ 1 只、发光二极管、导线。

三、实训线路(如图 5-29 所示)

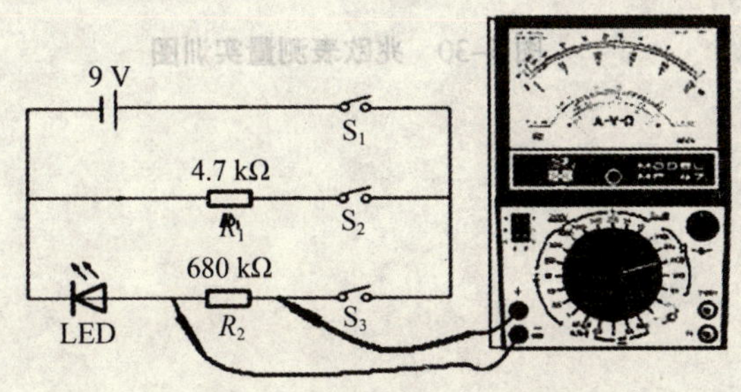

图 5-29 电阻测量实训原理

四、实训报告

1.分析万用表的工作原理。

2.万用表在测量电阻时应注意些什么，应拨到什么挡位置测量较准确。

实训 5-3 兆欧表的使用

一、实训目的

1.熟悉兆欧表的结构与工作原理。

2.正确连接兆欧表。

二、实训设备

兆欧表、高阻值电阻。

三、实训线路(如图 5-30 所示)

四、实训报告

1.分析兆欧表测量电阻的原理。

2.测量电机绕组的电阻和绝缘电阻时分别要注意些什么。

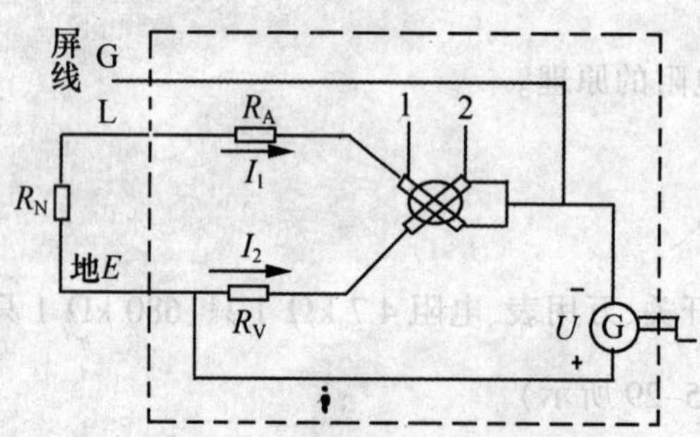

图 5-30 兆欧表测量实训图

第六章　变压器

变压器是变换交流电压、电流和阻抗的器件。常用于提供动力电源、整机电源、耦合信号和匹配阻抗等。本章主要介绍小型变压器的检测与维修技术。

第一节　变压器的构造和分类

一、一般变压器的基本结构

变压器主要由铁芯、绕组和附件组成。

(一)铁芯

铁芯是变压器的主体,分为铁芯柱和磁轭两部分,如图 6-1 所示。其中铁芯柱构成主磁路,磁轭使磁路形成闭合回路。为了减少铁芯内部的涡流损耗和磁滞损耗,铁芯多采用含硅钢片叠压而成。

常用小型变压器的铁芯形状有 E 字形、F 字形、C 字形、日字形等冲片,如图 6-2 所示。为了提高导磁性能,装配时通常要求交替叠装。

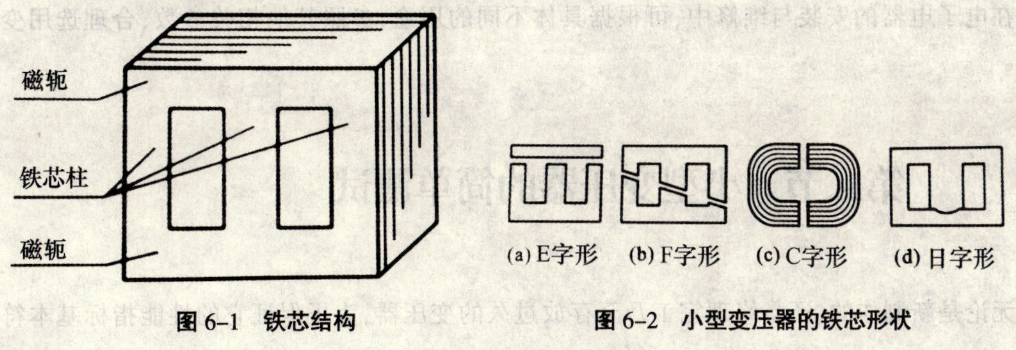

图 6-1　铁芯结构

图 6-2　小型变压器的铁芯形状

(二)绕组

绕组是变压器的电路部分,它由铜或铝绝缘导线绕制而成。绕组的作用是在通过交变电流时,产生交变磁通和感应电动势。通过电磁感应作用,一次绕组的电能就可传到二次绕组,一次绕组和二次绕组具有相同或不同的匝数。

绕组在铁芯上的常用绕法有两种。一种为同芯式,常将接电源端的绕组绕在内层,加上绝缘材料后,再将接负载端的绕组绕在外层。另一种为分段式,将变压器接电源端、负载端绕组各自分段绕在铁芯上。

(三)附件

电力变压器附件较多,这里不作介绍,下面只介绍小型变压器所用的附件。

1.绝缘材料。绝缘材料是变压器重要附件之一,其作用是保证变压器的电气绝缘性能。主要用于铁芯与绕组之间、绕组与绕组之间、绕组的层与层之间、引出线与其他绕组及铁芯之间部位的绝缘。小型变压器所用绝缘材料有青壳纸、聚酯薄膜青壳纸、聚酯薄膜、黄蜡绸(纸)等。对于引出线的绝缘,多选用玻璃丝漆管或黄蜡管等。

2.绕组骨架。作用是支撑和固定绕组,便于装配铁芯。

3. 屏蔽罩。在对漏磁通的防护要求较高的场合,变压器的外层应加装用导磁材料制成的金属屏蔽罩,以防止漏磁通干扰线路工作。如中频变压器,要求较高的电源变压器。

小型变压器部分附件如图 6-3 所示。

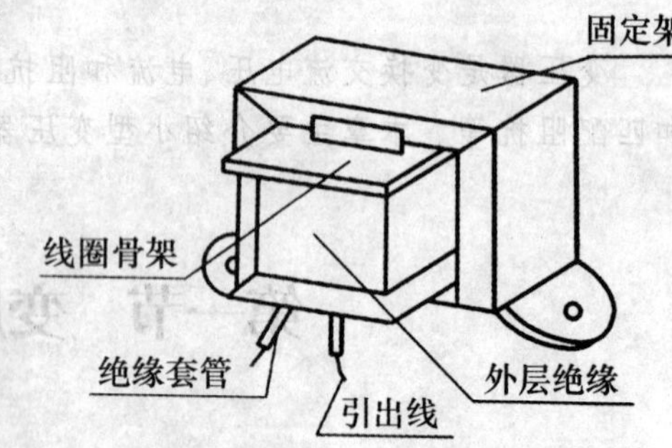

图 6-3　变压器附件

二、小型变压器的分类

在电子电器中,广泛使用小型变压器,小型变压器可按以下几个方面分类:

按用途分为电源变压器、选频变压器、耦合变压器、隔离变压器;按绕组形式分为双绕组变压器、多绕组变压器、线间变压器;按工作频率分为高频变压器、中频变压器、低频变压器;按相数分为单相变压器、三相变压器、多相变压器;按铁芯形式分为芯式变压器、壳式变压器;按导磁材料分类铁芯变压器、铁氧体磁芯变压器;按有无屏蔽罩分为屏蔽罩、无屏蔽罩两类。

在电子电器的安装与维修中,可根据具体不同的用途,参照其他相关参数,合理选用变压器。

第二节　小型变压器的简单测试

无论是新制作的,还是修理完工乃至存放过久的变压器,为了保证它的性能指标基本符合使用条件，在投入使用前，均需对其机械和电气性能进行测试。

一、通电前的检查

1.外观检查。检查变压器铁芯、绕组、绕组骨架、绝缘材料、引出线及其套管等有无机械损伤；绕组有无断线、脱焊、霉变或高热烧焦的痕迹；检查绝缘材料是否老化、发脆、剥落等。

2.绕组直流电阻检测。绕组直流电阻偏大时，能用万用表电阻挡测量的，可直接用万用表分别检测各个绕组的直流电阻，并与标称值比较；若绕组电阻小，不能用万用表测试时，应用单臂电桥或双臂电桥进行检测，这样测得的电阻值比用万用表检测结果要精确得多。

3.绕组绝缘电阻检测。用兆欧表检测各个绕组之间，各绕组与铁芯、金属底板、屏蔽层之间的绝缘电阻，冷态时应达 50 MΩ 以上。

二、空载测试

空载电流与空载输出电压的测试。

1.小型变压器的通电测试电路如图 6–4 所示，在该电路中，闭合 S_1，调节调压器手柄，给一次绕组施加 200 V 额定电压。分断 S_2，使变压器处于空载运行状态。此时电流表Ⓐ₁的读数即为所测空载电流。一般小型变压器空载电流为额定电流的 10%~15%。若空载电流偏大，变压器损耗大，温升也将偏高。

此时二次绕组所并联的电压表Ⓥ₂读数为该变压器空载输出电压 U_{2N}。

2.耐压试验。变压器使用前应进行如下耐压试验：即每个绕组和其他绕组、铁芯或屏蔽层之间，加 3 000 V、50 Hz 的工频电压，持续 1 min，不发生击穿、打火等现象即为耐压试验合格。

三、负载测试

1.额定输出电压和额定输出电流的测试。在图 6–4 中，将待测变压器 T_2 一次绕组接与 a、b 两端，闭合 S_2，使其带额定负载 R_L。当电压表Ⓥ₁读数为 220 V 时，Ⓥ₂的读数为该变压器额定输出电压。若该电压与标称值相差太远或无电压输出，说明绕组匝数有错或存在局部短路、开路等故障，应拆开绕组检查。

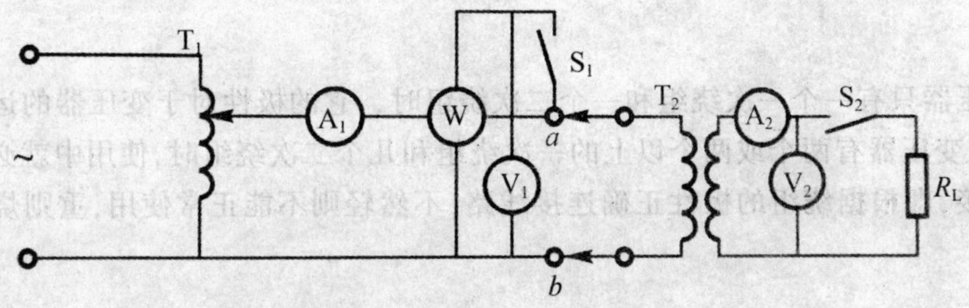

图 6–4　变压器通电测试电路

在该测试电路中，电流表Ⓐ₁、Ⓐ₂的读数分别为该变压器额定输入电流和额定输出电流。在输入电压为额定值时，若所测电流数值偏大，不是负载过重，就是一、二次绕组匝数不足。

2.电压调整率的测试。电压调整率指变压器空载输出电压 U_{2N} 与额定输出电压 U_2 之间差值的百分比。这个值越小,则变压器性能越好,带负载能力越强。电压调整率计算公式为:

$$\Delta U\%=\frac{U_{2N}-U_2}{U_{2N}}\times100\%$$

式中,$\Delta U\%$=为电压调整率,正常值在2%~10%之间。

3.空载损耗功率的测试。在图6-4中,在待测变压器 T_2 接入测试电路之前(a、b 两端开路),闭合开关 S_1,调节调压器 T_1,使输入电压为额定值220 V(由电压表ⓥ₁示出),此时功率表Ⓦ读数为电压表线圈和功率表Ⓦ电压线圈所损耗的功率 P_1,此时电路电流很小,功率损耗也很小。

将被测变压器一次绕组接入 a、b 两端,保持 S_2 的分断状态,重新调节调压器 T_1,直至ⓥ₁示数为220 V,此时功率表读数为变压器空载损耗功率与两只表损耗功率之和 P_2。而变压器实际空载损耗功率为:

$$P_0=P_2-P_1$$

4.温升测试。按图6-4所示电路加额定负载,通电一至数小时,待温升稳定后测试,温升以不超过40~50 ℃为宜。通常,变压器温升可用电阻法测试:通电前先测出一次绕组冷态直流电阻 R_1;因多数电源变压器一次绕组在变压器内层,不易散热,温度比较稳定,以它为测试对象比较准确。然后再加上负载,通电一至数小时后切断电源,再测量一次绕组热态直流电阻 R_2。这样连续测几次,在几次所测直流电阻近似相等时,可认为所测温度为稳定时的终端温度,用下列经验公式即可求出变压器的温升 ΔT:

$$\Delta T=\frac{R_2-R_1}{R_1}$$

经过上述测试,合格或基本合格的变压器,即可投入使用。不合格者多存在不同类型、不同程度的故障,应进一步检查,待排除故障后再投入使用。小型变压器的故障排除将在本章第五节中讨论。

第三节 变压器绕组的同极性端

当变压器只有一个一次绕组和一个二次绕组时,它的极性对于变压器的运行没有任何影响。但当变压器有两个或两个以上的一次绕组和几个二次绕组时,使用中就必须注意它们的正确连接,即根据绕组的极性正确连接线路,不然轻则不能正常使用,重则烧毁变压器或用电设备。

一、同极性端的概念

如图6-5所示,变压器一次侧有两个相同的绕组,每个绕组的额定电压都是110 V。若把变压器接到交流电压为220 V电源上使用,很显然,必须把两绕组串联,串联的方法有两种，一种是将接线端 2 和 3 连起来，接线端 1 和 4 之间接 220 V 交流电压，如图 6–6 所示，此时两绕组中的感应电动势方向相同，合成电动势增大，由于感应电动势与电源电压反相，绕组的电流很小，此种连接为正向串联，是正确的。若像图 6–7 所示那样，把接线端 2 和 4 连接在一起，在接线端 1 和 3 之间接 220 V 交流电压，此时两绕组中的感应电动势方向相反，相互抵消，铁芯中无磁通产生，绕组中的合成感应电动势为零，220 V 电源电压全部加在只有很小直流电阻一次绕组上，绕组中通过的电流很大，将会烧毁绕组，因此正确连接绕组是很重要的。为此，特引入同极性端的概念：当电流分别流入两个绕组时，产生的磁通方向相同，或者说，当磁通发生变化时，两个绕组中产生的感应电动势方向相同，则把两绕组的流入电流端称为同极性端，用符号“·”标出。习惯上，一个绕组只标对应的一端即可。

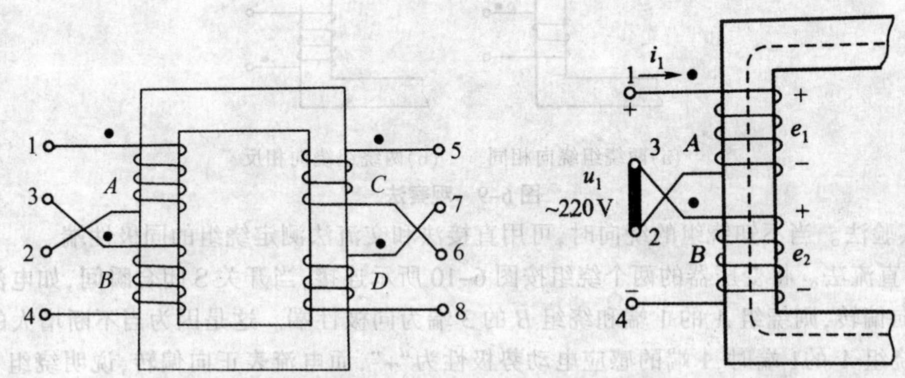

图 6–5 多绕组变压器　　　　图 6–6 正向串联

若电源电压为 110 V，两个一次绕组应并联，并联时只能将对应的同极性端连在一起，如图 6–8 所示，否则将会有烧毁绕组的危险。

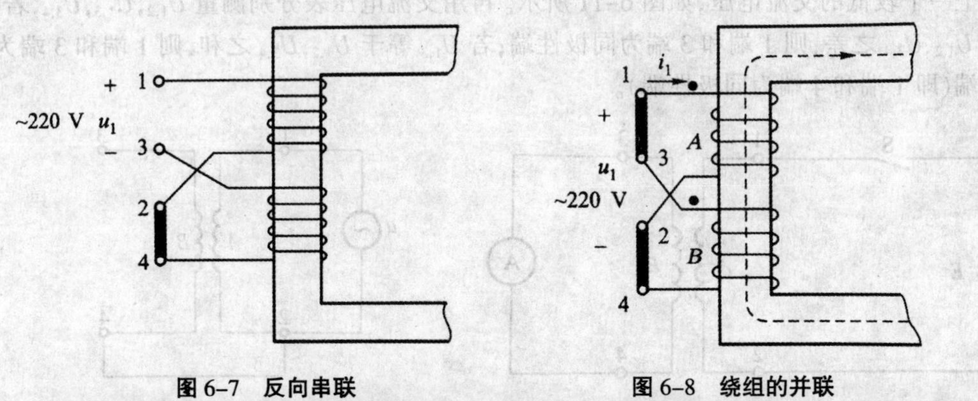

图 6–7 反向串联　　　　图 6–8 绕组的并联

反过来如需将两个绕组串联时，应把两绕组的异极性端连在一起，剩下的两个接线端接电源。

同理，二次绕组进行串联或并联时，也必须根据同极性端进行正确连接。若串联时接错，输出电压为零；并联时接错，将导致绕组烧坏。

不管绕组是串联或并联，都必须分清绕组的同极性端。那么，对绕组同极性端又该如何判断呢？下面分析同极性端的判断方法。

二、绕组同极性端的判断

1.观察法。当已知绕组的绕向时，可直接从绕组的绕向判断同极性端：绕组均取上端为首端，下端为末端，两绕组绕向相同时，两首端为同极性端（当然两末端也为同极性端），如图6-9(a)所示；两绕组绕向相反时，两首端为异极性端，即一绕组的首端与另一绕组的末端为同极性端，如图6-9(b)所示。

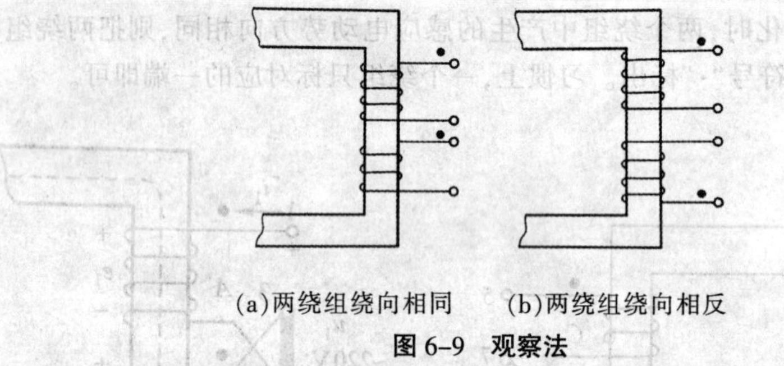

(a)两绕组绕向相同 (b)两绕组绕向相反

图6-9 观察法

2.实验法。当不知绕组的绕向时，可用直接法和交流法测定绕组的同极性端。

(1)直流法。将变压器的两个绕组按图6-10所示连接，当开关S闭合瞬间，如电流表的指针正向偏转，则绕组 A 的1端和绕组 B 的3端为同极性端。这是因为当不断增大的电流刚流进绕组 A 的1端时，1端的感应电动势极性为"+"，而电流表正向偏转，说明绕组 B 的3端此时也为"+"，所以1、3端为同极性端。如电流表的指针反向偏转，则绕组 A 的1端和绕组 B 的4端为同极性端。

(2)交流法。把变压器两绕组的任意两端连在一起（如2端和4端），在其中一个（如 A）上接上一个较低的交流电压，如图6-11所示。再用交流电压表分别测量 $U_{1,2}$，$U_{1,3}$，$U_{3,4}$，若 $U_{1,3}$ 等于 $U_{1,2}$、$U_{3,4}$ 之差，则1端和3端为同极性端；若 $U_{1,3}$ 等于 $U_{1,2}$，$U_{3,4}$ 之和，则1端和3端为异极性端（即1端和4端为同极性端）。

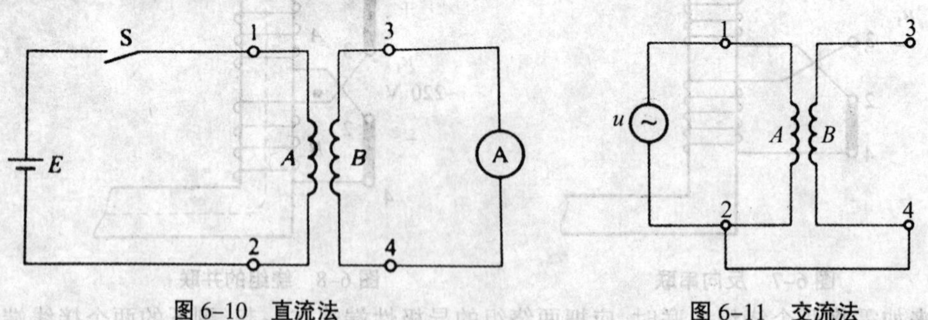

图6-10 直流法　　图6-11 交流法

第四节　其他常用变压器

一、自耦变压器

1.典型结构。与普通变压器相比，在结构上自耦变压器也是由铁芯和一次、二次绕组组成。其特殊性在于，二次绕组不单独绕制，而是与一次绕组共用一个线圈，如图 6-12 所示。在技术上，对于小容量自耦变压器多做成绕组中间抽头可滑动接触的形式，以便于连续调节输出电压，这种用于连续调节输出电压的自耦变压器又叫自耦调压器，广泛应用于工程技术和实验室中。为了方便连续调压，其铁芯冲压成圆环形；将绕组均匀绕在上面，绕组上端面去除绝缘层，便于用碳刷和转柄制成的调压组件在其上旋转而实现连续调压，其外形图和原理图如图6-13 所示。

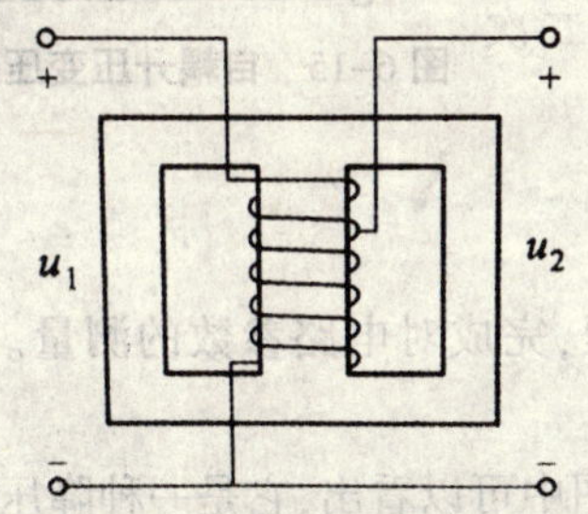

图 6-12　自耦变压器原理结构图

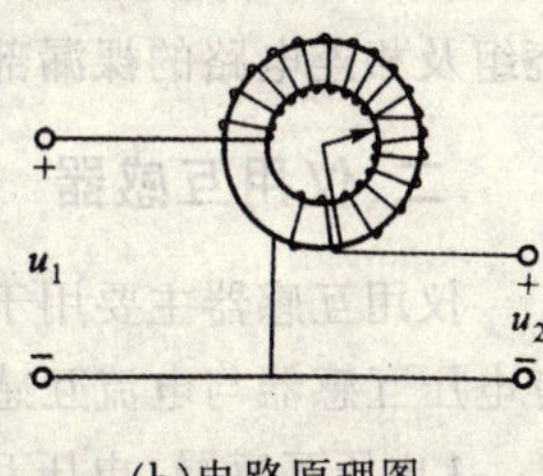

(a)外形图　(b)电路原理图

图 6-13　调压器外形与原理图

2.工作原理。自耦变压器可以做成升压、降压变压器，**由于一次、二次绕组间有直接的电连接，不能做隔离变压器和安全变压器用**，如图 6-14 所示。

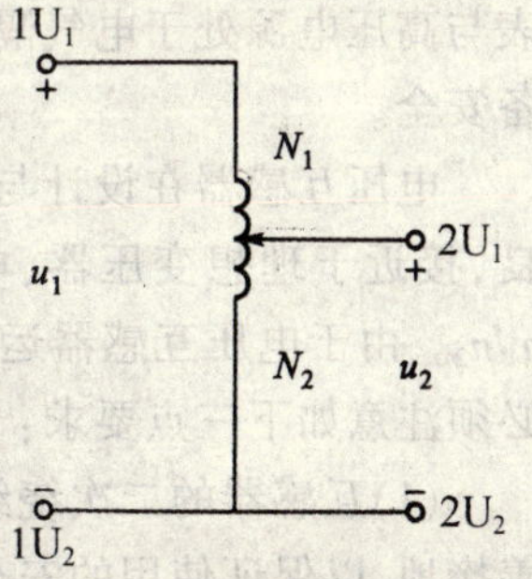

图 6-14　自耦变压器原理图

下面以降压变压器为例讨论其工作原理。

若一次绕组加上交变电压 u_1，在变压器铁芯中将产生交变磁通 Φ_m，从而在 N_1 中产生感应电动势 E_1，经过理论推导有

$$E_1=4.44\,f\,N_1\Phi_m$$

因自耦变压器在磁耦合上与普通变压器相同。又由于 u_1 的作用，一次绕组中的磁通又在二次绕组 N_2 上感应出电动势 E_2，即

$$E_2=4.44\,f\,N_2\Phi_m$$

两式相比，得

$$\frac{E_1}{E_2}=\frac{N_1}{N_2}$$

若忽略变压器一次绕组与二次绕组的电阻，则有

$$\frac{E_1}{E_2}=\frac{u_1}{u_2}$$

即

$$\frac{u_1}{u_2}=\frac{N_1}{N_2}$$

从上式可以看出，只要一次绕组输入电压 u_1 确定，一次绕组匝数 N_1 确定，则变压器输出电压只与二次绕组匝数 N_2 有关。选择不同 N_2 的则可得到不同的 u_2。自耦变压器就是根据这一原理制成的，连续改变匝数从而得到连续可变的输出电压 u_2。

若将自耦变压器一次、二次绕组制成如图 6–15 所示形式，其便成为自耦升压变压器。如将上端制成滑动触点，则既可升压又可降压。实验室用的输出电压 0~250 V 的自耦调压器即采用这种绕组形式。

3. 自耦变压器的应用。由于自耦变压器的结构简单、用料省、效率高、电压调节方便，广泛用于工农业生产，特别广泛用于实验室。由于一次、二次绕组之间有电路上的直接连接，使用时应注意三点：

(1)不得作隔离变压器。

(2)不得作安全变压器。

(3)不得带电接线和拆线，人体不得随意接触一次、二次绕组及相连电路的裸漏部分。

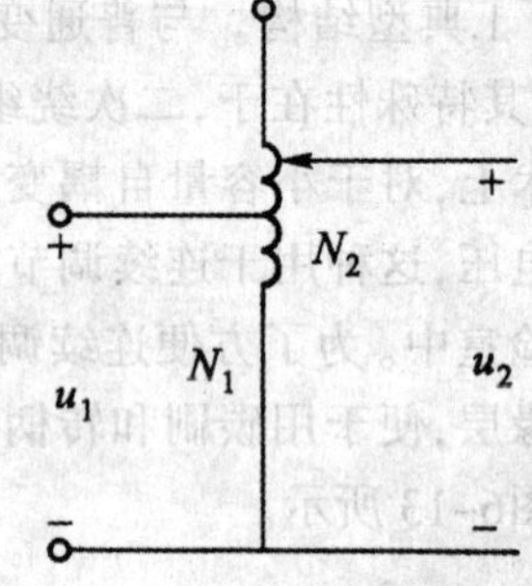

图 6–15　自耦升压变压器原理图

二、仪用互感器

仪用互感器主要用于与测量仪表配合，扩大仪表量程，完成对电路参数的测量。常用的有电压互感器与电流互感器。

1. 电压互感器。电压互感器原理图如图 6–16 所示。从图中可以看出，它是一种降压变压器。使用中将高压电源 u_1 接于互感器高压侧 U_1~U_2 两端，输出低电压 u_2，技术上通常制成额定值为 100 V，并接于交流电压表以扩大该电压表量程，同时使仪表与高压电源处于电气隔离状态，以保护人身及设备安全。

电压互感器在设计与制作上要求较高，性能优良，接近于理想变压器，电压变换关系满足 $u_1/u_2=n_1/n_2$。由于电压互感器运行时的特殊性，在使用中必须注意如下三点要求：

(1)互感器的二次绕组一端、铁芯、外壳必须妥善接地，以保证使用的安全。

(2)一次、二次绕组绕组两侧都应加熔断器，用以保护电路和设备。

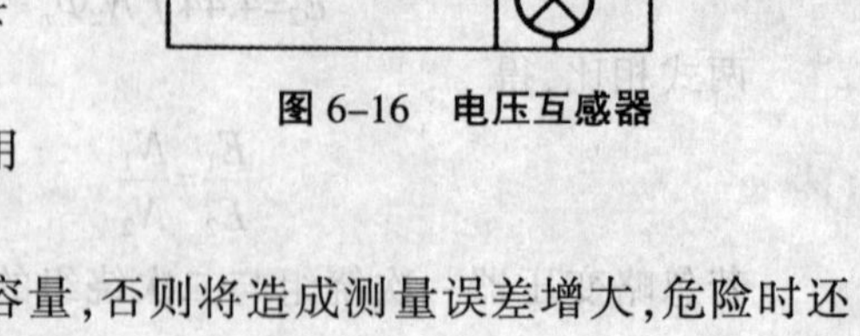

图 6–16　电压互感器

(3)互感器的负荷功率不得超出本身的额定容量，否则将造成测量误差增大，危险时还可能损坏器材。

2. 电流互感器。电流互感器也是一种扩大测量仪表量程的变压器。原理如图 6–17 所示。

从图 6-16 中可以看出,就电压而言,它是一种升压变压器。它的一次绕组只有几匝串联接入被测线路,工作于低压大电流状态,二次绕组匝数多接电流表的电流线圈,工作于高压小电流状态。就电流而言,它扩大了电流表的量程,技术上电流互感器二次绕组输出电流通常设计成 5 A。为了安全,一次、二次绕组采用了电气隔离措施。

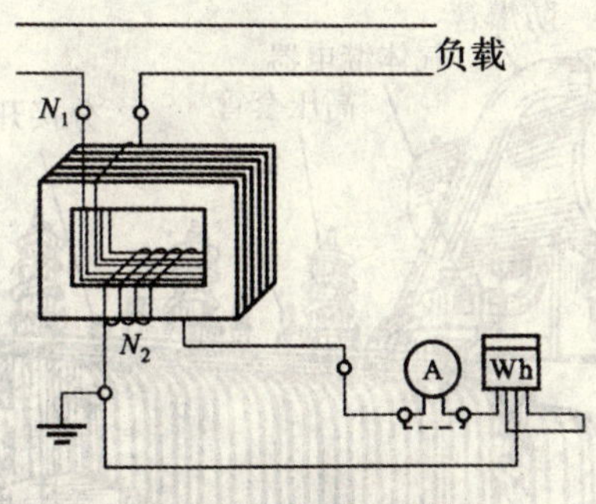

图 6-17 电流互感器

类似电压互感器,电流互感器的性能亦接近理想变压器,其电流变换关系满足 $I_1/I_2=N_2/N_1$。

电流互感器正确使用的注意事项如下:

(1)**二次绕组的一端、铁芯及外壳必须接地,以保证使用安全**。

(2)所用电流互感器一次绕组额定电流应大于被测电流,其额定电压亦应与被测电路电压一致。

(3)工作中负荷功率不得超过其本身的容量,以免增大测量误差甚至危及器材。

(4)**严禁将二次绕组开路**。因二次绕组一旦开路,二次绕组输出电流会突然减小到零,根据电磁感应原理,二次绕组两端将感应出瞬间高压,危及人身及设备安全。为此,在安装时电流互感器二次接线要求牢靠,且二次侧不允许接入熔断器和开关。

3.三相电力变压器用于输、配电系统,完成电压与电流转换。其原理结构如图 6-18 所示,其有三个铁芯柱,每个铁芯柱上对称绕有同一相的高压绕组和低压绕组,三相高压绕组的首尾端分别用 U_1、V_1、W_1 和 U_2、V_2、W_2 表示, 其对应的低压绕组首尾端分别用 u_1、v_1、w_1 和 u_2、v_2、w_2 表示。

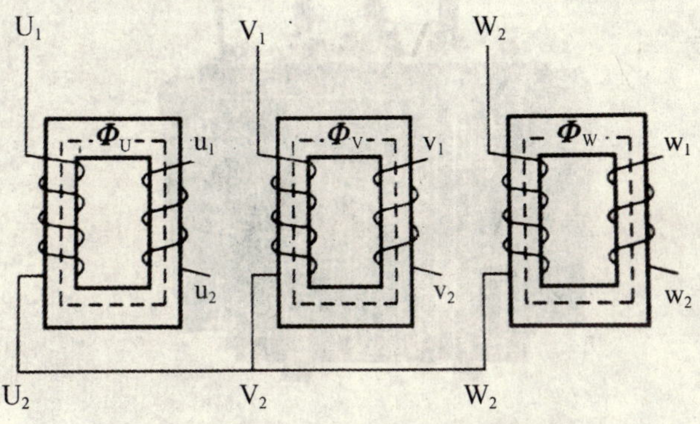

图 6-18 三相电力变压器原理图

图 6-19 所示为 SJ1 系列常用的油浸式三相电力变压器外形。铁芯和绕组组成的变压器置于用钢板制成的油箱中，油箱外壁焊有供散热的油管(与箱内冷却油空间相通)。储油箱(又称油枕)冷却油的热胀冷缩提供空间。变压器一次、二次绕组引出线利用绝缘套管将绕组端头与油箱绝缘并联通入高、低压电路。

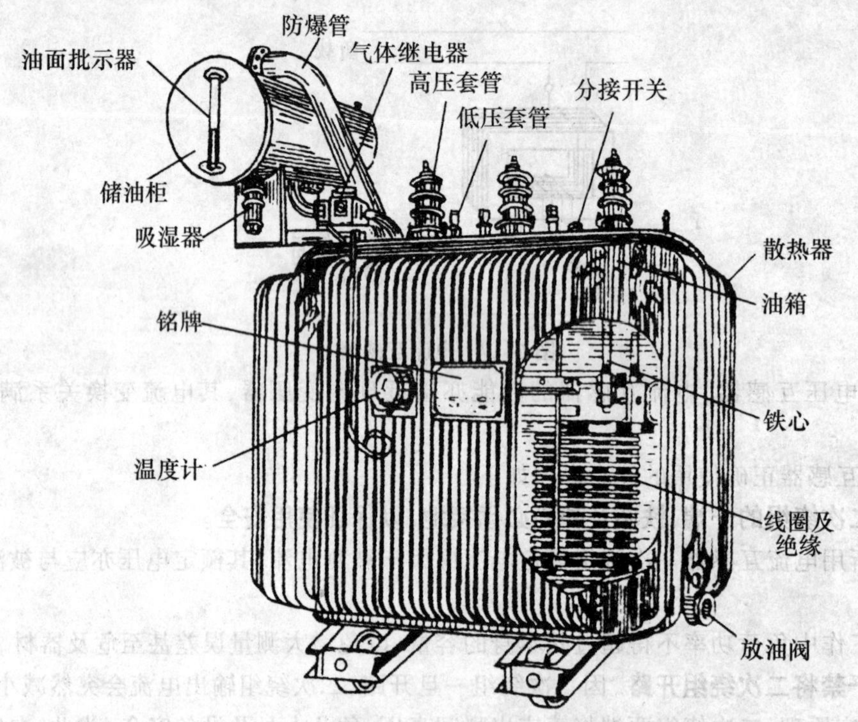

图 6-19　SJ1 系列油浸式三相电力变压器

由于 SJ1 系列三相电力变压器损耗大、效率低，而 S9 系列(10 kV)变压器作为节能变压器，其空载损耗低，负载损耗平均比 SJ1 系列降低 20%，节能效果明显，广泛应用于城乡工农业电网，如图 6-20 所示。

图 6-20　S9 系列变压器

第五节　变压器的修理

变压器的维修是维修人员必备的一项基本技能，在生产实际中对变压器进行常见故障现象的判别修理是不可避免的。现以电子电器中电源变压器为例将这些内容归纳成小型变压器故障修理一览表(如表 6–1 所示)。

表 6–1　小型变压器故障修理一览表

故障现象	产生原因	修理方法
接通电源无电压输出	1.一次绕组开路或引出线脱焊 2.二次绕组开路或引出线脱焊 3.电源插头或馈线开路	1.拆换修理一次绕组或焊牢引出线接头 2.拆换修理二次绕组或焊牢引出线接头 3.检查修理插头或馈线
温升过高甚至冒烟	1.匝间短路或一次、二次绕组间短路 2.铁芯片间绝缘太差,产生较大涡流 3.铁芯叠厚不足 4.负载过重或输出电路局部短路 5.层间或匝间绝缘老化	1.拆换绕组或修理短路部分 2.拆下铁芯,重新对硅钢片浸绝缘漆 3.条件许可时加厚铁芯或重作骨架 4.减轻负载或排除短路故障 5.更换绝缘,严重的连导线一起换掉
空载电流偏大	1.一次、二次绕组匝数不足 2.铁芯叠厚不足 3.一次、二次绕组局部匝间短路 4.铁芯质量太差	1.增加一次、二次绕组匝数 2.增加铁芯,无法增加时重作骨架,重绕线包 3.拆开绕组,排除短路故障 4.重换或加厚铁芯
运行中有响声	1.铁芯片未插紧 2.电源电压过高 3.负载过重或短路引起振动	1.插紧铁芯片 2.有条件时降低电源电压 3.减轻负载或排除短路故障
铁芯或底板带电	1.一次、二次绕组对地短路或一次、二次绕组间短路 2.长期使用,绕组对地绝缘老化 3.引出线头碰触铁芯或底板 4.线包受潮或环境湿度过大,底板感应带电	1.加强对地绝缘或重换绕组 2.更换绝缘或重换绕组 3.排除引出线头与铁芯或底板的短路点 4.烘烤线包或将变压器置于干燥环境中使用

思考与练习

1.小型变压器主要由哪些部分组成？各部分的作用是什么？

2.如果电源变压器一次绕组匝数减少、二次绕组匝数不变,通入额定电压时有什么现象发生？为什么？

3.小型变压器有哪些类别？各是怎样划分的？

4.怎样检测绕组的直流电阻和绝缘电阻？

5.用万用表检测变压器某绕组的直流电阻时，若出现电阻为零，可能由哪些原因造成？若阻值为无穷大，又可能由哪些原因造成？

6.试判断图 6–20 所示变压器中的同极性端。

7.简述自耦变压器的结构和工作原理。

8.接通电源后，变压器无电压输出，可能由哪些原因造成，怎样检查和排除故障？

实训 6–1 小型变压器的测试

一、实训目的

学会用较简单的设备测试小型变压器的常用参数。

二、实训器材

小型电源变压器、0~250 V 自耦调压器、万用表、交流电压表、交流电流表、直流电桥、功率表、开关、负载电阻。

三、实训步骤与工艺要点

1.变压器一次、二次绕组直流电阻的检测。根据待测绕组直流电阻值的大体范围(可先用万用表初测)，10 Ω 以上用万用表，1~10 Ω 用单臂电桥，将所测阻值计入表 6–2 中。

表 6–2 变压器绕组直流电阻的检查记录

测试用仪器仪表类别	型号规格	测试结果		
		一次绕组	二次绕组 Ⅰ	二次绕组 Ⅱ

2.变压器绝缘电阻的检测。用兆欧表检测各绕组对地绝缘电阻(绕组对铁芯)和绕组之间的绝缘电阻，将所测阻值记入表 6–3 中。

表 6-3　变压器绕组绝缘电阻测试记录

兆欧表型号规格	对地绝缘电阻 / MΩ			绕组间绝缘电阻 / MΩ		
	一次绕组对地	二次绕组Ⅰ对地	二次绕组Ⅱ对地	一次绕组与二次绕组Ⅰ	一次绕组与二次绕组Ⅱ	二次绕组Ⅰ与二次绕组Ⅱ

3.测试空载电流和空载输出电压。将待测变压器 T_2、单相调压器 T_1、电流表、电压表、功率表、开关及负载电阻按图 6-4 所示连接成测试电路。合上 S_1，使 V_1 接入电路，调节调压器手柄，向待测变压器输入 220 V 交流电压。分断 S_2，使变压器处于空载状态，将电流表A_1 所示电流数填入表 6-4 中，并算出它与额定电流的比值。同时在电压表 V_2 上读出空载电压并记入该表中，再算出它与标称值的比值。

表 6-4　变压器空载电流和空载输出电压测试记录

测试仪表型号规格		空载电流/A		空载输出电压/V	
电流表	电压表	实测值	与额定值的比值%	实测值	与额定值的比值%

4.额定输出电压、额定输出电流计电压调整率的测试。在上述测试电路中，闭合 S_2 使变压器带额定负载 R_L，调节调压器，使初级输出电压 V_1 为 220 V，V_2 读数为额定输出电压；电流表 A_1 读数为额定输入电流，A_2 读数为额定输出电流，空载输出电压与额定输出电压之差，再与空载输出电压之比称为电压调整率$\Delta U\%$。将它们及相关数据记入表 6-5 中。

表 6-5　变压器额定输出电压、额定输出电流及电压调整率测试记录

额定输出电压		额定输入电流		额定输出电流		电压调整率 $\Delta U\%$
实测值	与标称值的差值	实测值	与标称值的差值	实测值	与标称值的差值	

四、实训工艺要点及结果分析

1.该实训中所测变压器绝缘电阻是否满足通电使用要求？如不行，是什么原因造成的？

2.变压器额定输出电压与额定输出电流及标称值有多大差异？为什么？这只变压器能否正常使用？

第七章　单相电容式异步电动机

单相异步电动机就是指用单相交流电源供电的异步电动机，它在电动机系列中属于微型电动机，本章以单相电容式异步电动机为例，对单相电容式异步电动机的结构和特性以及常见故障进行了分析。

第一节　单相异步电动机的基本知识

一、单相异步电动机的特点

单相交流异步电动机由单相交流电源供电，体积小，结构简单，价格低廉，广泛地应用于日常生活、医疗及一些工业设备中，如电风扇、鼓风机、吸尘器、电冰箱、洗衣机、电动教学模型及电动工具等设备。单相电动机具有运行较可靠、使用与维修方便的优点，相对于三相交流异步电动机而言，其缺点主要有启动能力与过载能力较差，功率因数与工作效率偏低，机械特性偏软，抗负载波动能力较差，工作稳定性、调速性能及效率较低，体积较大等。因而，单相异步电动机只能做成小型的，功率约在几瓦到几百瓦之间。

二、单相电动机的分类与基本结构

（一）单相电动机的分类

按照结构和运行方式的差异，一般可将常用的单相异步电动机分为分相式和罩极式两大类。分相式单相异步电动机按启动与运行特征又可分为电阻启动式、电容启动式、电容启动与运行式和电容运行式四种类型，分相式单相异步电动机功率相对较大且应用更普遍，其机械特性类似于三相异步电动机，具有相对较大的启动转矩和过载能力。罩极式单相异步电动机分为凸极罩极式和隐极罩极式两种，它的体积与功率一般都较小，运行噪声低，机械特性较软，启动能力和过载能力偏低，主要用于拖动小容量负载，如全自动洗衣机的排水电动机、仪器仪表装置的指示驱动部件、小型或微型风扇等。

（二）单相电动机的基本结构

单相异步电动机结构与三相异步电动机结构相似，主要包括定子、转子两大部分，如图7-1所示，具体包括铁芯、绕组、机壳、端盖、轴承。功率较大者常有风扇及风扇罩加强散热。下面介绍单相异步电动机的基本结构。

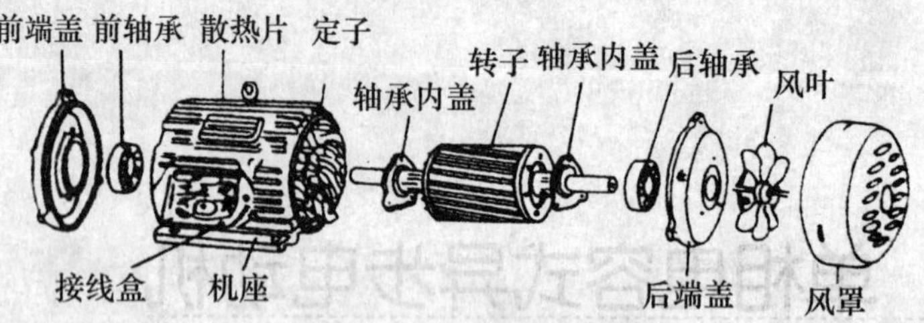

图7-1 单相异步电动机结构图

1.定子部分。单相异步电动机的定子包括机座、铁芯、绕组三大部分。

（1）机座。采用铸铁、铸铝和钢板制成，其结构形式取决于电动机的使用场合及冷却方式。单相异步电动机的机座形式一般分为开启式、防护式、封闭式等几种。

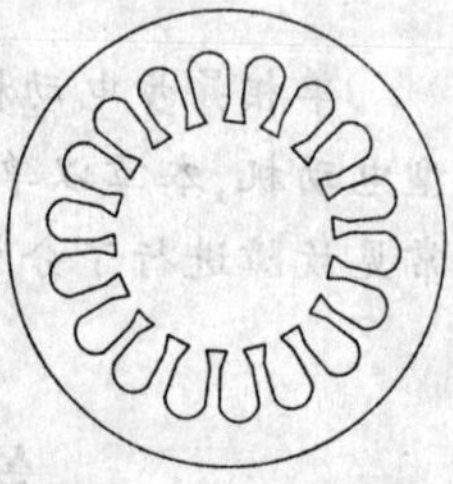

（2）铁芯部分。定子铁芯是电动机磁路的一部分，一般用铁损小、导磁性能好，厚度为0.35~0.5 mm的硅钢片冲槽叠压而成，用压圈及扣片、铆钉或钢扣结构固紧，各冲片之间互相绝缘，以减少涡流损耗。国产单相异步电动机一般采用0.35~0.5 mm热轧硅钢片叠制铁芯，片间浸漆绝缘。国外产品则较多采用冷轧硅钢片叠制铁芯，定、转子冲片上都均匀冲槽，如图7-2所示。

图7-2 定子硅钢片

（3）绕组。分相式单相异步电动机的定子绕组分为主绕组和辅助绕组两套，这两套绕组也常被称为工作绕组和启动绕组，主、辅绕组的轴线在空间相差90°电角度，两相绕组的槽数、槽形、匝数可以是相同的，也可以是不同的。为了改善性能，有时把两相绕组的轴线设计成非正交的，一般主绕组占定子总槽数的2/3，辅助绕组占定子总槽数的1/3，但应视各种电机的要求而定。绕组一般由带有绝缘的高强度漆包导线绕制而成，通常主绕组的线径较粗，副绕组线径较细，匝数较少。定子绕组形式常为单层、双层、单双层绕组和正弦绕组。定子绕组的绝缘等级为E级或B级。

2.转子部分。单相异步电动机的转子主要有转轴、铁芯、绕组三部分，单相异步电动机的转子结构如图7-3所示。

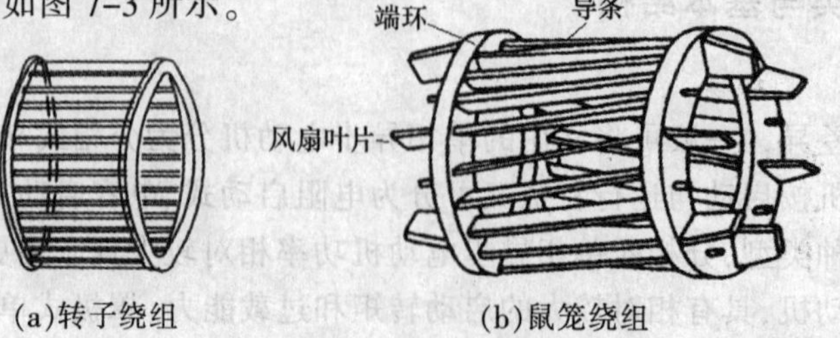

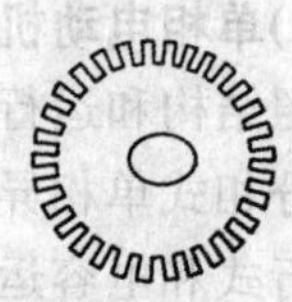

（a）转子绕组　（b）鼠笼绕组　（c）铁芯片

图7-3 单相异步电动机的转子结构

(1)转轴。单相异步电动机常用的轴承有滚动轴承与滑动轴承两种,功率较大的单相异步电动机一般仍采用滚珠轴承支撑转子，其他小型或微型单相电动机大多采用球型或圆柱形滑动轴承,这些轴承结构简单,成本低,自身含油可自行润滑,运行时噪声小。轴承由轴承盖或轴承座支撑后装在端盖上。

(2)铁芯。转子铁芯是用与定子铁芯相同的硅钢片冲制,将冲有齿槽的转子铁芯叠装后压入转轴。

(3)绕组。单相异步电动机的转子绕组一般有两种形式,即笼型和电枢型。笼型转子绕组是用铝或铝合金一次铸造而成,它广泛应用于各种单相异步电动机。电枢型转子绕组则采用与直流电机相同的分布式绕组型式,电枢式转子绕组主要用于单相异步串励电动机。

三、单相异步电动机的结构特点

1.电阻分相启动式单相异步电动机。电阻分相启动单相异步电动机的定子上有两套绕组:一套是主绕组,又叫工作绕组;另一套是副绕组,又叫启动绕组。其主绕组 D_1D_2 与副绕组 F_1F_2 的匝数及线径不同。通常主绕组线径较粗、匝数较多;副绕组线径较细、匝数较少,它们的轴线在空间相隔90°电角度。启动绕组与启动开关 K 串联后和工作绕组并联接到同一单相电源上,如图 7–4 所示。当电动机转速上升到 70%~80%同步转速时,通过启动开关 *K* 断开启动绕组电路,使电机只有一个工作绕组工作，电阻启动单相异步电动机的启动转矩比较小,而启动电流却比较大,电机的启动性能不好。

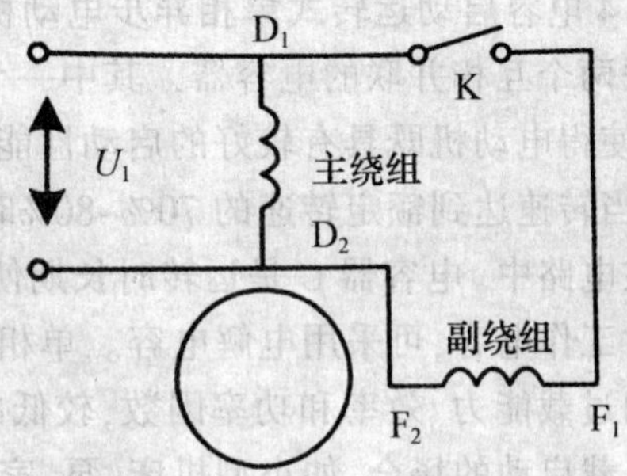

图 7–4　电阻分相启动式异步电动机

2.电容分相启动式单相异步电动机。电容分相启动式异步电动机的定子上有两套绕组：一套是工作绕组;另一套是启动绕组。工作绕组和启动绕组的轴线在空间相隔 90°电角度。启动绕组与电容器、启动开关串联后和工作绕组并联接到同一单相电源上,当电动机转速达到额定转速的 70%~80%时,将副绕组断开,如图 7–5 所示。电容分相启动式异步电动机的特点是启动性能好,启动电流小,但它的空载电流较大,功率因数和效率都不高,并要与适当的电容器相匹配,它适用于启动转矩较大,启动电流较小的机械。

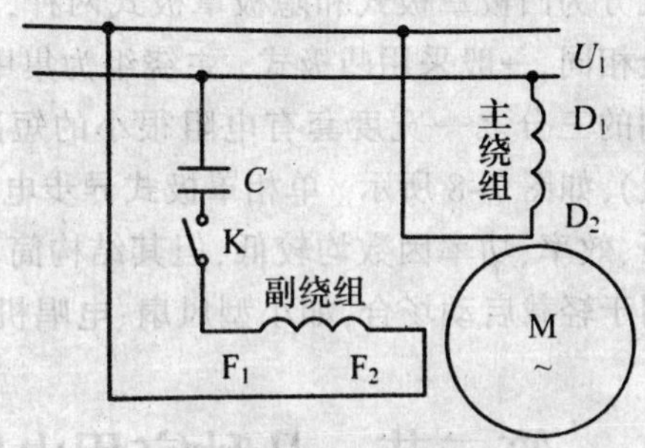

图 7–5　电容分相启动式异步电动机

3.电容运转单相异步电动机。电容运转单相异步电动机在副绕组中串接一个电容器,然后与主绕组并联接入电源。副绕组不仅在启动时起作用,而且在电动机运行过程中也始终与主绕组一起工作,如图7–6 所示。

电容运转单相异步电动机实质是一种两相电机。适当地选择电容器和副绕组匝数,可以

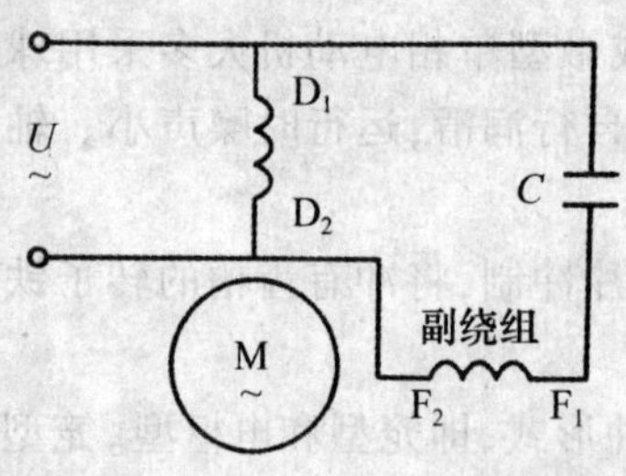

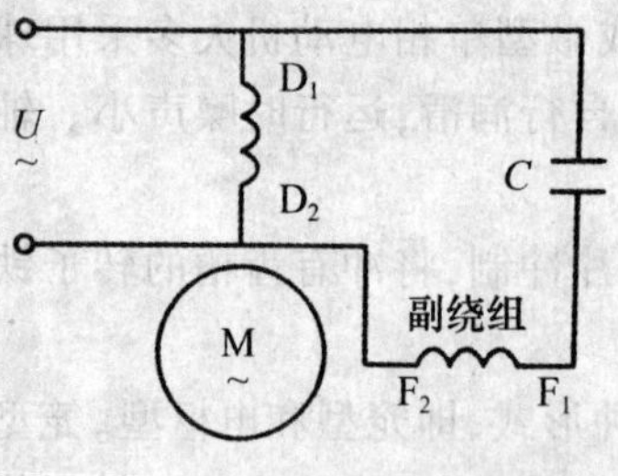

图 7–6 电容运转式单相异步电动机

图 7–7 电容启动运转式单相异步电动机

改善电机的运行性能,使电机具有较高的效率和功率因数,并使其体积小、重量轻,但由于其启动转矩较低,只适用于启动转矩要求不高的场合,如电风扇、洗衣机、通风机、家用电器等。

4.电容启动运转式单相异步电动机。电容启动运转式单相异步电动机在副绕组回路中串联两个互相并联的电容器，其中一个为启动电容和一个启动开关串联，另一个为工作电容,使得电动机既具有较好的启动性能,又具有较好的运行性能,如图 7–7 所示。电动机启动后,当转速达到额定转速的 70%~80%时,启动开关断开,将启动电容 C_{st} 切断,工作电容 C 仍接在电路中。电容器 C 是运转时长期使用的,可采用金属膜纸介电容;电容器 C_{st} 是启动时的短时工作电容,可采用电解电容。单相电容启动和运转异步电动机具有较好的启动性能,较高的过载能力、效率和功率因数,较低的噪声,适用于带负载启动的场合,如小型机床、泵、家用电器等。

5.罩极式单相异步电动机。罩极式单相异步电动机分为凸极罩极式和隐极罩极式两种,其工作原理完全相同,一般采用凸极式。主绕组为集中绕组,极面一侧的三分之一宽度套有电阻很小的短路环（罩极绕组),如图 7–8 所示。单相罩极式异步电动机的启动转矩、效率、功率因数均较低,但其结构简单,成本低,适用于轻载启动场合,如小型风扇、电唱机等。

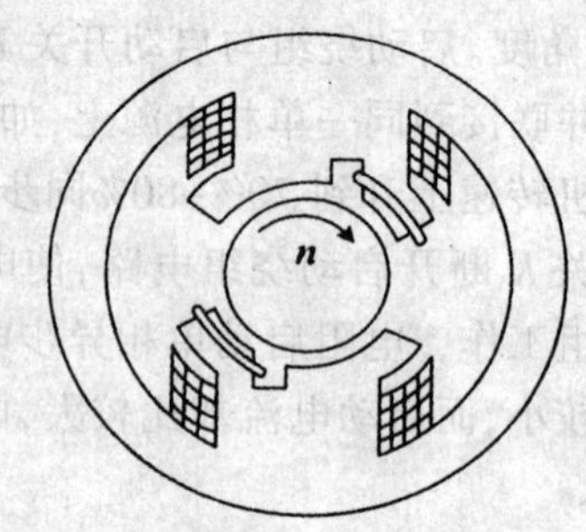

图 7–8 罩极式单相异步电动机结构图

第二节 几种家用电器中的单相交流异步电动机的结构以及特点

一、家用台扇电动机

家用台扇电动机一般采用单相电容运转式电动机或单相罩极式电动机。罩极式电动机结构简单、嵌线方便、成本低,但功率小、效率低、电性能差、启动转矩小、过载能力低,目前使用得越来越少。由于电容运转式电动机不仅结构简单,而且具有启动转矩大、启动电流小、功率因数高、过载能力强、噪声小、温升低等优点,在目前生产的电风扇中被广泛采用,如图 7–9 所示。台扇电动机一般为防护式。其定子铁芯常用 0.5 mm 的硅钢片叠压而成。国产台扇电动机铁芯多数为16槽或18槽,定子槽内嵌有单层或双层绕组,转子为铸铝鼠笼式转子。电风扇电动机的极数不能任意取,它与所允许的扇叶最大圆周速度有关。

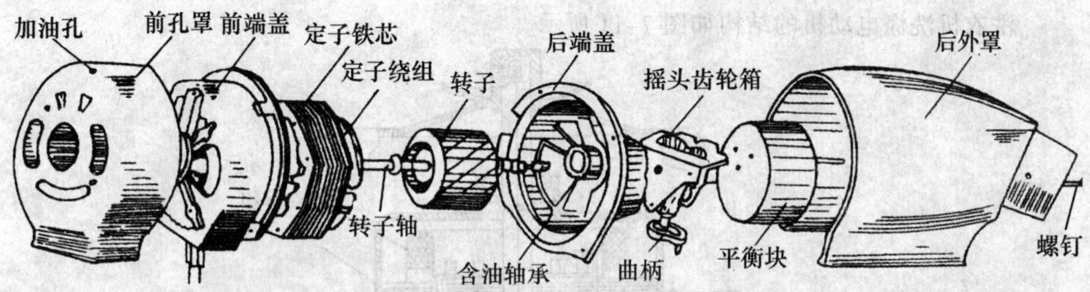

图7-9 台扇电动机结构图

二、吊扇电动机

吊扇电动机多采用电容运转式电动机,少数也用罩极式电动机。吊扇电动机结构如图7-10所示。吊扇电动机与普通内转子式结构不同,由于吊扇的扇叶要直接固定在电动机外壳上,所以它采用封闭式外转子结构。其特点是定子在转子里面,定子与吊扇轴连在一起并固定在吊杆上不能转动。转子与上下端盖固定在一起,上、下端盖上均装有径向止推滚动轴承,上端盖起着径内定位和压紧转子的作用,下端盖起着支承转子和上端盖的作用。扇叶直接固定在扇头的端盖上。当外转子绕定子旋转时,就带动端盖和扇叶一起转动。由于吊扇的扇叶直径大,电动机的转速不宜太高。一般为200~300 r/min。因此,电动机的级数都很多,有12、14、16、18、20、22级等多种。电动机的定子由硅钢片冲压重叠铆合而成,中间压入定子轴,形成定子铁芯,绕组线圈依次嵌入定子外圆的槽内。转子由硅钢片冲片经在压铸机上铸铝及车床加工内外圆而制成,转子压于下端盖中,最后对转子进行校对平衡。

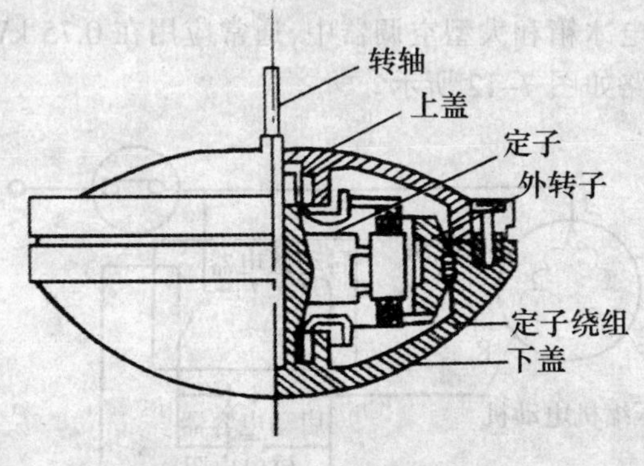

图7-10 吊扇电动机结构图

三、洗衣机电动机

洗衣机分波轮式洗衣机和滚筒式洗衣机。波轮式洗衣机的洗涤部分和甩干部分均采用了电容运转式电动机,定子绕组采用同心式正弦绕组。洗衣机的洗涤电机正转、反转交替进行,且正转、反转时,洗衣机电机的工作状态相同。为此,洗涤电动机的主绕组和副绕组结构相同。滚筒式洗衣机电机使用的是电容运转式双速电动机。它具有两种转速。低速运转时,完成洗涤、漂洗功能;高速运转时,完成脱水功能。这种电动机结构紧凑,体积小,重量轻。

洗衣机洗涤电动机的结构如图 7-11 所示。

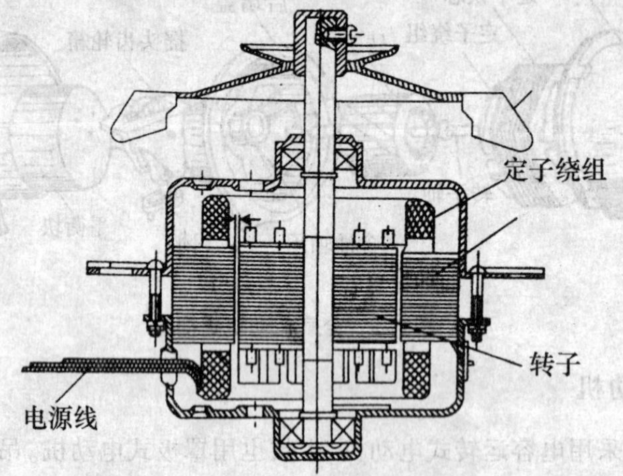

图 7-11 洗衣机洗涤电动机结构图

四、电冰箱、空调压缩机电动机

电冰箱、空调压缩机电动机采用单相电动机,有电阻分相启动式、电容启动式、电容运转式、电容启动运转式四种。它与压缩机一起安装在封闭的壳体内。压缩机用电动机的转子均采用铸铝鼠笼式转子。

电阻分相启动式电动机主要用于以毛细管为节流装置的电冰箱和小型空调器中,功率在 0.25 kW 以下。电容启动式电动机主要用于功率较大一些的电冰箱和空调器中,一般功率为 0.25~0.75 kW。电容运转式电动机在房内空调器和商业用空调器中应用较多。电容启动运转式电动机用于大型电冰箱和大型空调器中,通常应用在 0.75 kW 以上的压缩机中。电容运转式电动机压缩机电路如图 7-12 所示。

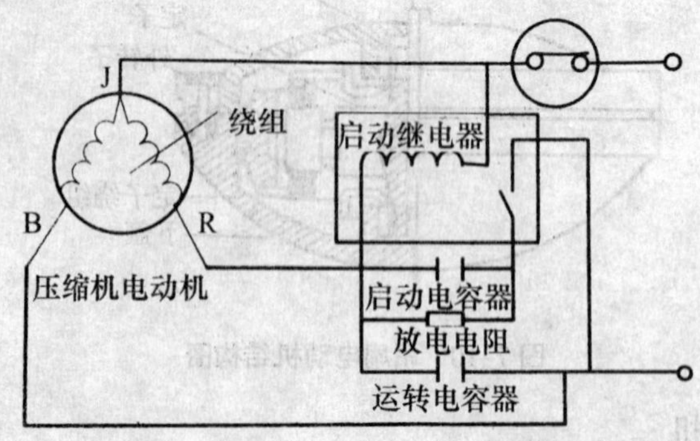

图 7-12 电容运转式电动机的压缩机电路

压缩机电动机的性能特点:

1.动转矩大、过载能力强。由于压缩机排气室两侧的压力不平衡,压缩机经常在有载的情况下启动并且启动较频繁，有时压缩机电动机甚至在电压较低或电压较高以及过载的情况下启动。

2.效率高。影响电动机效率的因素主要是电机的功率因数和机械损耗,因此尽可能选用功率因数较高和机械损耗小的电动机,以利于提高电机的效率。

3.高化学稳定性。压缩机电动机工作在制冷剂和润滑剂之中,这些物质对电机绕组和其他机架有腐蚀作用。因此要求绕组的绝缘材料在制冷剂和润滑剂的浸泡下不软化、不膨胀、不发泡脱落,其绝缘材料的绝缘性能也不下降,化学稳定性好。绕组的导线常采用 QF 型耐氟漆包线,绕组的绝缘薄膜、捆扎线和槽楔等常采用聚酯材料。

4.耐热性。压缩机长期工作在 70 ℃以上的高温环境之中,为了防止绝缘层老化甚至烧坏,电动机常采用 E 极绝缘,极限温度可达 120 ℃。

5.耐振动和冲击。压缩机电动机置于封闭的壳体内,经常受到制冷剂急剧蒸发产生的热冲击力及压缩机启动和停止时的机械冲击力,启动电流产生的电磁力的作用,因此要求电动机绕组耐冲击、耐振动,绕组绕制及嵌放要紧密,捆扎要牢固。

第三节　单相异步电动机性能检测

单相异步电动机经大修或重换绕组后,均应进行必要的检查试验,以确保电动机的修理质量和安全可靠运行。检查试验内容主要有外观检查,空载、短路试验,绕组对机壳及绕组相互间绝缘电阻的测定,绕组在实际冷却状态下的直流电阻测定,空载试验,堵转试验,温升试验,耐压,启动过程中启动元件断开转速的测定等项目。

一、单相异步电动机的额定值

单相异步电动机的额定值主要有以下几项:

1.额定功率 P_N(W)。指单相异步电动机在额定运行时转轴上输出的机械功率。

2.额定电压 U_N(V)。指在额定运行状况下,电源加在定子绕组上的端电压。

3.额定电流 I_N(A)。指在额定电压下输出额定功率时,定子绕组的线电流。

4.额定频率 W_N(Hz)。指交流电源的频率,我国规定电力网频率为 50 Hz。

5.额定转速 n_N(r/min)。指电动机在额定技术条件下运行的速度,单相异步电动机额定转速一般略低于同步转速。

6.效率 η(%)。指电动机在额定运行时,输出功率与输入功率的比值。

7.绝缘等级。我国家用电器用单相电动机的绕组绝大多数都为 E 级绝缘,其最高工作温度为 120 ℃。

8.其他指标。有些电动机铭牌上还标有绕组接法、功率因数、环境条件、工作方式、启动电流和转矩以及电容器的容量和工作电压等。

二、单相异步电动机主要参数的测试

1.外观检查。外观检查主要检查电动机的装配质量。如零部件装配是否正确，紧固件是否旋紧到位，转子转动是否灵活，有无碰擦现象。轴承运转是否平稳、轻快，有无停滞现象。声音是否均匀，有无夹带杂音，以及出线端标记是否正确等。通过外观检查，有时能发现电动机存在的许多问题，从而可以使问题尽早得到解决。

2.绝缘电阻的测定。用 500 V 的兆欧表测绕组对机壳及主、副绕组间的绝缘电阻。如果主、副绕组的首与尾端均已引到机壳外，则应分别测量主、副绕组时机壳和相互间的绝缘电阻。如果主副绕组已在电动机内部接在一起，引出机壳外的已是它们共同的首、尾端，这时也就只能测量绕组对机壳的绝缘电阻。重换新绕组后的电动机，其绝缘电阻在室温下通常都在 50 MΩ 以上。如果测出的绝缘电阻值达不到要求时，则应查明原因，对症解决。

3.直流电阻的测量。将被测电动机在室内静置几小时，使其达到实际的冷却状态。然后用电桥或万用表电阻挡测量主、辅绕组的出线端，将所测电阻值与旧绕组的电阻值对比，从中可以检验新绕组的线圈匝数、接法、线模尺寸是否正确，以及是否有焊接质量和短路故障存在等。

4.耐压试验。耐压试验主要是为了检查电动机绕组对机壳及主、副绕组间的电气绝缘强度，特别是确定主绕组是否存在局部缺陷。电动机绕组与机壳及其相互间应能承受1 500 V、50 Hz 正弦交流电压，试验历时为 1 min。在试验过程中不能有击穿和闪烁现象发生。耐压试验按如图 7–13 所示的接线方式进行。试验时，加在电动机绕组上的电压应逐渐增高，从试验电压值的 50%上升到全值时的时间不得少于 10 s。在全值电压处应保持 1 min，然后迅速降至试验电压值的 50%以下，即可断开电源。主、辅绕组在电机内部已接在一起时，则只进行绕组对机壳的高压试验。单相异步电动机功率在 1 kW 以下的，其试验电压为 2 倍额定电压加 500 V，但相加后不少于 1 000 V。1 kW 以上的，试验电压为 2 倍额定电压加 1 000 V，但相加后不少于 1 500 V，试验时间均为 1 min。

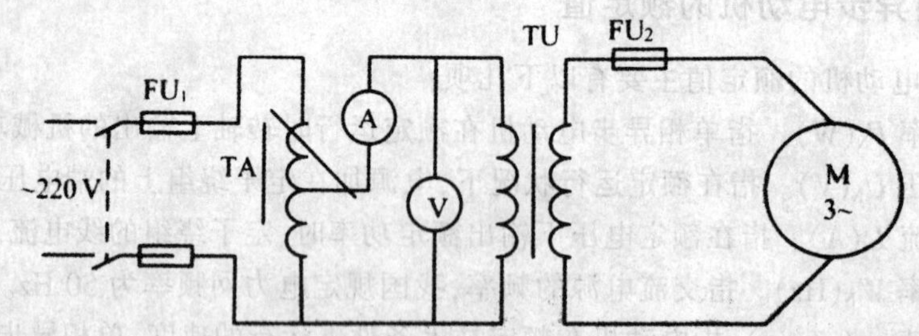

图 7–13 耐压试验的接线示意图

5.空载试验。进行空载试验，除了观察电动机的运转情况以检查装配质量外，还可以测量空载电流和转速。根据空载电流是否超出规定值，可以检验电动机绕组的接线和线圈匝数是否正确。一般 1 kW 以下电动机的空载电流应为其额定电流的 40%~50%，如果空载电流大于上述范围，就有可能是重换绕组时减少了匝数，或者是定子、转子间气隙过大，转子铁芯轴向移动等。如果空载电流小于上述范围，则可能是重换绕组时增加了匝数。

空载试验线路如图 7-14(a)和 7-14(b)所示。在进行空载试验之前,电动机应在额定电压下空载运转 10~15 min,使电动机轴承的温度及摩擦损耗达到稳定状态,然后测量电压、电流及输入功率。测量功率时,需用低功率因数瓦特表测量。对于单相电容运转电动机,空载试验时应将副绕组开路,试验时,定子绕组上的电压应从 1.1~1.3 倍额定电压开始,逐步降低到可能达到的最低电压值,即功率和电流开始回升时为止,其间测取 7~9 点,每点应测取下列参数:电压、电流、输入功率。试验结束时,应立即测量定子主绕组的电阻。

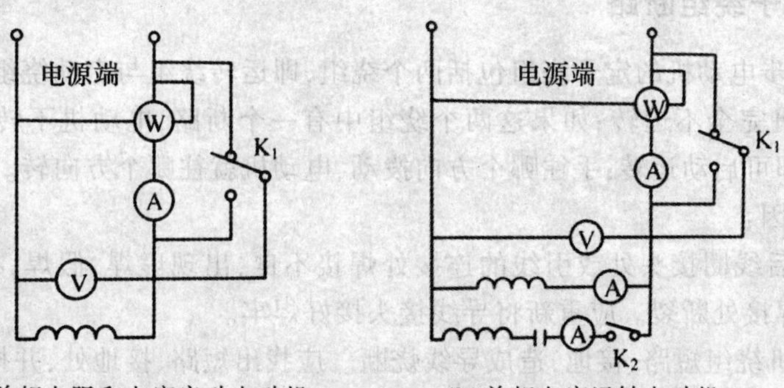

(a)单相电阻和电容启动电动机 (b)单相电容运转电动机

图 7-14 电动机空载试验原理图

6.堵转试验。通过堵转试验测取电动机的堵转电流和堵转转矩,堵转试验线路如图7-14所示。试验开始前,必须首先核对电动机的旋转方向,试验时,应将转子堵住,堵转试验应在电机接近实际冷状态下进行,被制动的电动机接在电压可调节的线路上。当调节到额定电压(额定电压的偏差不大于±10%)时,接通电源,尽快地读取电压、电流及输入功率,应在5 s 内完成。然后立即将电动机线路断开,以防止电动机因短路电流过大而发热。

7.离心开关断开时转速的测定。离心开关断开时转速的测定电路图如图 7-15 所示。在被测电动机副绕组离心开关两端线路上串接一只指示灯,并施加适当的电源电压,此时电动机未转动,离心开关闭合,指示灯亮。当被测电动机由可调速的原动机拖动到空载运转时。调节原动机的转速,由零值起逐渐升高转速,并随时测量被测电动机转速,同时观察指示灯,当指示灯熄灭,证明离心开关断开时,记下指示灯熄灭一瞬间的转速,此转速即为离心开关断开时的转速。

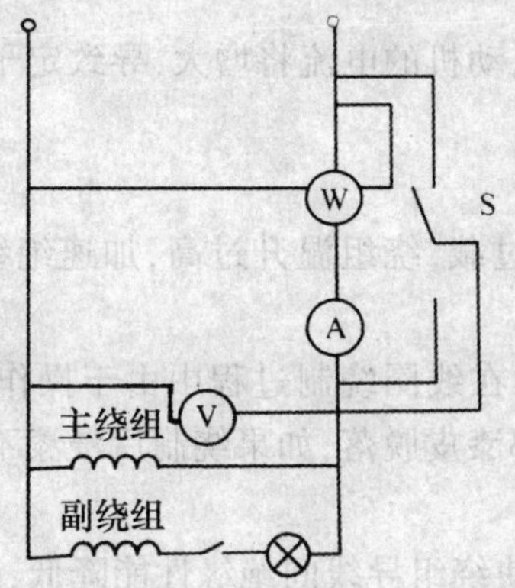

图 7-15 离心开关断开时转速的测定

第四节 单相异步电动机常见故障原因及检修

一、定子绕组断路

单相异步电动机的定子绕组包括两个绕组,即运转绕组与启动绕组。如果这两个绕组都断路,电动机完全不运转;如果这两个绕组中有一个断路,电动机不转,但只要用手拨动转子,电动机即可启动运转;手往哪个方向拨动,电动机就往哪个方向转。

故障原因:

1.嵌线后线圈接头处或引线的连接处焊接不良,出现虚焊、假焊,在启动时有较大电流的冲击,使焊接处断裂。应重新将导线接头接好焊牢。

2.电动机绕组短路、接地,造成导线烧断。应找出短路、接地处,并排除故障。

3.由于机械损伤,使导线折断。拆装时应注意避免绕组端部位置受损伤。

绕组的焊接头、绕组的端部容易发生断路故障,确定断路点后,应重新焊接好或连接好,并做好绝缘处理,如果断路点在铁芯槽内,则需拆开重绕。

二、绕组接地

故障原因:

1.引出线绝缘损伤后与电动机外壳相碰。

2.由于断路、短路,使线圈导线与铁芯接触或碰壳。

3.槽绝缘和槽内导线绝缘击穿后与铁芯接触。

4.垫条和槽楔松动,线圈在电磁力的作用下产生位移,绝缘层被碰破。

如果接地不严重又在端部的,可进行修复;若接地严重又在槽内时,应更换接地线圈。

三、定子绕组短路

定子绕组发生短路时,电动机的电流将增大,导致定子绕组、定子铁芯温度升高,电动机的转速下降。

故障原因:

1.电动机在运行中经常过载,绕组温升过高,加速绝缘老化变脆,使绕组产生裂纹或漆皮脱落,引起匝间短路。

2.电动机绕组线径较细,在线圈绕制过程中由于操作方法不当,用力过猛,可能使漆皮划破或漆层产生裂纹,或局部漆皮脱落,如果绕制后浸漆不足,经运行一定时间后,可能会造成短路。

3.定子绕组受潮严重会使绕组导线间绝缘性能降低,当通电时,绝缘层被击穿从而造成短路。

4.电动机做耐高压检验时,造成极少数导线间有轻微的绝缘击穿,经过运转一段时间后,轻微的击穿扩大了,可造成绕组短路。

如果短路点在铁芯槽外,短路又不严重,可用竹片拨开短路点,再垫以绝缘层(如黄蜡绸、绝缘纸等均可),并涂绝缘漆。如果短路点在铁芯槽内,少数单元绕组短路,可细心地拆下这几个单元绕组予以更换,注意不要碰损其他绕组。短路严重,须将整个定子绕组拆下重新绕制。

四、转子断条

转子断条后,电动机发出"嗡嗡"声,转矩降低,转速下降,启动困难,甚至无法启动;转子严重发热,断裂处产生火花。

故障原因:

1.制造质量不良。比如铸铝转子,由于材料或工艺的不良而造成转子导条内部缩孔、砂眼、夹层等,长期运转则开裂。铜焊转子则由于铜条的端环焊接处松脱造成断条。

2.频繁地启动或正反转,通过转子导条的电流过大,导条受的电磁力也很大,经长期使用,最终导致转子导条开裂。

五、电动机不能启动或虽能启动但转速很慢,电流大,出力小

故障原因:

1.熔断器熔断,插头接触不良或电源线断线,应检查熔体是否熔断,若熔断应更换相同规格的熔体;检查插座和插头有无松动,应对插头、插座进行修整或更换;检查电源线有无断线,对断线处应接好焊牢并包好绝缘。

2.电源电压过低,造成电动机不能启动或转速很慢,应检查电源屯压。若低于额定值要调整电源电压,必要时加装稳压器。

3.一次绕组或二次绕组开路或短路,应找出断路、短路处予以处理。

4.一次绕组或二次绕组部分线圈嵌反或接线错误,应重新按正确方向嵌好或改正错误接线。

5.严重过载,若在运行中突然出现过载,可能是由拖动机械出现故障引起的。若机械部分正常,说明电动机容量选择过小,应更换较大容量的电动机。

6.启动开关失灵,应进行修复或更换开关。

7.启动电容器过小或损坏,应更换电容器。

8.轴承损坏或卡住,若是磨损严重应更换;若是润滑油脂干枯应清洗轴承并换上新的润滑油脂;若装配不良,应重新装配,使轴承转动灵活。

9.气隙中有脏物卡住,应检查气隙,清除脏物。

六、端盖变形

端盖的常见故障是变形,致使配合口不正,电动机转子与定子之间的气隙不均匀,甚至转子与定子相碰擦。由铁板冲制的端盖,容易产生此种故障。如果端盖变形轻微,可以将端盖

垫在木块上,用木槌锤轻敲整形,使之恢复原样。注意切忌用力敲打,以免端盖破裂。如果端盖变形严重,应予以更换。

七、电动机反转

如果单相异步电动机反转,同时启动较慢,转速降低,则可能是两个绕组的接线错误,即把启动绕组作为运转绕组使用,同时把运转绕组作为启动绕组使用,通过测电阻判断出运转绕组与启动绕组,再按正确接法接线。

八、电容器的常见故障原因及检查

1.电容器常见故障原因:

(1)过电压击穿:电动机如果长期在超过额定电压的情况下工作,将会使电容器的绝缘介质被击穿而造成短路或断路。

(2)电容器断路:电容器经长期使用或保管不当,致使引线、引线端头等受潮腐蚀、霉烂,引起接触不良或断路。

2.电容器常见故障的检查方法:

通常用万用表电阻挡检查电容器是否击穿或断路:将万用表拨至×10 kΩ 或×1 kΩ 挡,先用导线或其他金属短接电容器两接线端进行放电,再用万用表两只表笔接电容器两出线端。根据万用表指针摆动可进行判断:

(1)指针先大幅度摆向电阻零位,然后慢慢返回数千欧位置,则说明电容器完好。

(2)若指针不动,则说明电容器已断路。

(3)若指针摆到电阻零位不返回,则说明电容器内部已击穿短路。

(4)若指针摆到某较小阻值处,不再返回,则说明电容器泄漏电流较大。

思考与练习

1.单相交流异步电动机的特点是什么?有哪几种类型?

2.简述单相交流异步电动机的基本结构。

3.冰箱空调压缩机电动机有哪些特点?

4.单相交流异步电动机有哪些主要参数的测试?

5.单相交流异步电动机的电路故障有哪些?

6.单相交流异步电动机定子绕组短路的原因有哪些?

7.简述单相交流异步电动机绕组拆换的步骤。

实训 7-1 单相电容式电动机的故障分析与排除

一、实训目的

掌握单相电容式异步电动机的常见故障分析与处理方法。

二、实训器材

螺丝刀、锤子、钳子、电烙铁、测压变压器、万用表、兆欧表、转速表、交流电压表、短路测试器、黄蜡管、黄蜡带、导线、白纱带。失效的击穿容量远大于和远小于额定值的电动机电容器,有条件的可准备绕组短路(匝间和对外壳)和断路的单相电容式电动机各一台。

三、训练要求

1.按表所列观测项目拟设的故障项目,指导教师在电动机上预先设定故障,组织学生观察故障现象,测试相关数据并记录在表 7-1 中。

表 7-1 单相电容式电动机的检修实训记录

项目 模拟故障	电源电压	转速	转向	绕组直流电阻		电容		故障现象
				主	副	标称容量	漏电阻	
完全正常								
电容完全失效								
电容容量太大								
电容容量太小								
主绕组引线断								
副绕组引线断								
输入电压太低								
主绕组引出线两端对调								
副绕组引出线两端对调								
加大负荷								

实训人签字: 日期:

2.根据故障现象和测试的相关数据,判定故障点。

3.检修故障并恢复。

4.归纳出单相电容式电动机故障分析与排除的一般规律和方法。

四、成绩评定(如表 7–2 所示)

表 7–2 电容运转电动机故障检修训练考核评定参考

项目内容	配分	评分标准	扣分	得分
测量方法	30 分	1.电机转速测量值不准,扣 5 分 2.测量绕组直流电阻值方法不正确,扣 5~10 分 3.不会识读电容容量或电容漏电电阻值,扣 5 分 4.测量方法不对,扣 20 分		
故障现象分析	30 分	1.现象观察不清或漏测相关数据,扣 15 分 2.故障现象和相关测试数据,故障点判定不准确或错误,扣 5~30 分		
故障恢复	30 分	1.故障点检修后,第一次试机不成功,扣 10 分 2.第二次试机不成功,扣 20 分 3.第三次试机不成功,扣 30 分		
安全、文明生产	10 分	1.劳保用品穿戴不整齐,扣 5 分 2.不按电工安全操作规程操作,扣 5 分		
总分	100 分			
训练所用时间				

第八章　三相异步电动机

电动机是利用电磁感应原理将电能转化为机械能并拖动生产机械工作的动力机。本章主要介绍中小型三相鼠笼式异步电动机的结构、运行、拆装与维修工艺。

第一节　电动机的分类和铭牌

一、电动机分类

电动机分为交流电动机和直流电动机两大类，交流电动机又分异步电动机和同步电动机,异步电动机可分为鼠笼型和绕线型。按交流电源可分为三相电动机和单相电动机。在三相电动机中鼠笼型电动机结构简单、价格低廉、运行可靠,使用极为广泛。在鼠笼型电动机中,中小型电动机占使用总量的70%以上。

二、鼠笼式电动机的铭牌

任何新出厂的电动机,在机座上都装有一块铝质或铜质的标牌,叫铭牌。它扼要地标明了该电动机的类型、主要性能、技术指标和使用条件。为用户使用和维修这台电动机提供了重要依据。这里综合了电动机有关铭牌内容,现列出如下铭牌并予以解释。

三相异步电动机			
型号	Y112M–4	额定频率	50 Hz
额定功率	4 kW	绝缘等级	E 级
接法	△	温升	60 ℃
额定电压	380 V	定额	连续
额定电流	3.6 A	功率因数	0.85
额定转速	1440 r/min	重量	59 kg
××电机厂			

1.型号。表示电动机的品种、规格,由字母和数字组成,其含义如下:

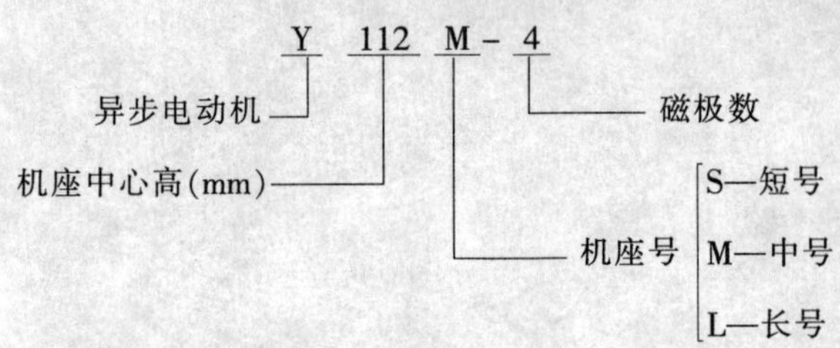

2.额定功率。电动机按铭牌所给条件运行时,轴端所能输出的机械功率,单位为千瓦(kW)。

3.额定电压。电动机在额定运行状态下加在定子绕组上的线电压,单位为伏特(V)。

4.额定电流。电动机在额定电压和额定频率下运行,输出功率达额定值时,电网注入定子绕组的线电流,单位为安培(A)。

5.额定频率。指电动机所用电源的频率。铭牌注明为 50 Hz,表明该电动机只能在 50 Hz 电源上使用。

6.额定转速。指电动机转子输出额定功率时每分钟的转数。通常额定转速比同步转速(旋转磁场转速)低 2%~6%。其中同步转速、电源频率和电动机磁极对数的关系是:

$$n_0=\frac{60f}{P}(\text{r/min})$$

n_0:同步转速(旋转磁场转速);

f:电源频率;

P:磁极对数。

7.接法。指电动机三相绕组六个线端的连接方法。将三相绕组首端 U_1、V_1、W_1 接电源,尾端 U_2、V_2、W_2 连接在一起,被称为星形(Y)连接,如图 8–1(a)所示。若将 U_1 接 W_2,V_1 接U_2,W_1 接 V_2,再将这三个交点接在三相电源上,则被称为三角形(△)连接,如图 8–1(b)所示。

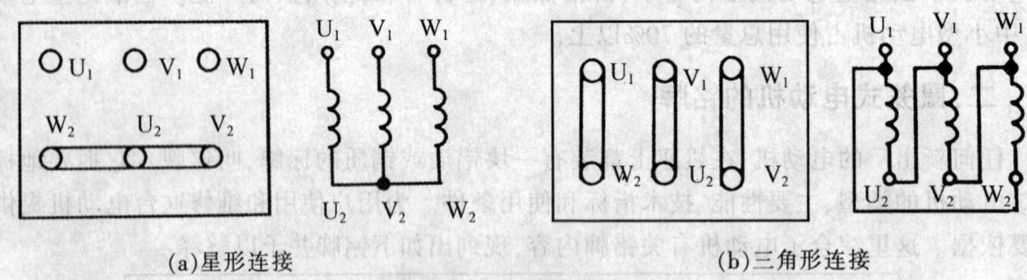

(a)星形连接　　(b)三角形连接

图 8–1　三相绕组接法

8.定额。电动机定额分连续、短时和断续三种。连续是指电动机连续不断地输出额定功率而温升不超过铭牌允许值。短时表示电动机不能连续使用,只能在规定的较短时间内输出额定功率。断续表示电动机只能短时输出额定功率,但可多次断续重复启动和运行。

9.温升。电动机运行中,部分电能转换成热能,使电动机温度升高,经过一定时间,电能转换的热能与机身散发的热能平衡,机身温度达到稳定。在稳定状态下,电动机温度与环境温度之差,叫电动机温升,而环境温度规定为 40 ℃。如果温升为 60 ℃,表明电动机温度不能超过 100 ℃。

10.绝缘等级。指电动机绕组所用绝缘材料按它的允许耐热程度规定的等级,这些级别为:A 级,105 ℃;E 级,120 ℃;B 级,130 ℃;F 级,155 ℃。

11.功率因数(cos $\Phi=P/S$)。指电动机从电网所吸取收的有功功率与视在功率的比值。视在功率一定时,功率因数越高,有功功率越大,电动机对电能的利用率也越高。

第二节 三相异步电动机的结构和工作原理

一、三相异步电动机结构

三相异步电动机的结构主要是由两大部分组成,即定子和转子部分。定子是电动机中固定不动的部分,用来产生旋转磁场。转子是电动机中的旋转部分,将电磁转矩通过转轴输送给生产机械。定子、转子无任何连接,它们之间只有 0.2~2 mm 的空气隙,如图 8–2 所示。

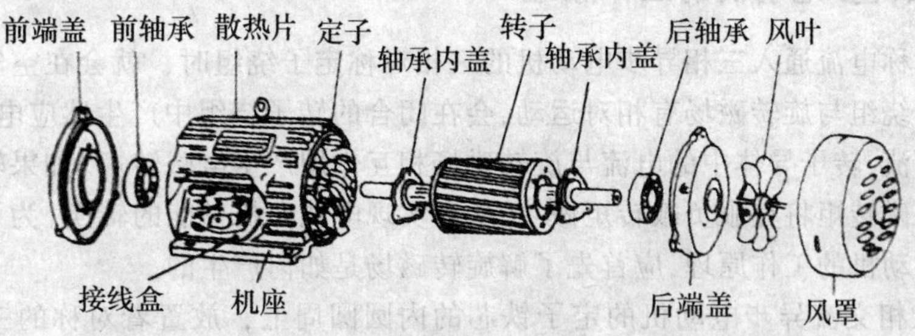

图 8–2 三相异步电动机的结构

1.定子。定子部分由机座、定子铁芯、三相定子绕组及端盖、轴承等固定不动的部件组成。

机座主要用来支承定子铁芯和固定端盖。中、小型电动机的机座一般用铸铁浇铸而成,大型电机多采用钢板焊接而成。

定子铁芯是电动机磁路的一部分,为了减小涡流和磁滞损失,通常用 0.5 mm 厚的硅钢片叠成圆筒,硅钢片表面的氧化层(大型电机要涂绝缘漆)作为片间绝缘,在圆筒形的内圆上均匀布有与轴平等的槽,用以嵌放定子三相绕组,如图 8–3 所示。

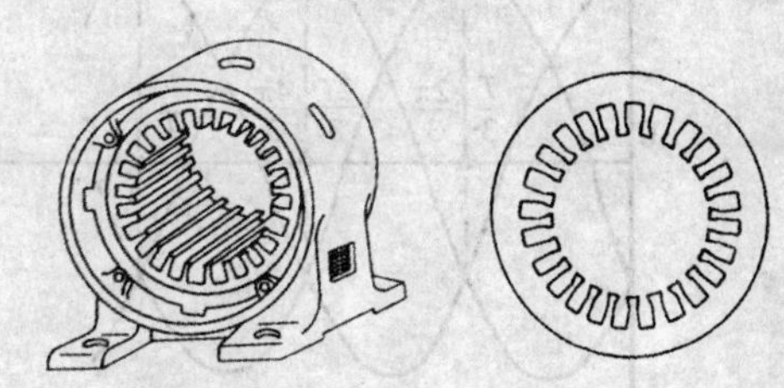

(a)装入机座内的定子铁芯 (b)定子铁芯片

图 8–3 定子铁芯

定子绕组是电动机的电路,由高强度漆包线(具有绝缘层的铜线或铝线)绕制的线圈连接而成。它的作用是利用三相交流电产生旋转磁场,线圈按一定的方式排列嵌放在定子槽中。

2.转子。转子是由铁芯、转子绕组和轴承三部分组成。转子铁芯同定子铁芯一样是电动机磁路的一部分,由 0.5 mm 厚的圆形硅钢片叠压成圆柱体,如图 8–4 所示,并紧固在转子轴上。转子铁芯的外表面上有均匀分布的线槽,用以嵌放转子绕组。鼠笼式转子线槽一般都是斜槽(与轴线不平行),目的是改善启动性能。

转子铁芯的每一槽中嵌有一根导体,在铁芯的两端用 2 个端环把所有的导体短接,形成一个自行短路的绕组。如果去掉铁芯,该绕组的外形好像一只鼠笼,从而得名鼠笼式转子绕

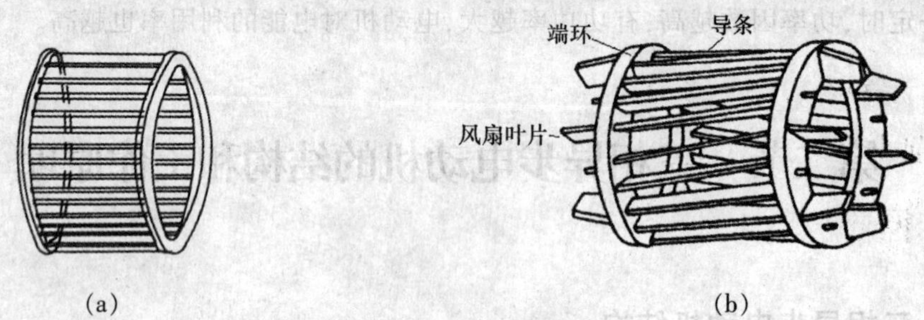

图 8–4 笼型电动机转子

组。大型鼠笼电动机通常采用铜导条嵌在转子槽中,如图 8–4(a)所示;中小型鼠笼电动机一般采用铸铝转子,将导条、端环以及端环上的风扇一起铸出,如图 8–4(b)所示。

二、三相异步电动机的工作原理

当三相对称电流通入三相异步电动机的三相对称定子绕组时，就会在空气隙中产生旋转磁场。转子绕组与旋转磁场有相对运动,会在闭合的转子绕组中产生感应电动势,进而产生转子感应电流,转子导体中的电流与旋转磁场相互作用产生电磁转矩。如果转子外接生产机械,那么,电磁转矩将克服负载转矩做功,从而实现电能向机械能的转换。为了更深入地理解三相异步电动机的工作原理,应首先了解旋转磁场是如何产生的。

假定在三相交流异步电动机的定子铁芯的内圆圆周上，放置着对称的三相定子绕组 U_1—U_2、V_1—V_2、W_1—W_2,即三绕组在空间彼此相差 120°,如图 8–5(b)所示。假定U_1、V_1、W_1 分别为三相绕组的首端,U_2、V_2、W_2 分别为三相绕组的尾端,假定电流参考方向从首端指向尾端。

现将图 8–5(a)中三相对称电流 i_U、i_V、i_W 通入图中的三相对称绕组中。由于电流随时间变化,所以由电流产生的磁场的分布情况同样随时间变化,选择几个特定的瞬间分析三相电流产生的合成磁场的特点。

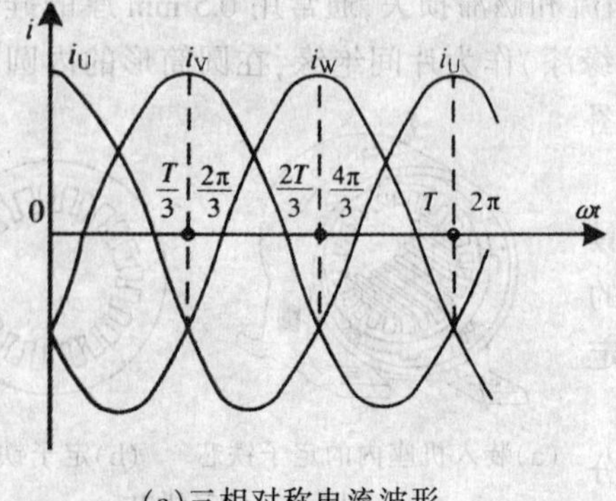

(a)三相对称电流波形

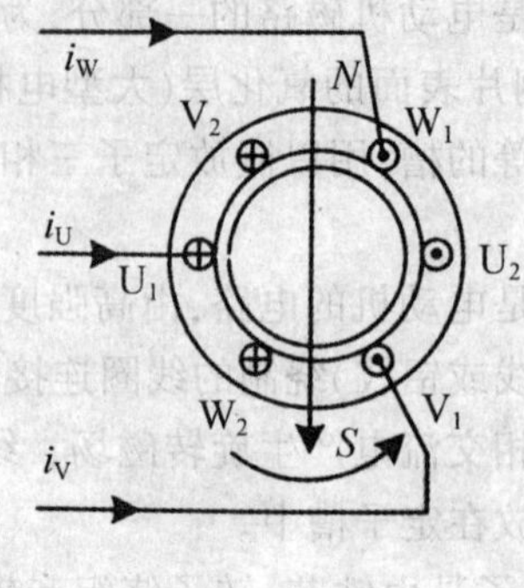

(b)ωt=0°

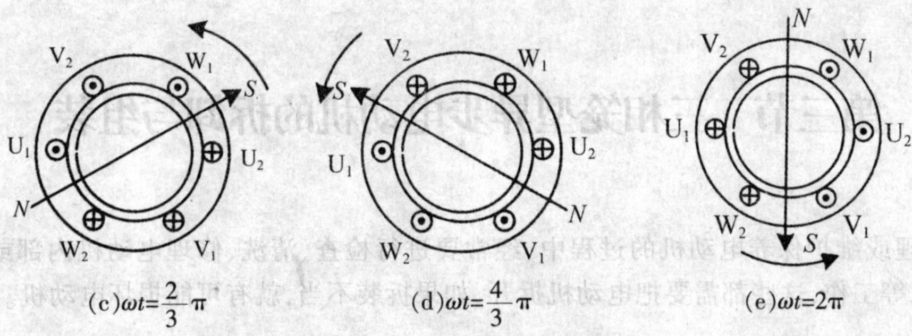

(c) $\omega t=\frac{2}{3}\pi$　(d) $\omega t=\frac{4}{3}\pi$　(e) $\omega t=2\pi$

图 8-5　两极旋转磁场示意图

(1) ωt=0°时，如图 8-5(a)所示，ωt=0°时，i_U 方向为正，数值为 I_m，i_V、i_W 方向为负，数值为 $I_m/2$，将各相电流标入图(b)中，由右手旋转定则可知合成磁场方向为由上向下。

(2) ωt=120°时($t=T/3$)。如图 8-5(a)所示，ωt=120°时，i_V 方向为正，数值为 I_m，i_U、i_W 方向为负，数值为 $I_m/2$，将各相电流标入图 8-5 (c)中，由右手螺旋定则可知合成磁场方向。图 8-5 (c)中，此时合成磁场的方向在空间逆时针转动了 120°。

(3) ωt=270°时($t=2T/3$)和 ωt=360°时。同理，通过右手螺旋法则可以得出 ωt=270°时(t=2T/3)和 ωt=360°时的合成磁场方向。

通过对以上不同时刻状态的分析可知，三相对称电流通入定子的三相对称绕组后，产生的合成磁场是上个旋转磁场，就像一对磁极在做逆时针方向的旋转一样。旋转磁场的旋转方向与通入定子三相绕组的电流相序有关，即电流相序改变，旋转磁场的旋转方向也会改变。这就是三相交流电流产生的旋转磁场。

以上得出的旋转磁场是一对极，即一对 N—S 极，极对数 P=1。当定子电流变化一个周期，旋转磁场在空间位置上也正好旋转一周。若电流频率 f_1=50 Hz，旋转磁场每分钟的转速 n_1 为：

$$n_1=60\,f_1=3000\ \text{r/min}$$

我们知道，实际上电机定子每相绕组都是由多个线圈组成的，线圈连接方式不同，旋转磁场的极对数也不相同，推广到 P 对磁极旋转磁场的转速应为：

$$n_1=60\,f_1/P$$

因此，旋转磁场的转速取决于电源频率 f_1 和旋转磁场的磁极对数 P。由于电源的频率是工频 50 Hz，对已制成的电动机来说极对数 P 也是固定的。所示磁场转速 n_1 是一个常量，被称为同步转速。电动机转子的转速要低于同步转速，所以称为异步电动机。表 8-1 列出了在 f_1=50 Hz 时，异步电动机不同极对数下旋转磁场 n_1 的同步转速。

表 8-1　异步电动机不同极对数下旋转磁场 n_1 的同步转速

P(对数)	n_1(r·min^{-1})	P(对数)	n_1(r·min^{-1})
1	3000	3	1000
2	1500	4	750

第三节 三相笼型异步电动机的拆卸与组装

在修理或维护保养电动机的过程中，经常要进行检查、清洗、修理电动机内部或更换润滑油、轴承等工作，这些都需要把电动机拆开，如果拆装不当，就有可能损坏电动机。

一、电动机的拆卸

1.拆卸异步电动机

(1)准备好工具。如拉具、铜棒、筒套等。

(2)拆卸电动机之前，必须拆除电动机与外部电气连接的连线，并做好相位标记。

2.拆卸步骤。带轮或联轴器→前轴承外盖→前端盖→风罩→风扇→后轴承外盖→后端盖→抽出转子→前轴承→前轴承内盖→后轴承→后轴承内盖，如图 8-6 所示。

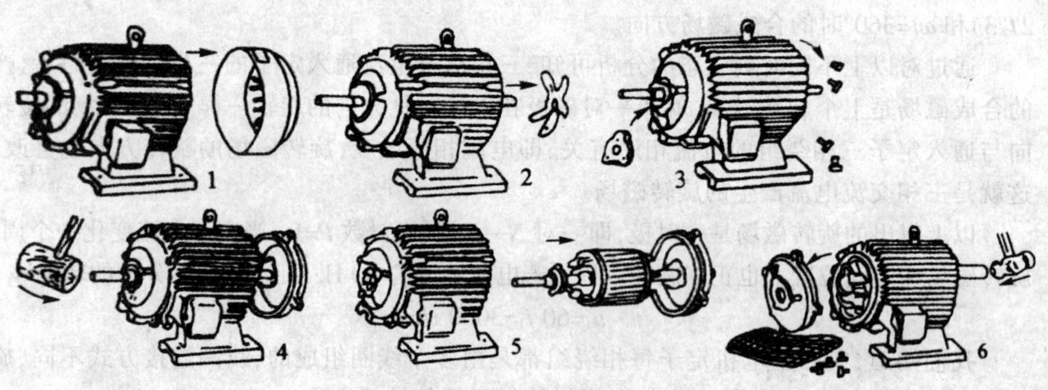

图 8-6 电动机的拆卸步骤

3.主要部件的拆卸

(1)皮带轮或联轴器的拆卸。拆卸前，先在皮带轮或联轴器的轴伸端作好定位标记，用专用位具将皮带轮或联轴器慢慢拉出。拉时要注意皮带轮或联轴器的受力情况，务必使合力沿轴线方向，拉具顶端不得损坏转子轴端中心孔。如拉不出，切忌硬拉强卸，可在定位螺孔中加注煤油或采用加热的办法，但加热温度要控制在 250 ℃左右，不能太高，以防转轴变形，如图 8-7 所示。

(2)拆卸端盖、抽转子。拆卸前，先在机壳与端盖的接缝处(即止口处)做好标记以便复位。均匀拆除轴承盖及端盖螺栓，拿下轴承盖，再用两个螺栓旋于端盖上两个项丝孔中，两螺栓均匀用力向里转(较大端盖要用吊绳将端盖先挂上)，将端盖拿下。(无顶丝孔时，可用铜棒对称敲打，卸下端盖，但要避免过重

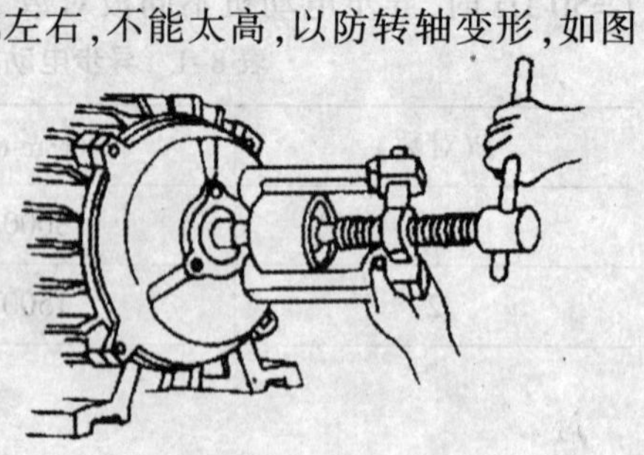

图 8-7 联轴的拆卸

敲击,以免损坏端盖)对于小型电动机抽出转子是靠人工进行的,为防手滑或用力不均碰伤绕组,应用纸板垫在绕组端部进行。

(3)轴承的拆卸。拆卸轴承应先用适宜的专用拉具。拉力应着力于轴承内圈,不能拉外圈,拉具顶端不得损坏转子轴端中心孔,如图 8-8 所示。

除了用拉钩拆卸轴承外,还有以下几种方法:

①铜棒拆卸。用铜棒在倾斜方向顶住轴承的内圈,再用榔头均匀敲打,取下轴承。注意,敲打时,铜棒沿轴承内圈移动,使轴承均匀受力,如图 8-9 所示。

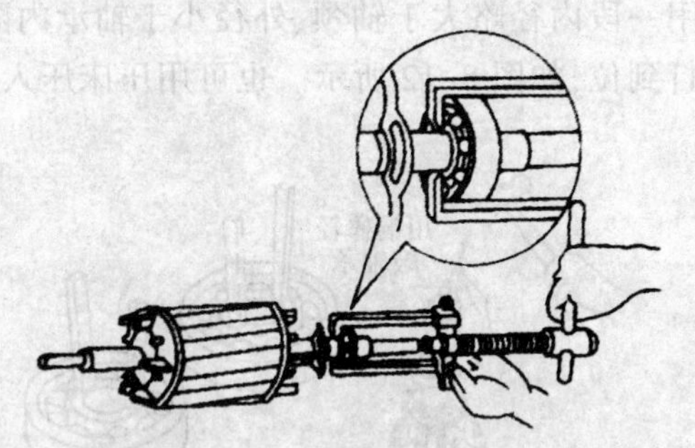

图 8-8　用拉具拆卸轴承

图 8-9　铜棒拆卸轴承

②搁在圆筒上的拆卸。用两块厚铁板在轴承的内圈下面夹住转轴,搁在圆筒上面(圆筒内径略大于转子外径),再在转轴的端面垫上厚木板功铜板,敲打功铜板,取下轴承。如图 8-10 所示,也可在压床上把轴承压下来。

③加热拆卸。该方法是用 100 ℃左右的机油浇在轴承的内圈上,使其膨胀而松脱。

④轴承在端盖内的拆卸。该方法是针对在拆卸端盖时轴承留在端盖轴承孔中的情况。拆卸时将端盖止面向上,平衡放置,在端盖轴承孔四周垫上木板,但不能抵住轴承,然后用一根直径略小于轴承外沿的铜棒或金属棒抵住轴承外圈,从上方用榔头敲打,将轴承敲出。如图 8-11 所示。

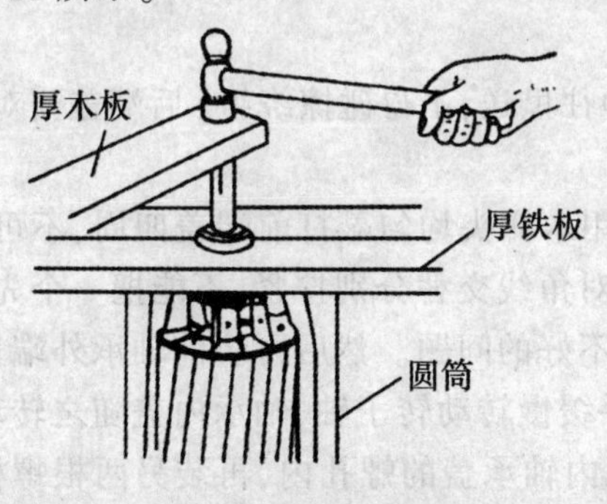

图 8-10　在圆筒上拆卸轴承

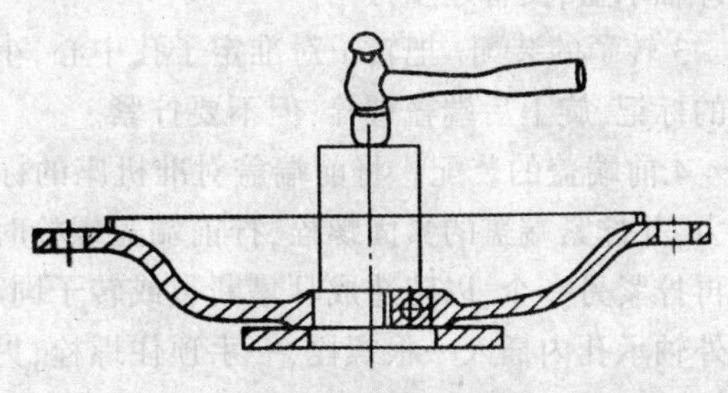

图 8-11　拆卸端盖孔内的轴承

二、电动机的装配

装配前用压缩空气吹净电动机内部灰尘,检查各部零件的完整性,清洗油污等。装配异步电动机的步骤与拆卸相反。装配前要检查定子内污物、锈是否清除,止口有无损坏伤,装配时应将各部件按标记复位,并检查轴承盖配合是否合适。

(一)主要部件的装配

1.轴承的装配。在装轴承前,先用煤油清洗轴承和轴承盖,并检查轴承有无裂纹、内外轴承环有无裂纹等。再检查轴承是否灵活且不松动,轴承内圈与轴颈、外圈与端盖轴承孔之间配合是否完好。再将轴承用汽油清洗干净,用清洁的布擦干。

在轴承中装入 1/3~2/3 空腔容积的润滑油;在轴承内盖油槽加足润滑油。轴承装配可采用热套法和冷装配法。

(1)冷装法。把轴承套到轴上,对准轴颈,用一段内径略大于轴颈、外径小于轴承内圈外径的铁套管抵住轴承的内圈,再将轴承均匀敲打到位,如图 8–12 所示。也可用压床压入。

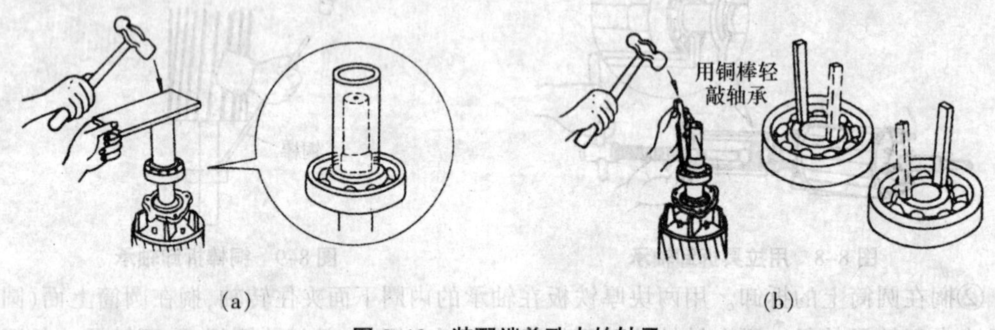

图 8–12　装配端盖孔内的轴承

(2)热装法。将轴承放入 80~100 ℃变压器油中,加热 30~40 min。热套时,要趁热迅速把轴承推到轴肩上,必要时可用套筒顶住内圈用手锤轻轻地敲入。轴承套好后,用压缩空气吹掉轴承内的变压器油。注意,加热时轴承在加热油中要悬空,轴承要完全放入油中,使轴承受热均匀;温度不能太高,时间不要过长,以防轴承退火。

2.后端盖的装配。将轴伸端朝下垂直放置,在其端面上垫上木板,将后端盖套在后轴承上,用木榔头敲打,将其敲打到位。然后安装轴承外盖,外盖的槽内加上润滑油。用螺栓连接内外轴承盖,交替逐步拧紧。

3.转子的装配。把转子对准定子孔中心,小心地往里送,不得碰擦绕组。后端盖要对准机座的标记,旋上后端盖螺栓,但不要拧紧。

4.前端盖的装配。将前端盖对准机座的标记,用木榔头均匀敲打前端盖四周,不可单边给力,并拧紧端盖的紧固螺栓,拧前端盖螺栓时,按对角线交替分别拧紧,不能把一个先拧紧后再拧紧另一个,以防造成耳攀断裂或转子同心度不好的问题。然后再装前轴承外端盖,先在外轴承孔内插入一根螺栓,一手顶住螺栓,另一手缓慢转动转子轴,轴承内盖随之转动,当手感觉到轴承内外盖螺孔对齐时,就可将螺栓拧入内轴承盖的螺孔内,再装另两根螺栓,最后分别将前后端盖螺栓全部拧紧到位。拧紧螺栓时都应逐步交替拧紧。

5.风扇叶和风扇罩的装配。风扇叶和风扇罩的装配完毕后,用手转动轴,转子应转动灵活、均匀,无停滞、摩擦或偏重现象。

6.带轮或联轴器的安装。安装时带轮或联轴器,首先将键装入转子轴键槽中,并用木榔头将其敲打到位,再将皮带轮上的键槽对准键。对于中小型电动机,可在皮带轮或联轴器的端面垫上木块用手锤打入。

(二)装配完工后的检验

可以从以下几个方面对装配后的电动机进行检验。

1.检查机械部分的装配质量。检查所有紧固螺丝是否拧紧,引出线的标记是否正确,转子转动是否灵活,轴伸端径向有无偏摆,轴承内是否有杂声。一般在确认电动机的情况良好后方可进行试验。

2.测量绕组绝缘电阻。检测三相绕组每相对地绝缘电阻和相间绝缘电阻,其阻值不得小于 0.5 MΩ。

3.测量空载电流。按铭牌要求接好电源线,在机壳上接好接地线,接通电源,用钳形电流表检测三相空载电流,看是否符合允许值。

4.检查电动机温升是否正常,运行中有无杂声音、振动等异常。

第四节　三相笼型异步电动机的选用、运行与维护

对电动机的选用、正常巡视和维护,是保证其稳定、可靠、经济运行的重要措施。这不仅可减少故障的发生,还能有效地延长设备使用寿命,提高使用效率。

一、电动机的选用

(一)选用电动机的基本原则

1.能完全满足拖动的生产机械在机械特性方面的要求。

2.在工作过程中,电动机的功率应被充分利用,否则会降低其功率因数。

3.电动机的结构、型式能与周围环境相适应。

(二)选择使用电动机的基本方法

1.电动机的额定电压的选择。电动机的额定电压必须与供电电压一致。

2.电动机的额定转速的选择。当电动机的额定转速与生产机械额定转速一致时,传动机构最简单,可采用直接传动。在生产实际中,功率相同的电动机转速越高,电动机尺寸、重量、成本越小,故选高速电动机经济。但用调整电动机拖动低速生产机械时,其传动机构会复杂,故选用时应根据实际使用条件综合考虑。

3.电动机容量的选择。电动机的额定功率应满足生产机械对功率的要求。

4.电动机型式的选择。根据电动机工作方式的不同可选择连续、短时、断续三种方式中的一种。根据安装、传动方式的不同,可选择卧式或立式。根据工作环境的要求选择合适的防护形式:干燥、清洁的环境选用开启式;干燥、灰尘不多,无腐蚀和爆炸性气体环境选防护式;潮湿、多尘、有风雨侵袭及腐蚀性气体环境应选用封闭式;有爆炸危险环境应选用防爆式。

二、运行前的检查

电动机运行前应检查电动机及启动设备接地装置是否可靠和完好，接线是否正确，接触是否良好。同时检查电动机铭牌所示电压、频率与电源电压、频率是否相符。

对于新安装停用三个月以上的电动机，启动前必须按使用条件进行必要的检查，检查合格后才能通电运行。检查的具体项目如下：

1.检查电动机绕组绝缘电阻。对额定电压在380 V及以下的电动机，用电压500 V以上的兆欧表检查三相定子绕组对地绝缘电阻和相间绝缘电阻，一般380 V电动机的绝缘电阻值应大于0.5 MΩ，如果绝缘电阻偏低，应进行干燥处理。

2.对于反向运转可能损坏设备的单向运转电动机，必须先考虑通电后的可能旋转方向。

3.检查电动机的启动、保护设备是否符合要求，检查内容包括：启动、保护设备的规格是否与电动机配套，接线是否正确；所配熔体规格是否恰当，熔断器安装是否牢靠。

4.检查电动机的安装情况，检查电动机各处的螺钉是否拧紧。检查电动机是否能自由转动。

上述各项检查结束后，方可启动电动机，如启动后电动机不转，应迅速断电检查。电动机启动后，应空转一段时间，观察电动机、传动装置、控制设备、生产机械及各种仪表有无异常现象，电动机是否有不正常的噪音、振动和局部过热现象。如发现不正常，应停机检查，待故障排除后方能投入运行。

三、运行中的巡视

1.电动机应经常保持清洁，不允许有水滴、油污或杂物落入电动机的内部。电动机进风口和出风口应保持畅通无阻。

2.在正常运行时，电动机的负载电流不得超过铭牌规定的额定值；三相电流不平衡度不能大于10%。

3.经常检查电源电压是否与铭牌相符。电源电压波动不能超过额定电压的-5%~+10%的范围，三相电压不平衡度不能大于10%。

4.经常检查电动机是否有不正常的振动和噪音，一旦发现应立即停机检查。

5.经常检查电动机各部分最高温度和最大允许温升是否符合规定的数值。注意电动机的气味，如果有异味，说明绕组因温度过高烧焦了绝缘，应立即停机检查。

6.经常检查电动机轴承发热及漏油情况，定期更换润滑油。

四、电动机的定期维护

电动机无论是否出现故障，都应进行定期维修。定期维修分为小修和大修两种。小修只做一般检查，大约每半年或更短的时间进行一次，对电动机和附属设备不作大的拆卸；大修一般一年一次，对电动机做全面解体检查，彻底清扫和处理。

(一)定期小修时的主要检查项目

1.清除电动机机壳的污物和油垢。

2.测量绕组绝缘电阻。

3.清理接线盒污垢,检查所有接线部分螺钉是否松动,检查接地线是否良好。

4.检查紧固件,检查地脚螺钉、端盖螺钉、轴承盖螺钉是否松动。

5.检查电动机和生产机械间的传动装置是否完好。

6.检查轴承是否磨损、有无漏油,润滑油是否变质、有杂物。

7.检查电动机附属设备是否完好、清洁,清理其表面污垢,检查触点是否良好,测量绝缘电阻是否符合技术要求。

(二)定期大修时的主要项目

1.检查电动机和启动设备各种零部件是否齐全和有无机械磨损,如有应进行修理和配齐。

2.对电动机和启动设备进行解体,清除表面及内部的油污和灰尘,清洗轴承并加润滑油。

3.检查定子铁芯和转子绕组有无对地短路,相间短路、断路等;检查转子有无断条;绕组绝缘电阻是否符合要求。

4.检查定子铁芯和转子铁芯有无磨损和变形,检查定子和转子之间有无摩擦,如果有,则应修复。

5.检查电动机附属设备(如启动设备、保护器件、测量仪表等)是否完好,并清除脏物,检查触点和接线端子,损坏的应更换。

6.检查电动机与生产机械间的传动装置。检查皮带、联轴器的紧固和校准状况,紧固件的紧固情况,皮带的连接状况是否符合要求。

上述项目检验无误后进行通电试验。检查安装是否牢固,检查各转动部分是否灵活,检查电压、电流是否正常,是否有不正常噪音和振动。再带负载试机,试机合格,表明对该电动机及附属设备的大修工作完成。

第五节　三相笼型异步电动机的检测

凡大修过的或较长时间未使用的电动机，在投入使用前都应进行必要的机械和电气方面的检测,如检测机械方面的零部件是否完成、转动是否灵活等,检查电气方面的电动机绕组绝缘性能、空载状态和负载状态是否正常等。

一、机械部件的检查

机械部件的检查是指解体前的直观检查,包括:检查机座、轴承盖、转轴、端盖、风罩、风叶是否完好,有无破损、裂纹、锈蚀、变形,紧固螺栓、螺母是否松动;检查转子等转动部分是否灵活自如,有无松动、噪声、卡涩、抖动等;检查与生产机械的传动装置之间的配合,看配合是否良好,电动机轴承的径向偏摆是否符合要求。

在检查电动机轴承径向偏摆时,可用千分表进行测量,方法是把电动机和千分表座放在同一平面上，千分表的测针对准轴承长度的一半处，并靠住轴表面，慢慢转动电动机转子，即可从千分表上得到电动机轴承径向偏摆量。

二、绝缘性能检测

通常用兆欧表测量各绕组对地绝缘电阻及两相绕组之间的绝缘电阻。对额定电压在380 V及以下的电动机，用电压500 V以上的兆欧表检查三相定子绕组对地绝缘电阻和相间绝缘电阻，一般380 V电动机的绝缘电阻值应大于0.5 MΩ，否则，说明电动机绝缘性能下降，甚至可能发生了绕组对地短路或相间短路。

三、空载状态检测

主要是检查电动机的运转情况及三相电流的情况等。

1.通电前对绕组直流电阻的检测。用万用表检测阻值偏大的绕组的直流电阻，大于1 Ω者用直流单臂电桥检测，小于1 Ω者用直流双臂电桥检测。三相绕组对称，任一相绕组的直流电阻值与三相绕组平均阻值的差值应在4%的范围内。

2.通电前对电动机供电电压的检测。选择合适的交流电压表测量电动机的三相电源电压。技术上规定，要求实际电源电压偏离电动机额定电压值不得超过±5%，每相电压与三相电压平均值的差值也不得超过±5%。

3.通电后对空载电流的检测。用交流电流表分别对各相空载电流进行检测。技术上规定，任一相空载电流与三相空载电流平均值的差距不得超过10%。

4.对电动机的运转状态的检测。电动机通电空载启动时，检查电动机的运转情况。观察转速是否平衡增加，转动部件是否灵活而无异常，机组是否运行平衡而无异常噪声和振动，轴承是否有过高的温度，启动电流是否在规定的范围内，用转速表检测转子转速是否高于额定值。

四、负载状态的检测

按技术参数要求给电动机加上额定负载并通电运行，称为电动机的负载运行状态。在电动机的负载运行状态下，必须对电动机电压电流的平衡度、额定转速及温升做检测。

1.对电压及平衡度的检测。用合适量程的交流电压表检测三相电压，看电动机带负载后，电压的高低及不平衡度是否符合要求。

2.对负载电流及平衡度的检测。待电动机运行正常后，用钳形电流表分别检测三相负载电流，看电流的大小是否与铭牌所示值相符，平衡度是否满足要求。

3.待电动机运行正常后，用转速表检测转子速度，看是否接近铭牌所示的额定值。

4.对温升的检测。电动机的温升是指电动机在额定运行情况下，各部分温度达到稳定时，电动机的温度高于环境温度的温度数。通常让电动机带负载连续运转大约半小时后，检测其温升是否符合要求。

第六节 三相笼型异步电动机典型故障与排除

三相异步电动机在生产现场大量使用着，这些电动机通过长期的运行，会发生各种故障。及时判断故障原因，进行相应处理，是防止故障扩大，保证设备正常运行的重要工作。表8-2列出了三相异步电动机的故障现象、故障原因和处理方法，仅供相关人员分析处理故障时参考。

表 8-2 三相异步电动机的故障现象、故障原因和处理方法

故障现象	故障原因	判断与排除
通电后电动机不能转动，但无异响，也无异味和冒烟	1.电源未通(至少两相未通) 2.熔丝熔断(至少两相熔断) 3.过流继电器调得很小 4.控制设备接线错误	1.检查电源回路开关，接线盒处是否有断点，修复 2.检查熔丝型号，熔断原因，换新熔丝 3.调节继电器整定值与电动机配合 4.改正接线
通电后电动机不转，然后熔丝烧断	1.缺一相电源，或定子线圈一相反接 2.定子绕组相间短路 3.定子绕组接地 4.定子绕组接线错误 5.熔丝截面过小 6.电源线短路或接地	1.检查刀闸是否有一相未合好，或电源回路有一相断线；消除反接故障 2.查出短路点，予以修复 3.消除接地 4.查出误接，予以更正 5.更换熔丝 6.消除接地点
通电后电动机不转，有嗡嗡声	1.定转子绕组有断路(一相断线)或电源一相失电 2.绕组引出线始末端接错或绕组内部接反 3.电源回路接点松动，接触电阻大 4.电动机负载过大或转子卡住 5.电源电压过低 6.小型电动机装配太紧或轴承内油指过硬 7.轴承卡住	1.查明断点，予以修复 2.检查绕组极性；判断绕组首末端是否正确 3.紧固松动的接线螺丝，用万用表判断各接头是否假接，予以修复 4.减载或查出并消除机械故障 5.检查是否把规定的△接法误接为Y；是否由于电源导线过细而使压降过大，予以纠正 6.重新装配使之灵活；更换合格油脂 7.修复轴承
电动机启动困难，带额定负载时，电动机转速低于额定转速较多	1.电源电压过低 2.△接法电机误接为Y 3.笼型转子开焊或断裂 4.定转子局部线圈错接.接反 5.修复电机绕组时增加匝数过多 6.电机过载	1.测量电源电压，设法改善 2.纠正接法 3.检查开焊和断点并修复 4.查出误接处，予以改正 5.恢复正确匝数 6.减载

续表 8–2

故障现象	故障原因	判断与排除
电动机空载电流不平衡,三相相差大	1.重绕时,定子三相绕组匝数不相等 2.绕组首尾端接错 3.电源电压不平衡 4.绕组存在匝间短路,线圈反接等故障	1.重新绕制定子绕组 2.检查并纠正 3.测量电源电压,设法消除不平衡 4.消除绕组故障
电动机空载过负载时,电流表指针不稳,摆动	1.笼型转子导条开焊或断条 2.绕线型转子故障(一相断路)或电刷,集电环路短路装置接触不良	1.查出断条予以修复或更换转子 2.检查绕线转子回路并加以修复
电动机空载电流平衡,但数值大	1.修复时,定子绕组匝数减少过多 2.电源电压过高 3.Y 接法电机误接为△ 4.电机装配中,转子装反,使定子铁芯未对齐,有效长度减短 5.气隙过大或不均匀 6.大修拆除旧绕组时,使用热拆法不当,使铁芯烧损	1.重绕定子绕组.恢复正确匝数 2.检查电源,设法恢复额定电压 3.改接为 Y 4.重新装配 5.更换新转子或调整气隙 6.检修铁芯或重新计算绕组,适当增加匝数
电动机运行时响声不正常,有异响	1.转子与定子绝缘低或槽楔相擦 2.轴承磨损或油内有砂粒等异物 3.定、转子铁芯松动 4.轴承缺油 5.风道填塞或风扇擦风罩 6.定、转子绕组相擦 7.电源电压过高或不平衡 8.定子绕组错接或短路	1.修剪绝缘,削低槽楔 2.更换轴承或清洗轴承 3.检修定、转子铁芯 4.加油 5.清理风道,重新安装风罩 6.消除擦痕,必要时车小转子 7.检查并调整电源电压 8.消除定子绕组故障
运行中电动机振动较大	1.由于磨损轴承间隙过大 2.气隙不均匀 3.转子不平衡 4.转轴弯曲 5.铁芯变形或松动 6.联轴器(皮带轮)中心未校正 7.风扇不平衡 8.机壳或基础强度不够 9.电动机地脚螺丝松动 10.笼型转子开焊,断路;绕线转子断路 11.定子绕组故障	1.检查轴承,必要时更换 2.调整气隙,使之均匀 3.校正转子动平衡 4.校正转轴 5.校正重叠铁芯 6.重新校正,使之符合规定 7.检修风扇,校正平衡,纠正其几何形状 8.进行加固 9.紧固地脚螺丝 10.修复转子绕组 11.修复定子绕组

续表 8–2

故障现象	故障原因	判断与排除
轴承过热	1.润滑油过多或过少 2.油质不好含有杂质 3.轴承与轴颈或端盖配合不当(过松或过紧) 4.轴承盖内孔偏心,与轴相擦 5.电动机端盖或轴承盖未装平 6.电动机与负载间联轴器未校正,或皮带过紧 7.轴承间隙过大或过小 8.电动机轴弯曲	1.按规定加润滑油(容积的 1/3~1/2) 2.更换清洁的润滑脂 3.重新装配或更换合格轴承 4.修理轴承盖,消除擦点 5.重新装配 6.重新校正,调整皮带张力 7.更换新轴承 8.校正电机轴或更换转子
电动机过热甚至冒烟	1.电源电压过高,使铁芯发热大大增加 2.电源电压过低,电动机又带额定负载运行,电流过大使绕组发热 3.修理拆除绕组时,采用热拆法不当,烧伤铁芯 4.定、转子铁芯相擦 5.电动机过载或频繁启动 6.笼型转子断条 7.电动机缺相,两相运行 8.重绕后定子绕组浸漆不充分 9.环境温度高,电动机表面污垢多,或通风道堵塞 10.电动机风扇故障,通风不良 11.定子绕组故障(相间、匝间短路;定子绕组内部连接错误)	1.降低电源电压(如调整供电变压器分接头),若是电机 Y、△接法错误引起,则改正接法 2.提高电源电压或换粗供电导线 3.检修铁芯,排除故障 4.消除擦点(调整气隙或锉、车转子) 5.减载;按规定次数控制启动 6.检查并消除转子绕组故障 7.恢复三相运行 8.采用二次浸漆及真空浸漆工艺 9.清洗电动机,改善环境温度,采用降温措施 10.检查并修复风扇,必要时更换 11.检修定子绕组,消除故障

思考与练习

1.简述三相异步电动机铭牌数据的意义。

2.试说明三相异步电动机的基本工作原理。

3.异步电动机转子的转速 n 和定子旋转磁场的转速 n_1 有什么关系?

4.三相笼形异步电动机主要由哪几部分组成?

5.三相笼形异步电动机的拆卸可按哪几个步骤进行?在拆卸前应做好哪些标记?

6.对新安装和停运过久的电动机,开机前要做哪些工作?

7.三相笼形异步电动的小修和大修各包含哪些项目?

实训 8-1 三相异步电动机运行巡视

一、实训目的

会正确检查和巡视运行中的电动机。

二、实训工具、仪表与器材

带负载运行的三相异步电动机,监视用电压表、电流表,酒精温度计、扳手、钳子、螺丝刀等。

三、训练步骤与工艺要点

将检查合格的三相鼠笼式异步电动机通电带负载运行,在运行中加强巡视,自已设计表格将巡视情况填入其中。

实训 8-2 三相笼型异步电动机的拆装与维护

一、实训目的

学会拆装三相鼠笼式异步电动机。

二、实训工具、仪表与器材

扳手、榔头、撬棍、螺丝刀、厚木扳、钢管、钢条、油盆、电动机等,棉布、柴油、润滑油适量。

三、训练步骤与工艺要点(如表 8–3 所示)

表 8–3 三相鼠笼式异步电动机拆装训练记录

步骤	内容	工 艺要点
1	拆装前的准备工作	1. 拆卸地点 拆卸前所作记号： (1)联轴器或皮带轮与轴台的距离__________mm； (2)端盖与机座间记号作于__________方位； (3)前后轴承记号的形状__________； (4)机座在基础上的记号__________。
2	拆卸顺序	1.__________ 2.__________ 3.__________ 4.__________ 5.__________ 6.__________
3	拆卸皮带轮或联轴器	1.使用工具__________ 2.工艺要点__________
4	拆卸轴承	1.使用工具__________ 2.工艺要点__________
5	拆卸端盖	1.使用工具__________ 2.工艺要点__________
6	检测数据	1.定子铁心内径______mm，铁芯长度______mm； 2.转子铁心外径______mm，铁芯长度______mm，转子总长______mm； 3.轴承内径______mm，外径______mm； 4.键槽长______mm，宽______mm，深______mm。

训练所用时间__________ 参加训练者(签字)__________

20___年___月___日

实训 8-3 三相笼型异步电动机典型故障排除

一、实训目的

通过人为设故障，观察电动机运行中的直观故障现象，并检测有关数据，与额定值对比，分析故障，从而提高故障分析能力。

二、实训工具、仪表与器材

扳手、螺丝刀、钢丝钳、万用表、钳形表、兆欧表、转速表、电动机。

三、训练步骤与工艺要点

1.未预设故障前，检测出电动机的有关数据，以便与后面故障状况的数据比较，找出其中的规律。

2.故障可由任课教师自行设计 8~10 个。

学生可与正常电动机所测值对比再判断故障，并设计表格记录。

第九章　常用低压电器

低压电器通常是指工作在交流 1 000 V 或直流 1 200 V 以下的电器。它的作用是根据外界指定的信号或要求,自动或手动接通和分断电路,断续或连续地实现对电路或非电对象转换、控制、保护和调节,有这样作用的电工器械都属于电器的范围。

低压电器按动作性质的不同,可分为手控电器和自控电器两大类。手控电器是指依靠人力直接操作的电器,如闸刀开关、铁壳开关、转换开关、按钮等。自控电器是指按照指令信号或物理参数(如电流、电压、时间、速度等)的变化而自动动作的电器,如各种型号的接触器、继电器。

低压电器还可分为有触点和无触点电器两大类。由有触点控制电器组成的控制电器又称为继电—接触控制,是最基本、最常用的控制。在现代化的电力拖动系统中,也应用了无触点电器和新的控制元件,如晶体管无触点逻辑元件、电子程序控制、数字控制系统及计算机控制等。这些现代化电器元件在实现对电动机的控制时,最终也要与接触器、继电器相配合才能完成较高质量的控制。

低压电器主要包括 13 大类产品:刀开关及刀形转换开关、低压熔断器、主令电器、电磁铁、低压断路器、接触器、控制器、启动器、控制继电器、电阻器、变阻调整器及其他等。本章仅介绍最常用的几种低压电器,包括控制电器和保护电器,如熔断器、低压开关、主令电器、按钮、接触器和常用继电器等。

第一节　低压熔断器

熔断器是低压电路及电动机控制线路中一种最简单的过载和短路保护电器。熔断器内装有一个低熔点的熔体,它串联在电路中,正常工作时,相当于导体,保证电路接通。当电路发生过载或短路时,熔体熔断,电路随之自动断开,从而保护了线路和设备。熔断器作为一种保护电器,它具有结构简单,价格低,使用维护方便,体积小、重量轻等优点,所以得到了广泛的应用。

一、熔断器的结构与主要参数

1.熔断器的结构。熔断器主要由熔体和安装熔体的熔管或熔座两部分组成。熔体是熔断器的主要组成部分,常制成片状或丝状。熔管是熔体的保护外壳,在熔体熔断时兼有灭弧作用。

2.熔断器的主要参数。每一种熔体都有额定电流和熔断电流两个参数。额定电流是指长时间通过熔体而不熔断的电流值。熔断电流一般是熔体额定电流的 2 倍,通过熔体的电流越大,熔体熔断越快。

需要指出的是,**熔断器在机床电器控制线路中不作为过载保护用,只用作短路保护,但在照明电路中用作短路保护和严重过载保护**。

熔管有三个参数:额定工作电压、额定电流和断流能力。若熔管的工作电压大于额定电压,在熔体熔断时就可能发生电弧不能熄灭的危险。熔管内熔体的额定电流必须小于或等于熔管的额定电流。断流能力表示熔管在额定电压下断开故障电路所能切断的最大电流值。

二、常用熔断器

常用熔断器有瓷插式 RC1A 系列、螺旋式 RL1 系列、无填料封闭管式 RM10 系列及快速熔断器 RLS 系列等。

1.瓷插式熔断器。RC1A 系列瓷插式熔断器由瓷盖、瓷底、动触头、静触头和熔体等部分组成。其外形及结构如图 9–1 所示。

瓷底和瓷盖均用电工瓷制成,电源线及负载线分别接在瓷底两端的静触头上。瓷底座中间有一空腔,与瓷盖突出部分构成灭弧室。额定电流为 60 A 以上的熔断器,在灭弧室中还垫有石棉带,用来灭弧。熔丝接在瓷盖内的两个动触头上,使用时,将瓷盖合于瓷座上即可。

RC1A 系列瓷插式熔断器的额定电压为 380 V,额定电流有 7 个等级,其技术数据如表 9–1 所示。

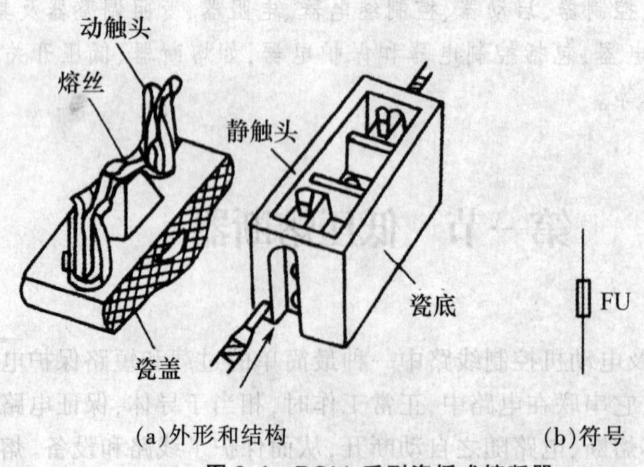

(a)外形和结构　　(b)符号

图 9–1　RC1A 系列瓷插式熔断器

表 9-1　常用低压熔断器的技术数据

类别	型号	额定电压(V)	额定电流(A)	熔体额定电流等级(A)
插入式熔断器	RC1A	380	5	2,4,5
			10	2,4,6,10
			15	6,10,15
			30	15,20,25,30
			60	30,40,50,60
			100	60,80,100
			200	100,120,150,20
螺旋式熔断器	RL1	500	15	2,4,5,6,10,15
			60	20,25,30,35,40,50,60
			100	60,80,100
			200	100,125,150,200
快速熔断器	RLS	500	10	3,5,10
			50	15,20,25,30,40,50
			100	60,80,100

RC1A 系列熔断器具有价格便宜、尺寸小、更换方便等优点，广泛用于民用、工业和机床的照明以及小容量电动机的短路保护。

瓷插式熔断器械的型号意义如下：

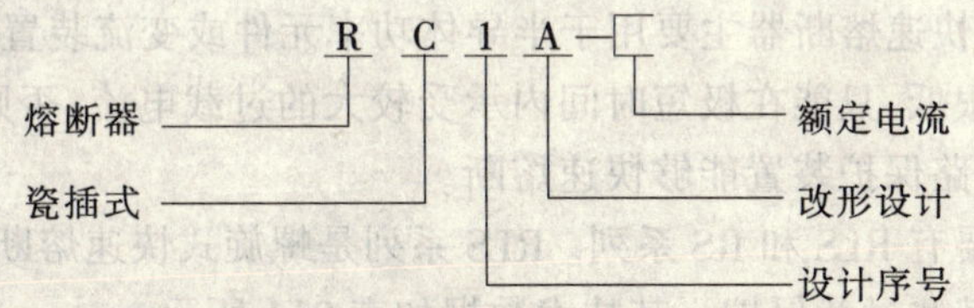

2.螺旋式熔断器。RL1 系列螺旋式熔断器主要由瓷帽、熔断管、瓷套、上线端、下线端及瓷座等部分组成。其外形与结构如图 9-2 所示。

熔断管是一个瓷管，除了装熔丝外，在熔丝周围填满了石英砂，用于熄灭电弧。熔断管的上端有一个小红点，熔丝熔断后，红点自动脱落，显示熔丝已熔断。使用时将熔断管有红点的一端插入瓷帽，瓷帽上有螺纹，将螺帽连同熔管一起拧进瓷底座，熔丝便接通电路。**在装接时，用电设备的连接线接到连接金属螺纹壳的上接线端，电源线接到瓷底座上的下接线端，保证更换熔丝时，旋出瓷帽后，螺纹壳上不带电。**

RL1 系列螺旋式熔断器额定电压为 500 V，额定电流有 4 个等级。其技术数据如表 9-1 所示。

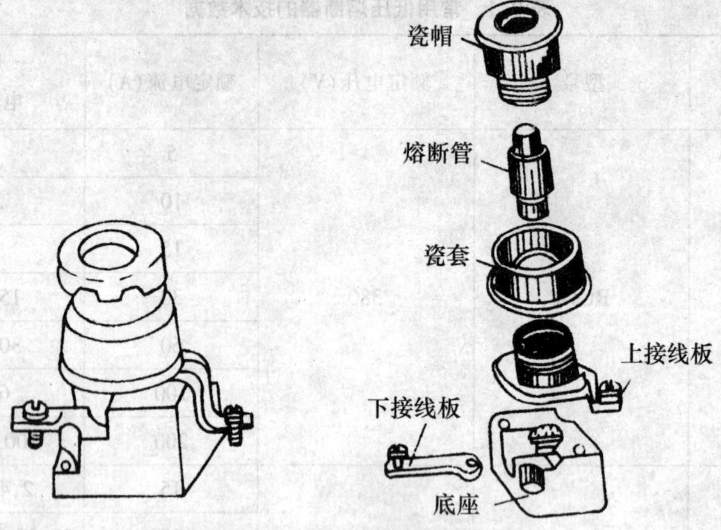

图 9-2　RL1 系列螺旋式熔断器

RL1 系列螺旋式熔断器的体积小，安装面积小，更换熔丝方便，安全可靠，熔丝熔断后有显示，一般用于额定电压 500 V、额定电流 200 A 以下的交流电路或电动机控制电路中作为过载或短路保护。

螺旋式熔断器的型号意义如下：

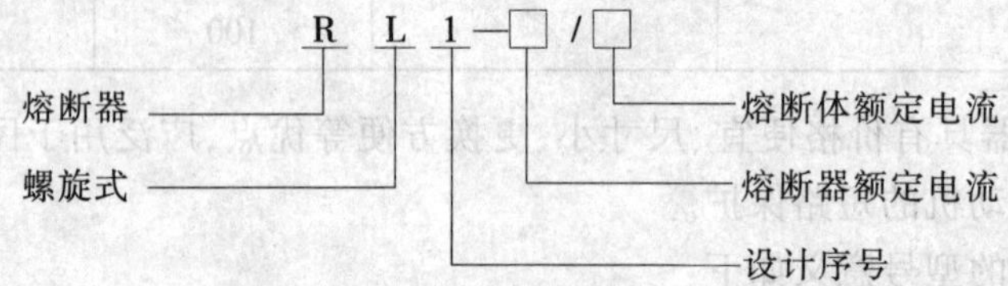

3.快速熔断器。快速熔断器主要用于半导体功率元件或变流装置的短路保护。由于半导体元件的过载能力很低，只能在极短时间内承受较大的过载电流，否则半导体元件将迅速被烧坏。因此，要求短路保护装置能够快速熔断。

快速熔断器主要有 RLS 和 RS 系列。RLS 系列是螺旋式快速熔断器，用于小容量硅整流元件的短路保护和某些过载保护。其技术数据如表 9-1 所示。

三、熔断器的选择

熔体和熔断器只有选择合理，才能起到保护作用。一般根据被保护电路的需要，首先要确定熔体的规格，再根据熔体的规格确定熔断器的型号和大小。

（一）熔体额定电流的选择

1.对于照明和电热设备等阻性负载电路的短路保护，熔体的额定电流应稍大于或等于负载的额定电流。

2.由于电动机的启动电流很大，必须考虑启动时，熔丝不能熔断，因此熔体的额定电流选的较大一些。

单台电动机：熔体额定电流=(1.5~2.5)×电动机额定电流。

多台电动机：熔体额定电流=(1.5~2.5)×容量最大的电动机额定电流+其余电动机额定电流之和。

降压启动电动机：熔体额定电流=(1.5~2.0)×电动机额定电流。

直流电动机和绕线式电动机：熔体额定电流=(1.2~1.5)×电动机额定电流。

3.熔断器的选择。熔断器的额定电压和额定电流应不小于线路的额定电压和所装熔体的额定电流。熔断器的类型根据线路要求和安装条件而定。

(二)故障分析与处理

熔断器在电流正常时，熔体出现熔断现象，一般有三种情况。一是由于熔体规格选择不当造成的。选择熔体时，必须根据被保护电路的需要，合理选择熔体的电流等级。二是由于运行中，熔断器的动、静触头，触片与插座，熔体与底座等存在接触不良从而引起过热，进而使熔体温度过高，出现正常运行下的熔断。这时必须对上述部位进行检修，保证接触良好。三是由于熔体氧化腐蚀或安装时有机械操作，使熔体的截面变小造成的。此时必须更换熔体，在更换或检修时，应细心操作，避免损伤。

第二节 低压开关

常见的低压开关有刀开关、转换开关、自动空气开关及主命令控制器等。它们的作用主要是实现对电路进行接通或断开的控制。它们多数作为机床电路的电源开关，有时也用来直接控制小容量电动机的通断工作。

一、刀开关

刀开关又称闸刀开关，它是非自动切换开关中结构最简单，应用最广泛的一种低压电器，其代表产品有 HK 系列瓷底胶盖开关、HH 系列铁壳开关等。

刀开关又可分为两极和三极两种。两极开关适用于交流 50 Hz、500 V 以下的小电流电路，主要作为一般电灯、电阻和电热等回路的控制开关用；三极开关适当降低容量后，可用作小型电动机的手动不频繁操作控制开关，并具有短路保护作用。

瓷底胶盖刀开关。瓷底胶盖刀开关又称开启式负荷开关，其结构及符号如图 9–3 所示。

HK 系列刀开关不设专门的来弧设备，而使用胶木盖防止电弧灼伤人手。操作者在拉闸和合闸时，要求动作迅速，使电弧较快熄灭，以减轻电弧对刀片和触座的灼伤。闸刀开关因其内部装设了熔丝，故当它所控制的电路发生短路故障时，可通过熔丝的熔断迅速切断故障电路，从而保护电路中的其他电气设备。

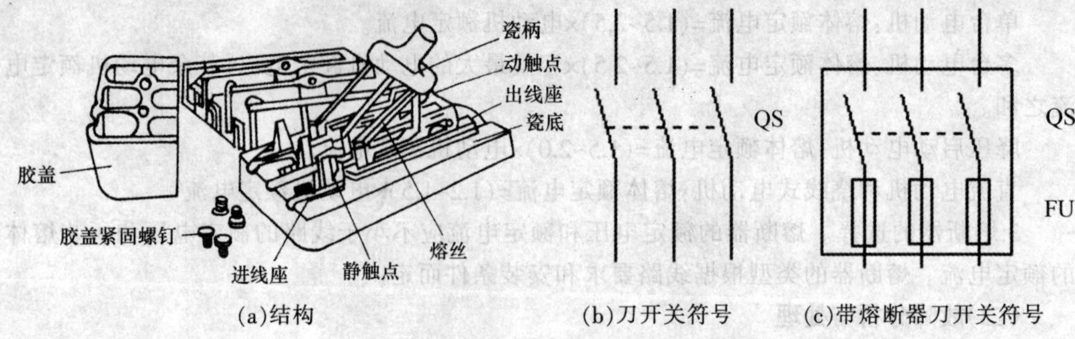

(a)结构 (b)刀开关符号 (c)带熔断器刀开关符号

图 9-3 瓷底胶盖刀开关结构及符号

HK 系列瓷底胶盖开关的型号意义如下：

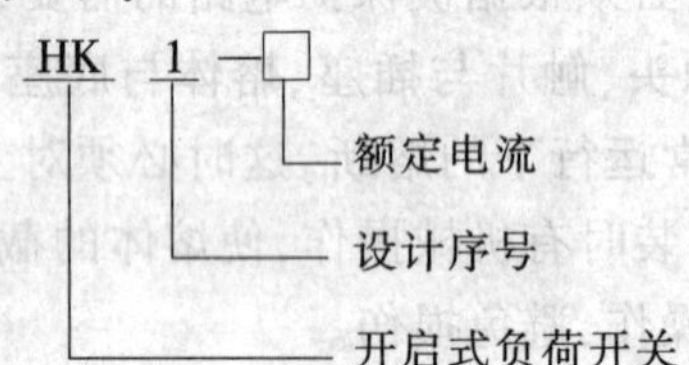

HK 系列瓷底胶盖刀开关基本技术参数如表 9-2 所示。

表 9-2 HK 系列瓷底胶盖刀开关基本技术参数

型号	极数	额定电流(A)	额定电压(V)	可控电动机最大容量(kW)		熔丝线径 Φ(mm)
				220V	380V	
HK1-15	2	15	220	1.5	—	1.45~1.59
HK1-30	2	30	220	3.0	—	2.30~2.52
HK1-60	2	60	220	4.5	—	3.36~4.00
HK1-15	3	15	380	—	2.2	1.45~1.59
HK1-30	3	30	380	—	4.0	2.30~2.52
HK1-60	3	60	380	—	5.5	3.36~4.00

二、组合开关

组合开关又称转换开关，属于刀开关类型，其结构特点是用动触片代替闸刀，以左右旋转操作代替刀开关的上下分合操作，有单极、双极和多极之分。

组合开关有许多系列，如 HZ1、HZ2、HZ4、HZ5 和 HZ10 等。其中 HZ1~HZ5 是已淘汰产品，HZ10 系列是全国统一设计产品，具有寿命长，使用可靠，结构简单等优点。

1.结构及工作原理。HZ10-10/3 型组合开关内部结构与外形如图 9-4 所示。这种组合开关由三对动、静触片组成，每一静触片的一端固定在绝缘垫板上，另一端伸出盒外，并附有接线柱，以便和电源线及用电设备的导线相连接。三个动触片由两个磷铜片或硬紫铜片及消弧性能良好的绝缘铜板铆合而成，和绝缘垫板一起套在附有手柄的绝缘杆上，手柄能沿任何一个方向每次旋转90°，带动三个动触片分别与静触片接通或断开。

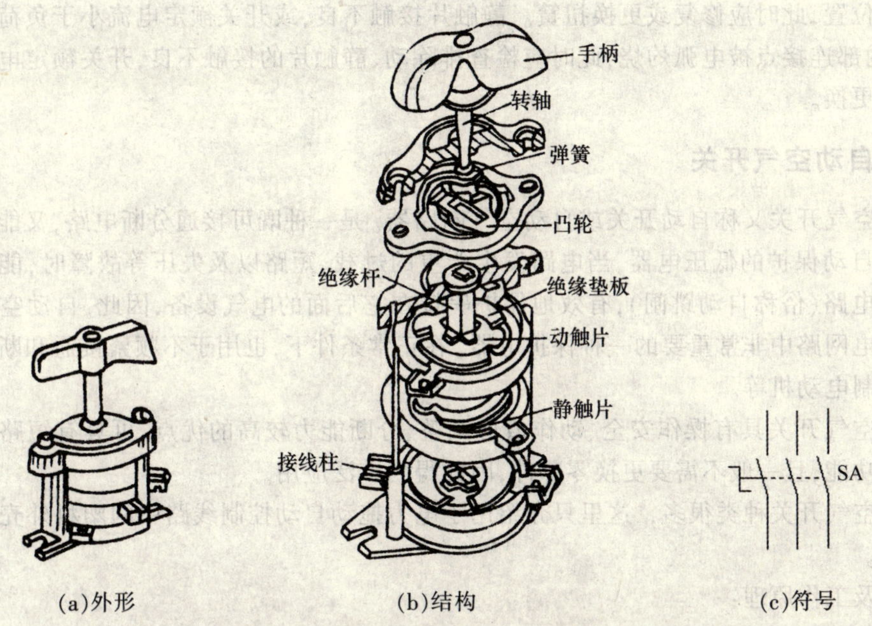

(a)外形 (b)结构 (c)符号

图9-4 HZ10-10/3 型组合开关结构及符号

2.技术参数及应用。HZ10 系列组合开关额定电压为直流 220 V、交流 380 V,额定电流有 6 A、10 A、25 A、60 A、100 A 等 5 个等级。如表 9-3 所示,给出了 HZ10 系列组合开关的额定电压及额定电流,选用时要根据电源种类、电压等级、所需触头数、电动机的容量进行选择,开关的额定电流一般取电动机额定电流的 1.5~2.5 倍。

表 9-3 HZ10 系列组合开关的额定电压及额定电流

型号	极数	额定电流(A)	额定电压(V)	
HZ10-10	2,3	6,10	直流 220	交流 380
HZ10-25	2,3	25		
HZ10-60	2,3	60		
HZ10-100	2,3	100		

HZ 系列组合开关的型号意义如下:

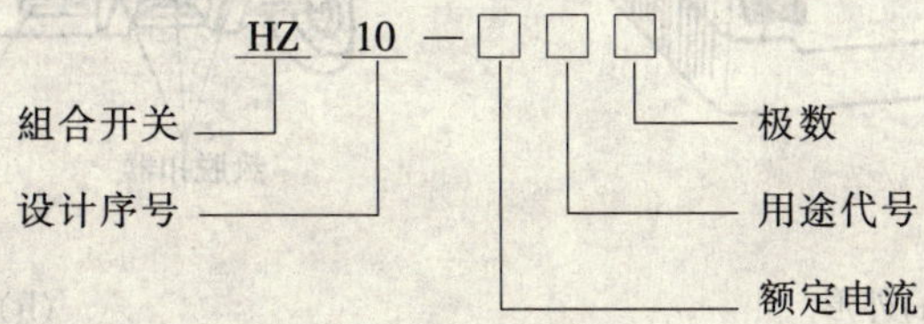

3.故障及维修。组合开关在使用过程中,由于开关固定螺钉松动,旋转操作频繁,引起导线压接松动,造成外部连接点放电、打火、灼烧或断路。此时应紧固螺钉,保证导线连接完好。若打火烧坏,应及时更换。开关内部的转轴上扭簧松软或断裂,使开关动触片无法转动,改变

了连接点位置,此时应修复或更换扭簧。静触片接触不良,或开关额定电流小于负荷回路电流,造成内部连接点被电弧灼烧,此时应检查排除动、静触片的接触不良,开关额定电流不符的要及时更换。

三、自动空气开关

自动空气开关又称自动开关或自动空气断路器。是一种既可接通分断电路,又能对负荷电路进行自动保护的低压电器,当电路发生严重的过载、短路以及失压等故障时,能够自动切断故障电路(俗称自动跳闸),有效地保护串接在它后面的电气设备,因此,自动空气开关是低压配电网路中非常重要的一种保护电器。在正常条件下,也用于不频繁接通和断开的电路以及控制电动机等。

自动空气开关具有操作安全、动作值可调整、分断能力较高的优点,可具有短路保护和过载保护功能,且一般不需要更换零部件,因此得到广泛应用。

自动空气开关种类很多,这里只介绍用于电力拖动自动控制线路中的塑料外壳式自动空气开关。

结构及工作原理:

1.主要结构。常用的塑壳式自动空气开关有 DZ5-20 型,属于容量较小的一种,额定工作电流为20 A。如图 9-5 所示为 DZ5-20 型自动空气开关的外形和结构图,它由动、静触头,灭弧室,操作机构,电磁脱扣器,热脱扣器,手动操作机构以及外壳等部分组成。

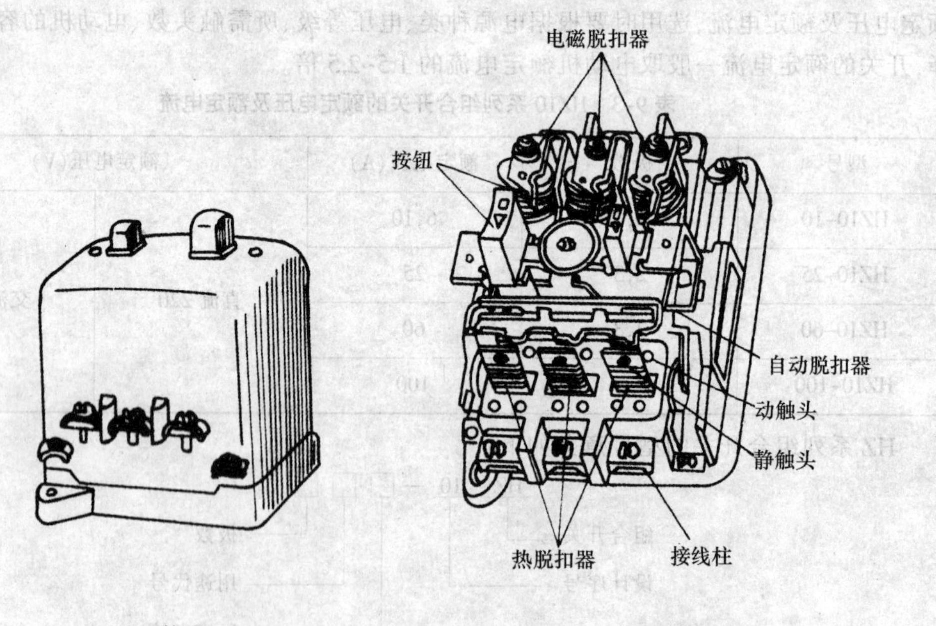

图 9-5 DZ5-20 型自动空气开关

电磁脱扣器是一个电磁铁,其电磁线圈串接在主电路中。当发生短路故障时,短路电流超过整定值,吸合衔铁,使操作机构动作,将主触头断开,可用于短路保护,起熔断器的作用。

电磁脱扣器带有调节螺钉,用来调节脱扣器整定电流的大小。

热脱扣器是一种双金属片热继电器,发热元件串接在主电路中。当电路发生过载时,过载电流流过发热元件,使双金属片受热弯曲,操作机构动作,断开主触头,可用于过载保护。其顶端也有调节器螺钉,用以调整各级的同步。

手动脱扣操作机构采用连杆机构,通过尼龙支架与接触系统的导电部分连接在一起。在操作机构上,有过载脱扣电流调节盘,用以调节整定电流。如需手动脱扣,则按下红色按钮,使操作机构动作,断开主触头。

有些有自动空气开关,如 DZ10-250/600 系列带有欠压脱扣器,当电源电压在额定值时,欠压脱扣器线圈吸合衔铁,使开关保持合闸状态。当电源电压低于整定值或降为零时,衔铁释放,切断电源。

2.工作原理。如图 9-6(a)所示为自动空气开关的原理图,图 9-6(b)示自动空气开关符号。9-6(a)中开关的三对主触头串接在被保护的三相主电路中,当按下绿色按钮时,主电路中的三对主触头由锁链勾住搭钩,克服弹簧的拉力,保持闭合状态,搭钩可绕轴转动。当开关控制的线路正常工作时,电磁脱扣器的线圈产生的吸力不能将衔铁吸合。如果线路发生短路和产生较大过电流时,电磁脱扣器的吸力增加,将衔铁吸合,并撞击杠杆,会将搭钩顶上去,切断主触头,起到保护作用。如果线路上电压下降或失去电压时,欠电压脱扣器的吸力减小或者失去吸力,衔铁被弹簧拉开,撞击杠杆,将搭钩顶开,切断主触头。当线路发生过载时,过载电流流过发热元件,使双金属片受热弯曲,将杠杆顶开,切断主触头。

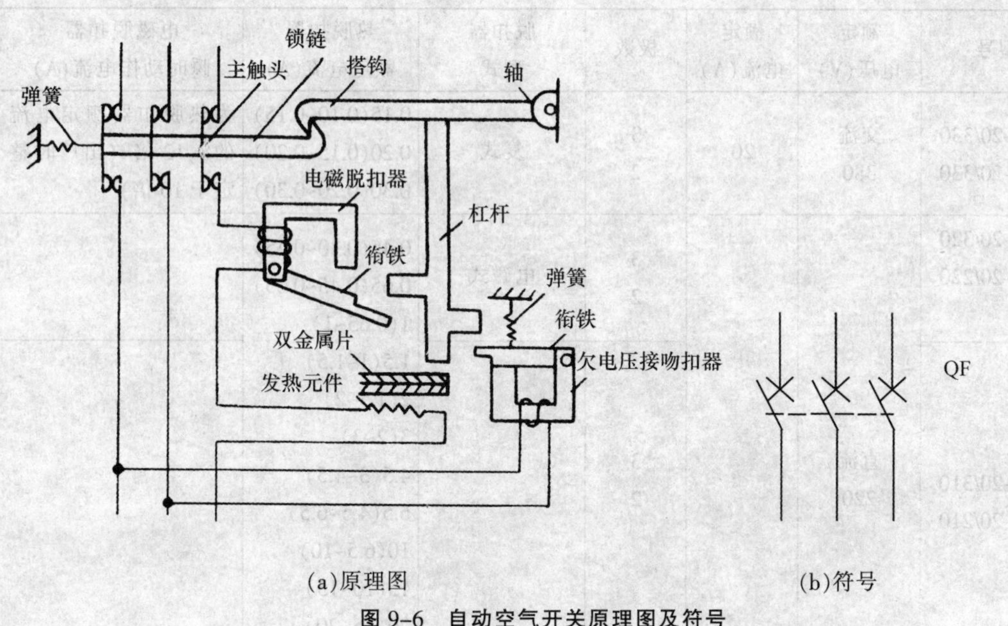

(a)原理图　　(b)符号

图 9-6 自动空气开关原理图及符号

3.技术参考及选用

(1)自动空气开关型号意义如下:

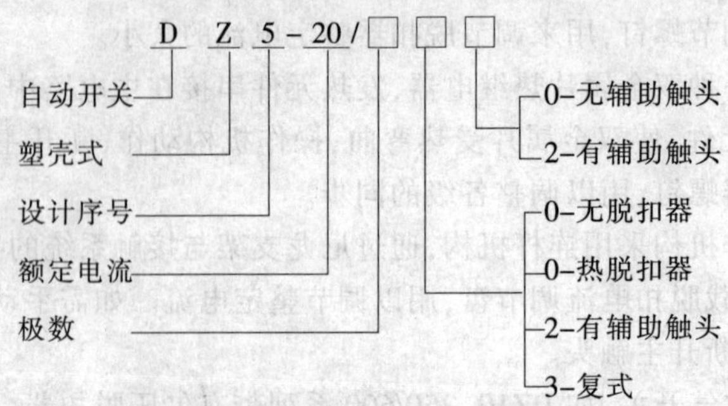

(2)DZ5-20 型自动空气开关的技术参数如表 9-4 所示。

(3)选用自动空气开关时应保证其额定电压和额定电流不小于电路的正常工作电压和工作电流；热脱扣器的整定电流应与其所控制电动机的额定电流或者负载额定电流一致；电磁脱扣器的瞬时脱扣电流应大于负载电路正常工作时的峰值电流。

对于单台电动机来说，DZ 型自动空气开关电磁脱扣器的瞬时脱扣整定电流 I_z 可按下式计算：

$$I_z \geqslant K \cdot I_q$$

式中，K 为安全系数，一般取 1.7；I_q 为电动机的启动电流。

对于多台电动机来说，可按下式计算：

$$I_z \geqslant K \cdot I_{qmax} + \text{电路中其他电器的工作电流}$$

式中，K 一般取 1.7；I_{qmax} 为最大一台容量的电动机的启动电流。

表 9-4　DZ5-20 型自动空气开关的技术参数

型号	额定电压(V)	额定电流(A)	极数	脱扣器型式	热脱扣器额定电流(A)	电磁脱扣器瞬时动作电流(A)
DZ5-20/330 DZ5-20/330	交流 380	20	3 2	复式	0.15(0.10~0.15) 0.20(0.15~0.20) 0.30(0.20~0.30)	为热脱扣器额定电流的8~12 倍（出厂时整定于 10 倍）
DZ5-20/320 DZ5-20/220			3 2	电磁式	0.45(0.30~0.45) 0.65(0.45~0.65) 1(0.65~1)	
DZ5-20/310 DZ5-20/210	直流 220		3 2		1.5(1~1.5) 2(1.5~2) 3(2~3) 4.5(3~4.5) 6.5(4.5~6.5) 10(6.5~10) 15(10~15) 20(15~20)	
DZ5-20/300 DZ5-20/200			3 2	无脱扣器式		

4.常见故障及排除。自动空气开关三对主触头中有一个触头不能闭合,应检查自动空气开关的连杆,如有断裂,应更换连杆;失压脱扣器不能自动开关分断,应检查反力弹簧,如弹力变小,则需要新调整弹簧,需不定期检查是否存在机构卡死,如有则排除卡死原因;启动电动机时,自动空气开关立即分断,应检查电磁脱扣器,由于瞬时动作整定电流太小,应调整瞬时整定弹簧;自动空气开关闭合一定时间后自行分断,是由于电磁脱扣器延时整定值不对或者热元件变值造成的,应调整或更换;自动空气开关温升过高,应检查触头压力,如较低则应调整压力或更换弹簧;检查触头表面,如磨损较重或接触不良,应更换触头或更换自动空气开关。

第三节 接触器

接触器是一种用来接通或切断交、直流主电路和控制电路,并且能够实现远距离控制的电器。大多数情况下其控制对象是电动机,也可用于其他电力负载,如电阻炉、电焊机等。接触器不仅能自动地接通和断开电路,还具有控制容量大、欠电压释放保护、零压保护、频繁操作、工作可靠、寿命长等优点。因此接触器在电气控制系统中应用广泛。

交流接触器是用于远距离接通和分断电压至 380 V,电流至 600 A 的 50 Hz 或 60 Hz 的交流电流,以及频繁启动和控制的交流电动机。常用的交流接触器有 CJ0、CJ10、CJ12 等系列产品。近年来还生产了由晶闸管组成的无触点接触器,主要用于冶金和化工行业。

一、交流接触器的结构

交流接触器主要由触头系统、电磁系统、灭弧装置三大部分组成,另外还有反作用力弹簧、缓冲弹簧、触头压力弹簧和传动机构等部分。如图 9-7(a)所示为 CJ0-20 型交流接触器的结构图,如图 9-7(b)所示为接触器的电路符号。

1.触头系统。接触器的触头被用来接通和断开电路,是接触器的执行部分,因此就要求它的工作必须绝对可靠。为了保证可靠的工作和有足够长的寿命,触头必须满足以下要求:连续工作时,不应越过规定的允许温升,接触良好,耐弧耐磨,有足够的电动稳定性和热稳定性,价格便宜,便于制造和维修,使用寿命长。

交流接触器的触头一般采用双断点桥式触头,如图 9-8 所示。

接触器的触头系统分为主触头和辅助触头。主触头用在通断电流较大的主电路上,一般由三对常开触头组成,体积较大。辅助触头用在通断小电流的控制电路上,体积较小,由常开触头和常闭触头组成。“常开”、“常闭”是指电磁系统未通电动作前触头的状态。常开触头(又叫动合触头)是指在线圈未通电时,其动、静触头处于断开状态;当线圈通电后就闭合。常闭触头(又叫动断触头)是指在线圈未通电时,其动、静触头处于闭合状态,当线圈通电后,则断开。

接触器的常闭和常开触头是连同动作的,即线圈通电时,常闭触头先断开,常开触头随即

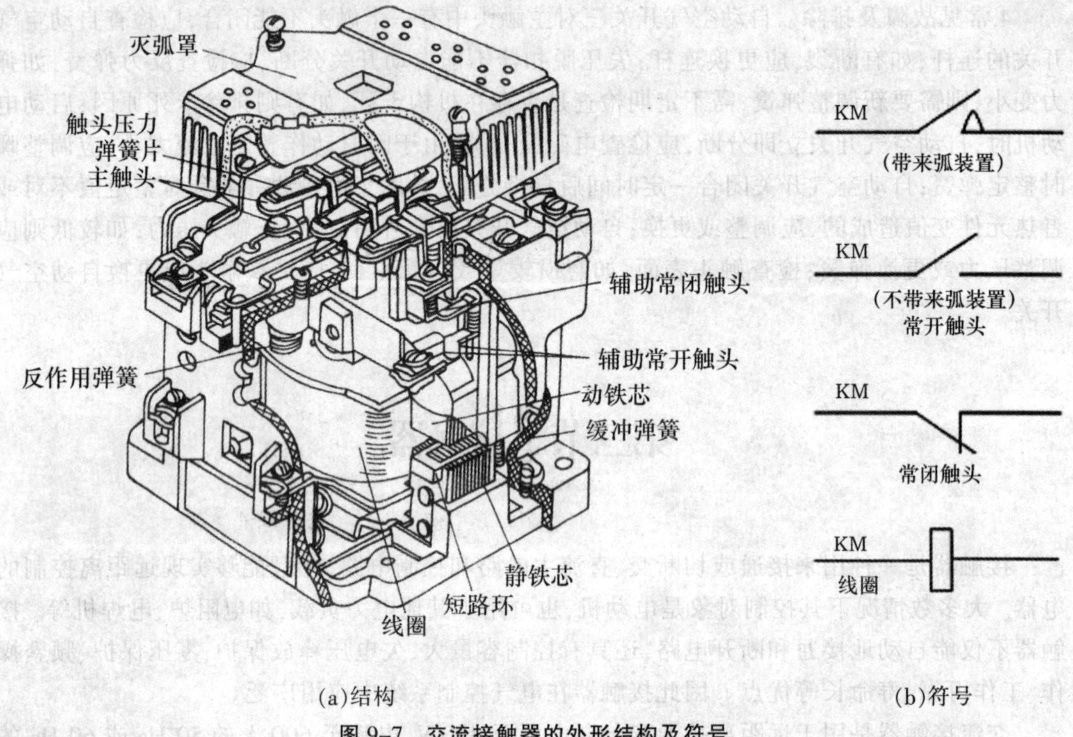

(a)结构 (b)符号

图 9-7 交流接触器的外形结构及符号

接通,中间有一个很短的时间间隔;线圈断电时,常闭触头先恢复断开,随即常闭触头恢复原来的接通状态,同样中间也存在一个很短的时间间隔,在分析电路时,应注意这个时间间隔。

2.电磁系统。电磁系统用来操纵触头的闭合和断开,包括静铁芯、动铁芯(又叫衔铁)和吸引线圈三部分。交流接触器电磁系统的结构形式主要取决于铁芯形状和衔铁运行方式,如图 9-9 所示。

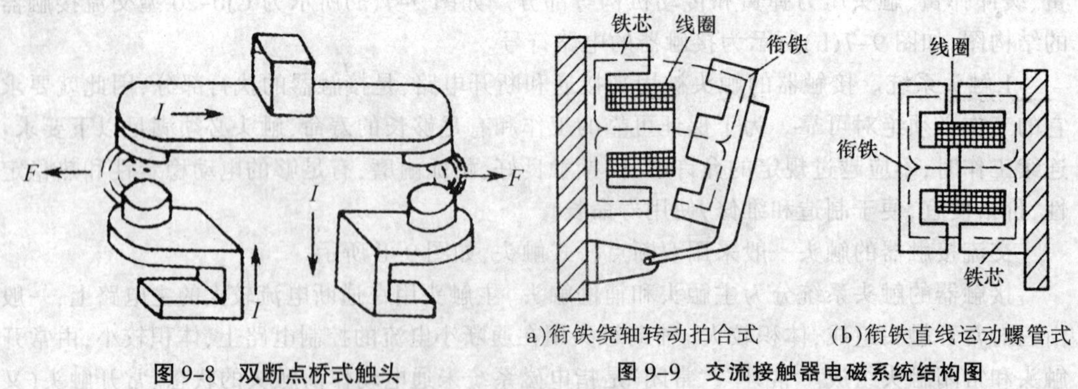

图 9-8 双断点桥式触头

a)衔铁绕轴转动拍合式 (b)衔铁直线运动螺管式

图 9-9 交流接触器电磁系统结构图

如图9-9(a)所示的为衔铁绕轴转动拍合式(CJ12B 交流接触器),图 9-9(b)所示的为衔铁直线运动螺管式(如 CJ0、CJ10 系列交流接触器)。

交流接触器的铁芯一般用硅钢片叠压后铆成,以减少交变磁场在铁芯中产生的涡流与磁滞损耗,防止铁芯过热。交流接触器线圈的电阻较小,所以铜损引起的发热较小。为了增加铁芯的散热面积,线圈一般做成短而粗的圆筒状。E形铁芯的中柱较短,铁芯闭合时上下中柱间常形成很小的空隙,以减少剩磁,防止线圈断电后铁芯粘连。

交流接触器的铁芯上有一个短路铜环,称为短路环,如图 9-10 所示。短路环的作用是减少交流接触器吸合时产生的振动和噪声。当线圈中通以交流电流时,铁芯中产生的磁通也是交变的,对衔铁的吸力也是变化的。当磁通经过最大值时,铁芯对衔铁的吸力最大;当磁通经过零值时,铁芯对衔铁的吸力也为零,衔铁受复位弹簧的反作用力有释放的趋势,这时衔铁不能被铁芯吸牢,从而造成铁芯振动,发出噪声,使人感到疲劳,并使衔铁与铁芯磨损,造成触头接触不良,产生电弧灼伤触头。为了消除这种现象,在铁芯上装有短路铜环。

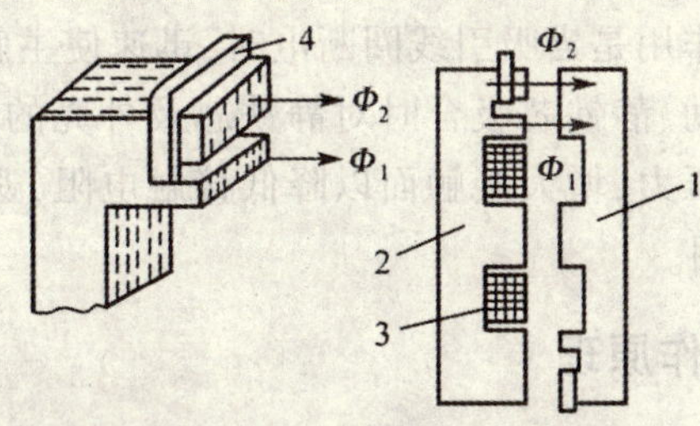

1.衔铁；2.铁芯；3.线圈；4.短路环

图 9-10 交流接触器铁芯的短路环

当线圈通电后,产生线圈电流的同时,在短路环中产生感应电流,两者由于相位不同,各自产生的磁通的相位也不同,在线圈电流产生磁通为零时,感应电流产生的磁通不为零从而产生吸力,吸住衔铁,使衔铁始终被铁芯吸牢,这样会使振动和噪声显著减小。气隙越小,短路环的作用越大,振动和噪声也越小。

3.灭弧装置。交流接触器在断开大电流电路时,往往会在动、静触头之间产生很强的电弧。电弧是触头间气体在强电场作用下产生的放电现象,一方面发光发热造成触头灼伤,另一方面会使电路的切断时间延长,影响接触器的正常工作。因此对容量较大的交流接触器(一般在 20 A 以上的)往往采用灭弧栅来灭弧,其原理如图 9-11 所示。

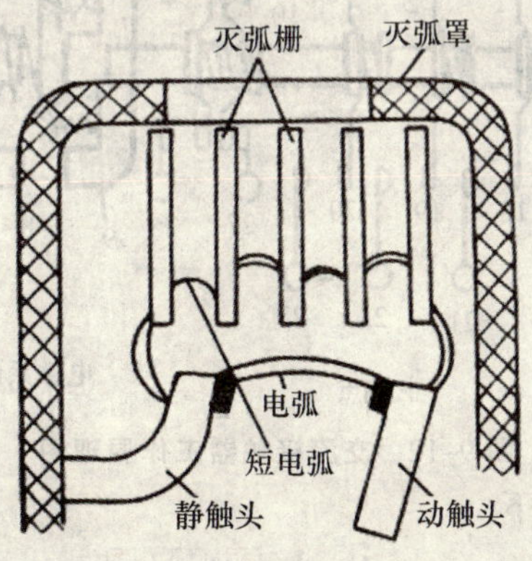

图 9-11 栅片灭弧原理

灭弧栅由镀铀的薄板片组成，安装在石棉水泥制成的灭弧罩内或陶土耐弧塑料等绝缘材料上,各片之间是相互绝缘的。

当动触头与静触头分开时,在电弧的周围产生磁场。由于薄铁片的磁阻比空气小得多,因此电弧上部的磁通容易通过电弧栅而形成闭合磁路,在电弧上部的磁通非常稀疏,而电弧下部的磁通却非常稠密,这种上稀下密的磁通产生向上的运动力,把电弧拉到灭弧栅片当中去,栅片将电弧分割成很多短弧,每个栅片就成为短电弧的电极,栅片间的电弧电压低于燃弧电压,同时栅片将电弧的热量散发,促使电弧熄灭。

对于容量较小的(10 A 以下)交流接触器,一般采用双断口触头灭弧和电动力灭弧的方法。这种方法利用双断点桥式触头分断后将电弧分割成两段,同时利用两段电弧相互间的电动力使电弧向外侧拉长,在拉长过程中电弧受到空气迅速冷却而很快熄灭。

4.其他部分。交流接触器的其他部分有反作用弹簧、缓冲弹簧、触头压力弹簧、传动机构和接线柱等。反作用弹簧的作用是当吸引线圈断电时,迅速使主触头和常开辅助触头复位分断;缓冲弹簧的作用是缓冲动、静铁芯吸合时对静铁芯及外壳的冲击力;触头压力弹簧的作用是增加动、静触头之间的压力,增大接触面以降低接触电阻,避免触头由于接触不良而造成的过热灼伤,并有减振作用。

二、交流接触器的工作原理

如图 9-12 所示为交流接触器的工作原理图。当接触器电磁系统中的线圈 6、7 间通电后,铁芯 8 被磁化,产生了足够的电磁吸力,从而克服反作用弹簧 10 的弹力,将衔铁 9 吸合,使常闭辅助触头(4 和 5 处)首先断开,常开主触头 1、2 和 3 闭合,接通主电路,接着常开辅助触头(4 和 5 处)闭合。当线圈断电或外加电压太低时,在反作用弹簧 10 的作用下,衔铁释放,常开主触头断开,切断主电路;常开辅助触头首先断开,接着常闭辅助触头恢复闭合。图中 11~17 和 21~27 为各触头的接线柱。

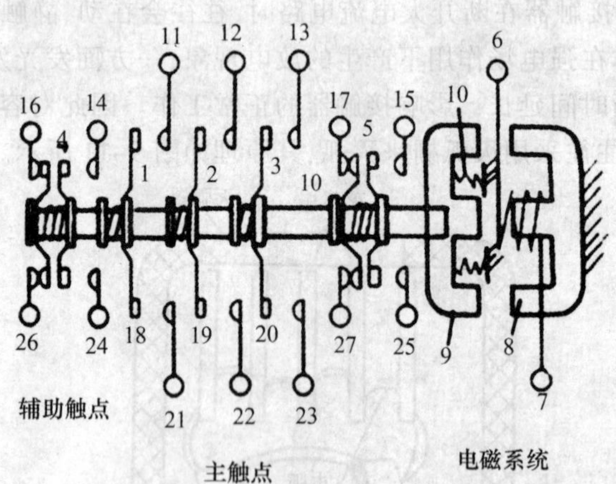

图 9-12 交流接触器工作原理图

交流接触器的型号意义如下:

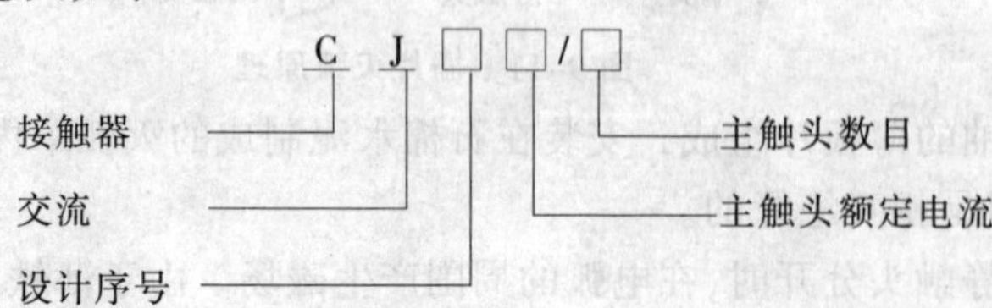

三、接触器的技术数据及选用

常用的 CJ0 和 CJ10 系列交流接触器的技术数据如表 9–5 所示。

表 9–5　CJ0 和 CJ10 系列交流接触器的技术数据

型号	触点额定电压(V)	主触点额定电流(A)	辅助触点额定电流(A)	线圈功率(V·A)	可控制三相异步电动机的最大功率(kW)		额定操作频率(次/h)
					220 V	380 V	
CJ0–10		10		14	2.5	4	
CJ0–20		20		33	5.5	10	
CJ0–40		40		33	11	20	
CJ0–75		75		55	22	40	
CJ10–10	500	10	5	11	2.2	4	≤600
CJ10–20		20		22	5.5	10	
CJ10–40		40		32	11	20	
CJ10–60		60		70	17	30	
CJ10–100		100			29	50	

为了保证接触器的正常工作，必须根据以下原则正确选择，使接触器的技术数据满足控制电路的要求。

1.接触器主触头的额定电压和额定电流。被选用接触器主触头的额定电压应大于或等于负载的额定电压。主触头的额定电流不小于负载电路的额定电流，也可根据其所控制的电动机的最大功率参照表 9–5 进行选择。

2.接触器吸引线圈电压的选择。接触器吸引线圈的电压一般直接选用一相对地电压 220 V 或直接选用 380 V。如果控制线路比较复杂，使用的电器又比较多，为安全起见，线圈额定电压可选低一些，但需要加一个控制变压器。

四、接触器的常见故障及排除

交流接触器的触头及电磁系统的故障与维修在本章第六节中有详细分析，在此，我们分析其他方面的故障。

1.接触器通电后不能吸合。交流接触器利用电磁吸力及弹簧反作用力配合，实现触头的闭合与断开。通电后不能吸合的原因是多方面的，当发生故障时，应首先测试电磁线圈两端是否有额定电压。若无电压，说明故障发生在控制回路，应根据具体电路检查处理，若有电压且低于线圈额定电压，致使电磁线圈通电后产生的电磁力不足以克服弹簧的反作用力，则可更换线圈。若有额定电压，则应检查线圈是否断线，螺钉是否松脱。另外机械机构及动触头发生卡阻，都可造成接触器通电后不能吸合。

2.接触器吸合不正常。接触器吸合不正常是指接触器吸合过于缓慢、触头不能完全闭合、铁芯吸合不紧等现象。产生该类故障的原因通常有电源电压过低，触头弹簧压力不合适，动静铁芯间隙过大，机械卡阻，转轴生锈、歪斜等。当接触器吸合不正常时，应查明原因，排除故障。如果弹簧压力不合适时，应调整弹簧压力，必要时进行更换；如果动、静铁芯间隙过大，应重新装配；如果轴部有问题应清洗轴端及支承杆，必要时应调换部件。

3.触头断相。发生触头断相时,电动机仍能转动,但启动很慢,同时发出嗡嗡声,此时应立即停车,否则将烧毁电动机。产生触头断相的原因是由于某相触头接触不良或连接螺钉松脱。排除的方法是检查触头的连接处,应保证可靠连接,螺钉必须拧紧,不得松动。

4.相间短路。由于接触器的正反转联锁控制失灵,或因错误动作等,致使两台接触器同时投入运行而造成相间短路;或因接触器动作过快转换时间过短,则导致在转换过程中发生电弧短路。为了避免发生相间短路,应定期检查接触器各部件的工作情况,要求可动部件不卡阻,接线处无松脱,零部件若有损坏应及时修换,灭弧罩应完好,若有破碎,要及时更换。

第四节 继电器

继电器是一种根据电气量(如电压、电流等)或非电气量(如热、时间、压力、转速等)的变化接通或断开控制电路,以实现自动控制和保护电力拖动装置的电器。继电器一般由感测机构、中间机构和执行机构三个基本部分组成。感测机构把感测到的电气量或非电气量传递给中间机构,将它与额定的整定值进行比较,当达到整定值(过量或欠量)时,中间机构便使执行机构动作,从而接通或断开被控电路。

接通和分断电路是继电器的根本任务, 就这一点来说, 它与接触器的作用是相同的,但它们仍有不同之处,主要区别是:继电器一般用于控制小电流电路,触头额定电流不大于 5 A,所以不加灭弧装置。而接触器一般用于控制大电流电路,主触头额定电流不小于 5 A,有的加灭弧装置。不同的继电器可以在相应的各种电量或非电量的作用下动作,而接触器一般只是在一定的电压下动作。

继电器的种类很多,按用途可分为控制继电器和保护继电器;按输入信号的性质可分为电压继电器、电流继电器、时间继电器、速度继电器、压力继电器和温度继电器等;按工作原理可分为电磁式继电器、感应式继电器、热继电器和电子式继电器等;按动作时间可分为瞬时继电器和延时继电器等。

一、电流继电器

根据线圈中电流的大小而接通或断开电路的继电器称为电流继电器。电流继电器的线圈串接在电路中,为了不影响电路工作情况,电流继电器吸引线圈匝数少,导线粗。导线圈电流高于整定值时动作的继电器称为过电流继电器; 低于整定值时动作的继电器称为欠电流继电器。

过电流继电器在正常工作时,电流线圈通过的电流为额定值,所产生的电磁力不足以克服反作用弹力,常闭触头仍保持闭合状态;当通过线圈的电流超过整定值后,电磁吸力大于反作用弹簧拉力,铁芯吸引衔铁,使常闭触头断开、常闭触头闭合。

欠电流继电器是当线圈电流降到低于整定值时释放的继电器,所以线圈电流正常时,衔铁处于吸合状态。

如图 9–13 所示为电流继电器的符号：

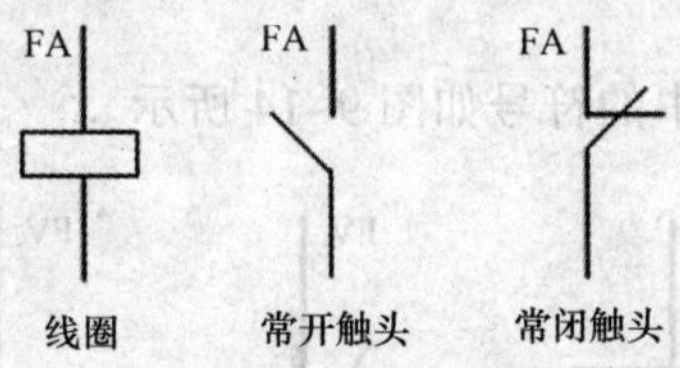

图 9–13 电流继电器的符号

过电流继电器主要用于频繁、重载启动场合，作为电动机或主电路的短路和过载保护。欠电流继电器常用于直流电动机和电磁吸盘的失磁保护。常用的过电流继电器有 JT4、JL12 及 JL14 系列。其中 JT4 和 JL14 为通用继电器。

电流继电器的型号意义如下：

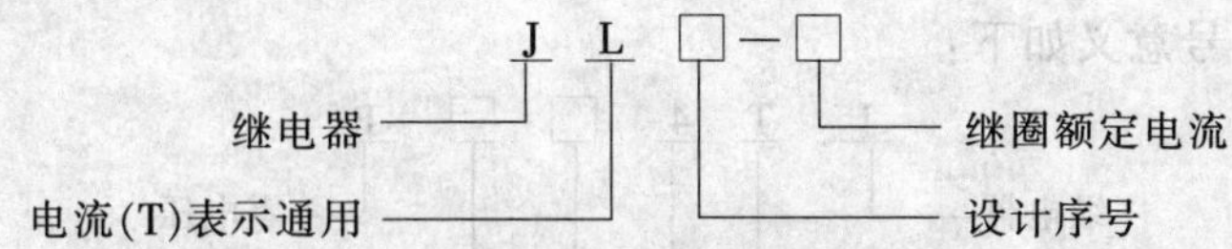

如表 9–6 所示为 JL14 系列交直流继电器的技术数据。

表 9–6 JL14 系列交直流继电器的技术数据

型号	吸引线圈额定电流值(A)	吸合电流调整范围	触头组合形式	用途	备注
JL14–Z JL14–ZS	1,1.5,2.5,5,10,15,25,40,60,100,150,300,600,1 200,1 500	70%~300%的 I_N	三常开,三常闭,二常开,一常开,一常闭,二常闭,一常开,一常闭	在控制电路中过电流或欠电流保护用	可取代 JT3–1、JT4–1、JT4–S、JT3、JT3–J、JT3–S 等老产品
JL14–ZO JL14–J JL14–JS		30%~65%的 I_N 或释放电流在 0%~20%的 I_N	二常开,二常闭,一常开,一常闭		
JL14–JG		110%~400%的 I_N	一常开,一常闭		

二、电压继电器

根据线圈两端电压大小而接通或断开电路的继电器称为电压继电器。这种继电器并联在主电路中，线圈的导线粗，匝数多，阻抗大，刻度表上标出的数据是继电器的动作电压。

电压继电器有电压继电器和欠电压(或零压)继电器之分。常用的欠电压继电器的外形结构及动作原理与电流继电器相似。一般情况下，过电压继电器在电压为 1.1~1.15 倍额定电压以上时动作，对电路进行过电压保护；欠电压继电器在电压为 0.4~0.7 倍额定电压时动作，对电路进行欠电压保护；零压继电器在电压降为 0.05~0.25 倍额定电压时动作，对电路进行零压保护。

电压继电器在电气原理图中的符号如图 9–14 所示。

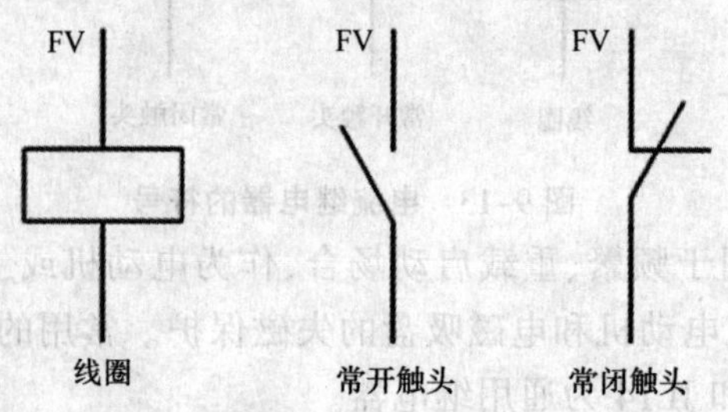

图 9–14　电压继电器符号

电压继电器型号意义如下：

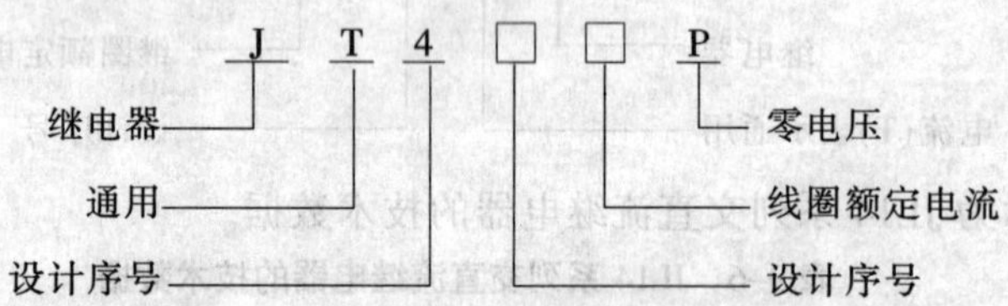

常用的 JT4P 系列欠电压继电器的技术数据如表 9–7 所示。

表 9–7　JT4P 系列电压继电器的技术数据

型号	吸引线圈规格(V)	消耗功率(V*A)	触点数目	复位方式	动作电压	返回系数
JT4P	110,127 220,380	75	2 常开 2 常闭 1 常开 1 常闭	自动	吸引线圈电压在线圈额定电压的 60%~85%范围内调节，释放电压在线圈额定电压的 10%~35%之间。	0.2~0.4

三、中间继电器

中间继电器是用来转换控制信号的中间元件，将一个输入信号变换成一个或多个输出信号，其输入信号为线圈的通电或断电，输出信号为触头的动作。

常用的中间继电器有 JZ7 系列和 JZ8 系列两种。JZ7 系列继电器的结构如图 9–15 所示，与小型接触器相似。它由线圈、静铁芯、动铁芯、触头系统、反作用弹簧和复位弹簧组成。它的触头较多，一般为 8 对，它可组成 4 对常开、4 对常闭；6 对常开、2 对常闭或 8 对常开的三种形式，多用于交流控制电路。

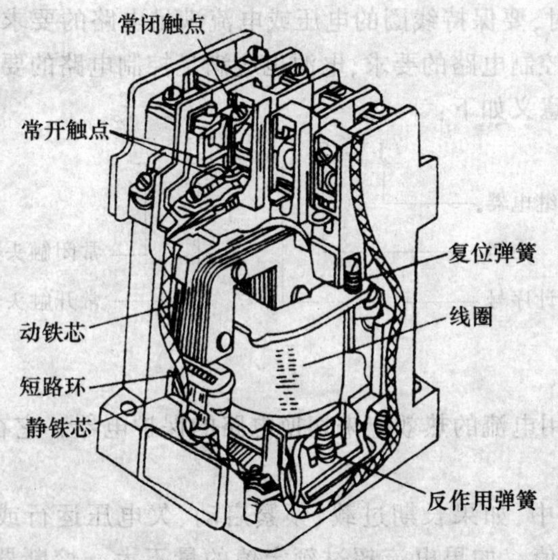

图 9-15　JZ7 型中间继电器

中间继电器的动作原理与接触器完全相同，只是中间继电器的触头对数较多，且没有主、辅之分，各对触头允许通过的电流大小相同，其额定电流多为 5 A，小型的多为 3 A，对于额定电流不超过 5 A 的电动机也可以用中间继电器代替接触器使用。如图 9-16 所示为中间继电器的符号。

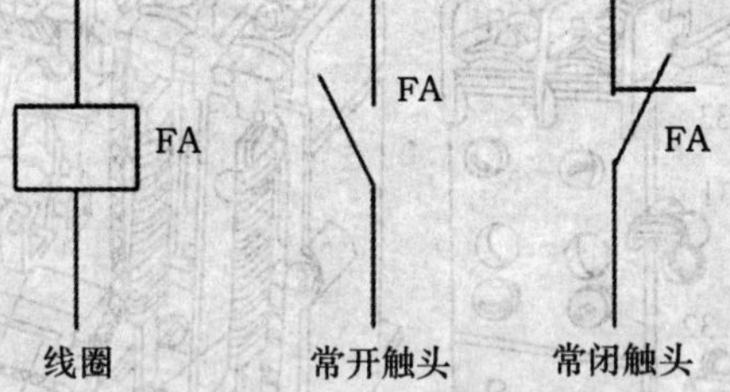

图 9-16　中间继电器的符号

JZ8 系列为交直流两用的中间继电器，其线圈电压有交流 110 V、127 V、220 V、380 V、和直流 12 V、24 V、48 V、110 V、220 V，触头有 2 常开、6 常闭；4 常开、4 常闭和 6 常开、2 常闭等，如果把触头簧片反装便可使常开与常闭触头互相转换。

JZ7 系列中间继电器的技术数据如表 9-8 所示。

表 9-8　JZ7 系列中间继电器的技术数据

<table>
<tr><th rowspan="2">型号</th><th colspan="2">触点额定电压(V)</th><th rowspan="2">触点额定电流(A)</th><th colspan="2">触点数量</th><th rowspan="2">额定操作频率(次/h)</th><th colspan="2">吸引线圈电压(V)</th><th colspan="2">吸引线圈消耗功率(V·A)</th></tr>
<tr><th>直流</th><th>交流</th><th>常开</th><th>常闭</th><th>50Hz</th><th>60Hz</th><th>启动</th><th>吸持</th></tr>
<tr><td>JZ7-44</td><td>440</td><td>500</td><td>5</td><td>4</td><td>4</td><td>1 200</td><td rowspan="3">12,24
36,48
110,127
220,380
420</td><td rowspan="3">12,36
110,127
220,380
440</td><td>75</td><td>12</td></tr>
<tr><td>JZ7-62</td><td>440</td><td>500</td><td>5</td><td>6</td><td>2</td><td>1 200</td><td>75</td><td>12</td></tr>
<tr><td>JZ7-80</td><td>440</td><td>500</td><td>5</td><td>8</td><td>0</td><td>1 200</td><td>75</td><td>12</td></tr>
</table>

在选择中间继电器时，要保持线圈的电压或电流满足电路的要求，触头的数量与额定电压和额定电流应满足被控制电路的要求，电源也应满足控制电路的要求。

中间继电器的型号意义如下：

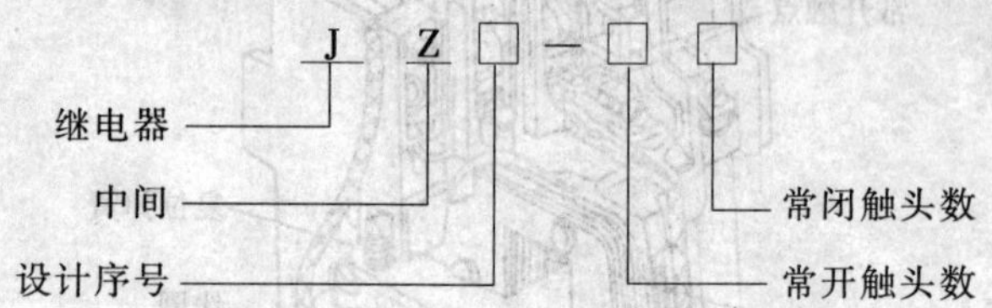

四、热继电器

热继电器是一种利用电流的热效应来切换电路的保护电器，它在电路中用作电动机的过载保护。

电动机在运行过程中，如果长期过载、频繁启动、欠电压运行或者断相运行等都可以使其电流超过它的额定值。如果电流超过额定值的量不大，熔断器在这种情况下不会熔断，这样会引起电动机过热，损坏绕组的绝缘，缩短电动机的使用寿命，严重时甚至烧坏电动机。因此必须对电动机采取过载保护措施，最常用的是利用热继电器进行过载保护。如图 9-17 所示。

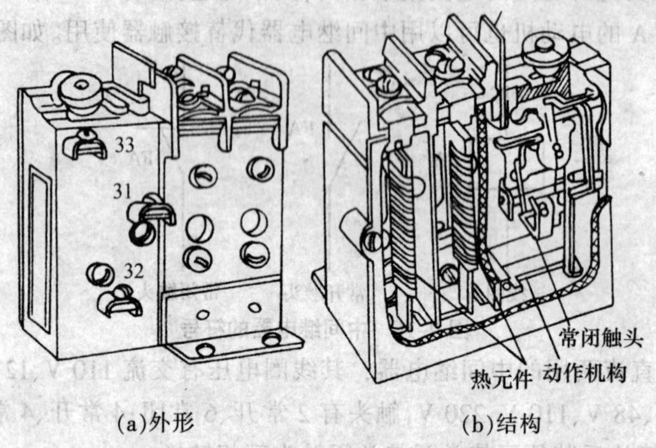

图 9-17 热继电器的外形及结构

热继电器的型号意义如下：

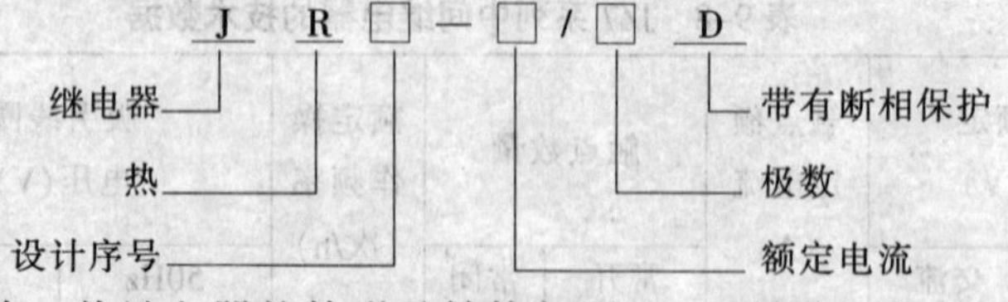

1.热继电器的结构。热继电器的外形及结构如图 9-17 所示。它主要由热元件、触头系统、动作机构、复位按钮、整定电流装置和温升补偿元件等组成。

图 9-18 所示为 JR15 系列热继电器的结构原理图及符号。

(1)热元件。有三块或两块之分，是热继电器的主要部分，由主双金属片及围绕在双金属片外面的电阻丝组成。双金属片是由两种热膨胀系数不同的金属片焊接而成，如铁镍铬合金和铁镍合金。电阻丝一般由康铜、镍铬合金等材料制成。使用时将电阻丝直接串接在异步电动机的三相或两边相电路中,这样安装维修时就不易碰触。

(2)触头系统:触头有两对,由公共动触头、常闭静触头和常开静触头组成。

(3)动作机构:由导板、温度补偿双金属片、推杆、动触头连杆和弹簧等组成。

(4)复位按钮:用于继电器动作后的手动复位。

(5)整定电流装置:由带偏心轮的旋钮来调节整定电流值。

2.热继电器的工作原理。当电动机绕组因过载引起过载电流时,发热元件所产生的热量足以使主双金属片弯曲,推动导板向右移动,又推动了温度补偿片,使推杆绕轴转动,使动触头与静触头分开,从而使电动机线路中的接触线圈断电释放,将电源切断,起到了保护作用。

温度补偿片用来补偿环境温度对热继电器动作精度的影响，由与主双金属片同类型的双金属片制成。当环境温度变化时，温度补偿片与主双金属片都在同一方向上产生附加弯曲,因而补偿了环境温度的影响。

热继电器动作后的复位有手动复位和自动复位两种。

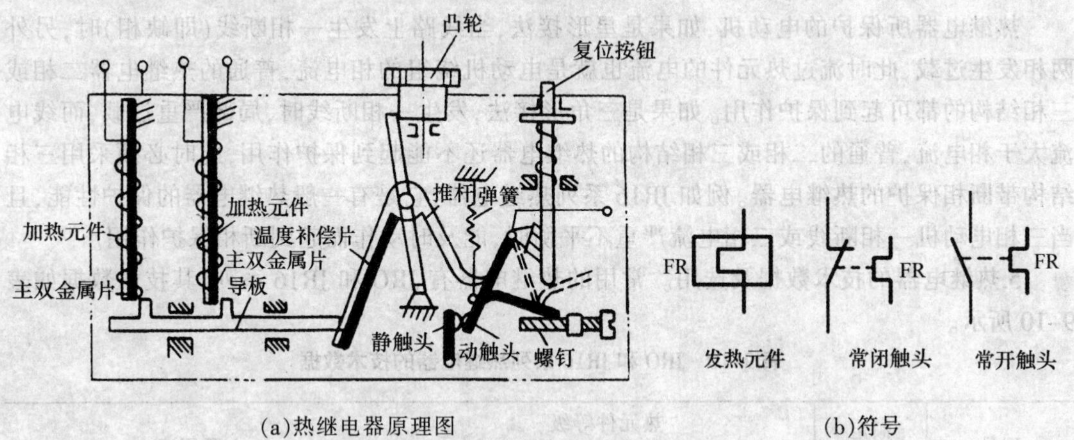

(a)热继电器原理图　　　　(b)符号

图 9–18　热继电器的结构原理图及符号

手动复位:将调节螺钉拧出一段距离,使触头的转动超过一定角度,当双金属片冷却后,动触头不能自动复位,这时必须按下复位按钮使动触头复位,与静触头闭合。

自动复位:切断电源后,热继电器开始冷却,过一段时间双金属片恢复原状,触头在弹簧的作用下自动复位与触头闭合。

3.热继电器的整定电流。热继电器的整定电流是指热继电器长期不动作的最大电流,超过此值就会动作。

整定电流的调整如下:热继电器中凸轮上方是整定旋钮,刻有整定电流值的标尺;旋动旋钮时,凸轮压迫支撑杆绕交点左右移动,支撑杆向左移动时,推杆与连杆的杠杆间隙加大,热继电器的热元件动作电流增大,反之动作电流减小。

当过载电流超过整定电流的 1.2 倍时,热继电器便要动作。过载电流越大,热继电器开始动作所需时间越短。其过载电流的大小与时间关系如表 9–9 所示。

表 9-9 过载电流与热继电器开始动作的时间关系

整定电流倍数	动作时间	起始状态
1.0	长期不动作	从冷态开始
1.2	小于 20 min	从热态开始
1.5	小于 2 min	从热态开始
6	大于 5 s	从冷态开始

4.三相结构及带断相保护的热继电器。上述的热继电器只有两个热元件，属于两相结构热继电器。一般情况下，电源的三相电压均衡，电动机的绝缘良好，电动机的三相线电流必相等，所以两相结构的热继电器对电动机的过载能进行保护。当三相电流严重不平衡时，或者电动机的绕组内部发生短路故障时，就有可能使电动机的某一相的线电流比其余的两相线电流高；当恰巧该相线路中没有热元件时，就不可能可靠地起到保护作用，应选用三相结构的热继电器，其结构、动作原理与二相结构的热继电器类似。

热继电器所保护的电动机，如果是星形接法，当线路上发生一相断线（即缺相）时，另外两相发生过载，此时流过热元件的电流也就是电动机绕组的相电流，普通的热继电器二相或三相结构的都可起到保护作用。如果是三角形接法，发生一相断线时，局部严重过载，而线电流大于相电流，普通的二相或三相结构的热继电器还不能起到保护作用，此时必须采用三相结构带断相保护的热继电器。例如 JR16 系列热继电器，它是有一般热继电器的保护性能，且当三相电动机一相断线或三相电流严重不平衡时，能及时动作而起到断相保护作用。

5.热继电器的技术数据及选用。常用的热继电器有 JRO 和 JR16 系列，其技术数据如表 9-10 所示。

表 9-10 JRO 和 JR16 系列热继电器的技术数据

型号	额定电流(A)	热元件等级		主要用途
		额定电流(A)	刻度电流调节范围(A)	
JRO-20/3 JRO-20/3D JR16-20/3 JR16-20/3D	20	0.35	0.25~0.3~0.35	供交流 500 且 V 以下的电气回路中作为电动机的过载保护之用。D 表示带有断相装置
		0.50	0.32~0.4~0.5	
		0.72	0.45~0.6~0.72	
		1.1	0.68~0.9~1.1	
		1.6	1.0~1.3~1.6	
		2.4	1.5~2.0~2.4	
		3.5	2.2~2.8~3.5	
		5.0	3.2~4.0~5.0	
		7.2	4.5~6.0~7.2	
		11	6.8~9.0~11.0	
		16	10.0~13.0~16.0	
		22	14.0~18.0~22.0	

续表 9-10

型号	额定电流(A)	热元件等级		主要用途
		额定电流(A)	刻度电流调节范围(A)	
JRO-40/3 JR16-40/3D	40	0.64 1.0 1.6 2.5 4.0 6.4 10 16 25 40	0.4~0.64 0.64~1.0 1.0~1.6 1.6~2.5 2.5~4.0 4.0~6.4 6.4~10 10~16 16~25 25~40	

在选用热继电器时,应根据电动机额定电流来确定热继电器的型号及热元件的电流等级。

(1)一般情况下,可选用两相结构的热继电器。当电网电压的均衡性较差,工作环境恶劣或较少有人照管的电动机,可选用三相结构的热继电器。当电动机定子绕组是三角形接法时,应采用有断相保护装置的三相结构的热继电器。

(2)热元件的额定电流等级一般略大于电动机的额定电流。热元件选定后,再根据电动机的额定电流调整热继电器的整定电流,使之等于电动机的额定电流。

对于过载能力较差的电动机,所选用的热继电器的额定电流应适当小一些,一般为电动机额定电流的 60%~80%。

如果电动机拖动的是冲击性负载(如冲床、剪床等)或处于电动机启动时间较长的情况,那么所选择的热继电器的整定电流要比电动机额定电流高一些。

(3)双金属片式热继电器一般用于轻载、不频繁启动电动机的过载保护。对于重载、频繁启动的电动机,可采用电流继电器作过载和短路保护。

五、时间继电器

时间继电器是一种利用电磁原理或机械动作原理来延迟触头闭合或断开的自动控制电器,在电路中起控制动作时间的作用,它的种类很多,有电磁式、电动式、空气阻尼式(又称气囊式)和晶体管式等。

电磁式时间继电器结构简单,价格也便宜,但延时较短,只能用于直流电路的断电延时,且体积和重量较大;空气阻尼式时间继电器的结构简单,延时范围较大,有通电延时和断电延时两种,但延时误差较大;电动式时间继电器的延时精度较高,延时可调范围大,但价格较贵;晶体管式时间继电器的延时可达几分钟到几十分钟,比空气阻尼式长,比电动式短,延时精度比空气阻尼式好,比电动式略差,随着电子技术的发展,它的应用也日益广泛。图 9-19 所示为 JS7-A 型时间继电器的外形。

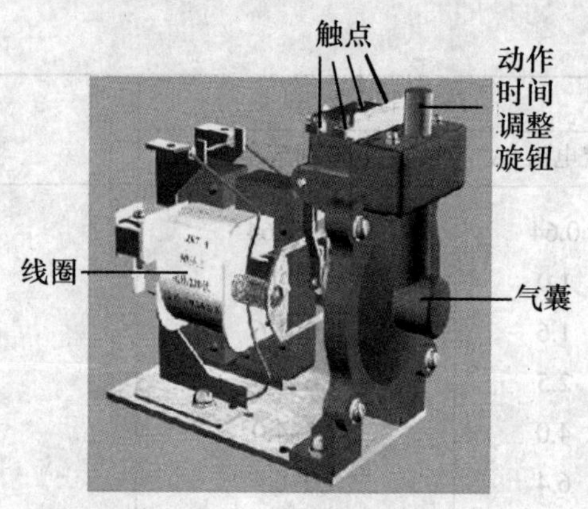

图 9-19 JS7-A 系列时间继电器的外形

时间继电器的型号意义如下：

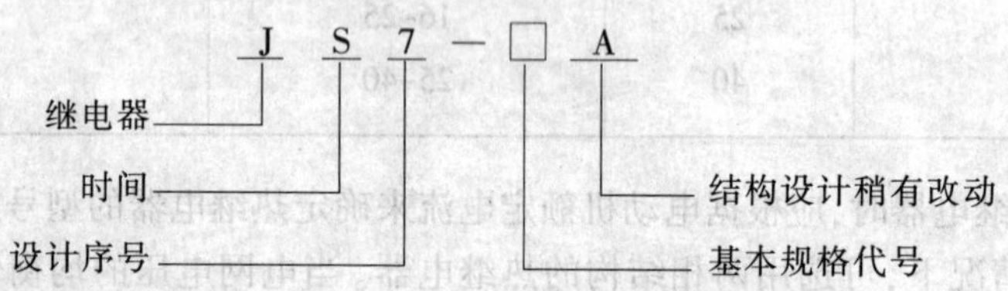

其中,基本规格代号如下：

1——通电延时,无瞬时触头；

2——通电延时,有瞬时触头；

3——断电延时,无瞬时触头；

4——断电延时,有瞬时触头。

时间继电器的符号如图 9-20 所示。

空气阻尼式时间继电器利用气囊中空气通过小孔节流的原理来获得延时动作，经常使用的是 JS-A 系列,分为通电延时型(如 JS-2A 型)和断电延时型两种。

1.JS-A 系列时间继电器由电磁系统、触头系统、气室及传动机结构等部分组成。

(1)电磁系统:由线圈、铁芯、衔铁、反力弹簧及弹簧片等组成。

(2)触头系统:由两对瞬时触头(一对瞬时闭合,另一对瞬时断开)及两对延时触头组成。

(3)气室:气室内有一块橡皮薄膜,随空气的增减而移动。气室上面有调节螺钉,可调节延时的长短。

(4)传动机构:由推板、活塞杆、杠杆及宝塔弹簧等组成。

2.JS7-A 系列时间继电器的工作原理。如图 9-21 所示为 JS7-A 系列时间继电器的工作原理图。

(1)通电延时型。如图 9-21(a)所示,它的主要功能是线圈通电后,触头不立即动作,而要延长一段时间才动作;当线圈断电时,触头立即复位。动作过程如下:当线圈通电时,衔铁克服反力弹簧的阻力,与固定的铁芯吸合,活塞杆在宝塔弹簧 11 的作用下向上移动,空气由进气孔进入气囊。经过一段时间后,活塞才能完成全部行程,到达最上端,通过杠杆压动微动开关 XK_4,使常闭触头延时断开,常开触头延时闭合。延时时间的长短取决于节流孔的节流

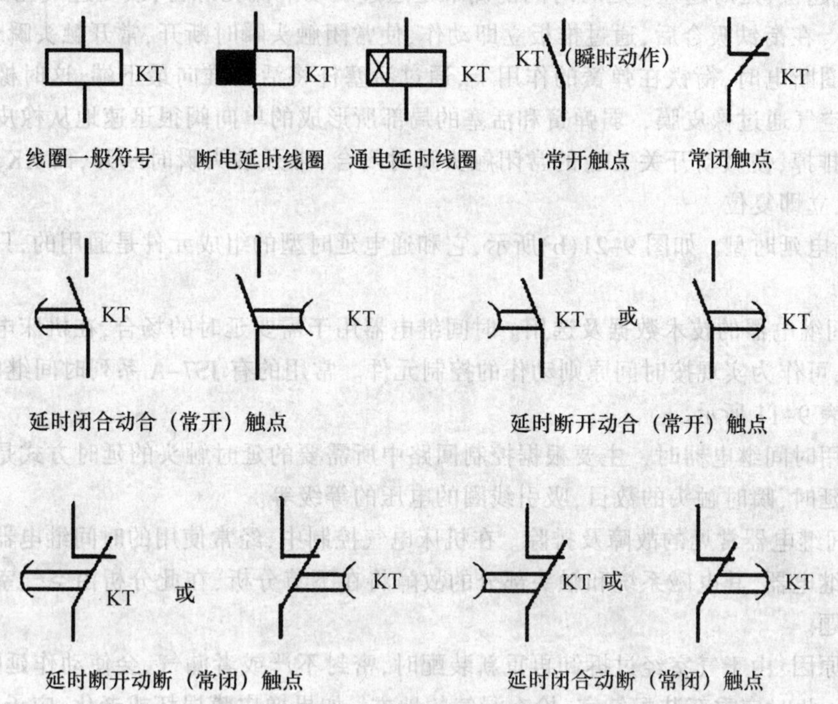

图 9-20 时间继电器的符号

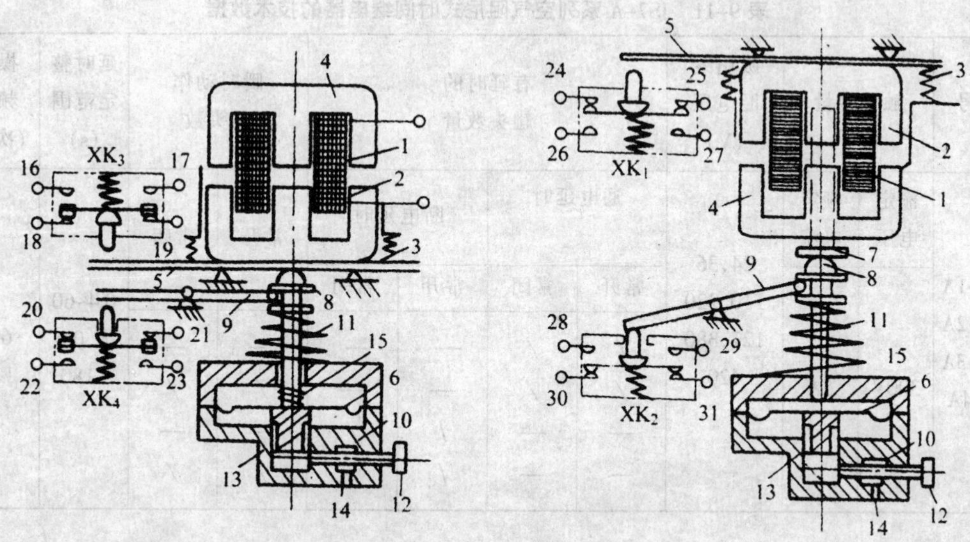

1. 绕组；2. 衔铁；3. 反力弹簧；4. 铁芯；5. 推板；6. 橡皮膜；7. 推杆；8. 活塞杆；9. 杠杆；10. 节流孔；11. 宝塔弹簧；12. 节流孔螺钉；13. 活塞；14. 进气孔；15. 弱弹簧；16～31. 触点

(a)通电延时 (b)断电延时

图 9-21 JS7-A 系列时间继电器的工作原理

程度,进气越快,延时越短。延时时间的调节是通过旋动节流孔螺钉,改变进气孔的大小。微动开关 XK_3 在衔铁吸合后,通过推板立即动作,使常闭触头瞬时断开,常开触头瞬时闭合。

当线圈断电时,衔铁在弹簧的作用下,通过活塞杆将活塞推向最下端,这时橡皮膜下方气室内的空气通过橡皮膜,弱弹簧和活塞的局部所形成的单向阀很迅速地从橡皮膜上方气室缝隙中排掉,使微动开关 XK_4 的常闭触头瞬时闭合,常开触头瞬时断开,而 XK_3 的触头也瞬时动作,立即复位。

(2)断电延时型。如图 9-21(b)所示,它和通电延时型的组成元件是通用的,只是电磁铁翻转 180°。

3.时间继电器的技术数据及选用。时间继电器用于需要延时的场合,在机床电气自动控制系统中,可作为实现按时间原则动作的控制元件。常用的有 JS7-A 系列时间继电器,其技术数据如表 9-11 所示。

在选用时间继电器时,主要根据控制回路中所需要的延时触头的延时方式是通电延时还是断电延时,瞬时触头的数目,吸引线圈的电压的等级等。

4.时间继电器常见的故障及排除。在机床电气控制中,经常使用的时间继电器时空气阻尼式时间继电器,其电磁系统和触头部分的故障将在下节分析,在此分析由空气室造成的延时不准问题。

故障原因:由于气室经过拆卸再重新装配时,密封不严或者漏气,会使动作延时缩短,甚至不延时。此时应重新装配气室,检查漏气的地方。如果橡皮膜损坏或老化,应予以更换,如果在拆卸过程中或其他原因有灰尘进入空气通道使之受阻,继电器的动作延时就会变得很长,此时应清除气室内的灰尘,故障即可排除。

表 9-11 JS7-A 系列空气阻尼式时间继电器的技术数据

型号	触头容量		吸引线圈电压(V)	有延时的触头数量				瞬时动作触头数		延时整定范围(s)	操作频率(次/h)
	额定电压	额定电流		通电延时		断电延时		常开	常闭		
				常开	常闭	常开	常闭				
JS7-1A	300V	5A	24,36 110,220 127,380 420	/	/	—	—	—	—	0.4~60 及 0.4 ~180	600
JS7-2A				/	/	—	—	/	/		
JS7-3A				—	—	/	/	—	—		
JS-4A				—	—	/	/	/	/		

六、速度继电器

速度继电器是当转速达到规定值时动作的继电器,其作用是与接触器配合实现对电动机的制动,所以又称为反接制动继电器。

1.速度继电器的结构。速度继电器的结构如图 9-22 所示，由转子、定子及触头三部分组成。转子是一块永久磁铁，能绕轴旋转，使用时应装在被控制电动机的同一根轴上，随电动机一起转动。定子的结构与鼠笼异步电动机的转子相似，由硅钢片叠成并装有鼠笼型短路绕组，能够围绕转轴转动。

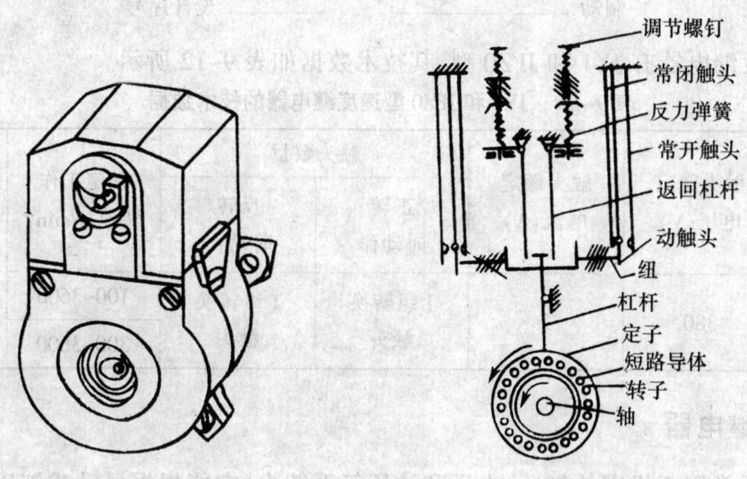

(a)外形　　(b)结构原理

图 9-22　JFZ0 型速度继电器

2.工作原理。当电动机旋转时，速度继电器的转子随之转动，产生旋转磁场，在定子绕组上产生感应电流，此电流在永久磁铁的旋转磁场作用下，产生电磁转矩。转子速度越高，电磁转矩越大。当转速达到一定速度时，定子随着转子转动。当定子转动一个不大的角度时，带动杠杆，推动触头，使常闭触头断开，常开触头闭合，同时杠杆通过返回杠杆压缩反力弹簧，使定子不能继续转动。当电动机转速下降时，速度继电器的转子速度也下降，定子转矩减小。当减小到一定程度后，反力弹簧通过返回杠杆使杠杆返回到原来位置，常开触头断开，常闭触头闭合，恢复原状态。调节螺钉，可以调整反力弹簧的弹力，从而调节触头动作时所需转子的速度。

速度继电器常用于铣床和镗床的控制电路中，转速在 120 r/min 以上时，速度继电器能动作并完成其控制功能。在 100 r/min 以下时，其触头会恢复。

图 9-23 为速度继电器的符号。

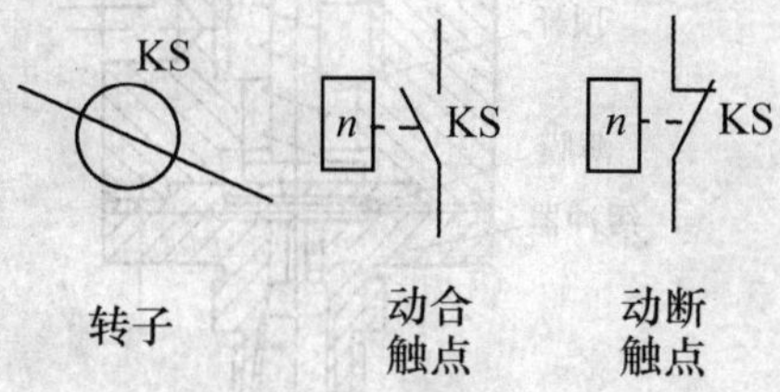

图 9-23　速度继电器符号

3.型号意义及技术数据。速度继电器的型号意义如下：

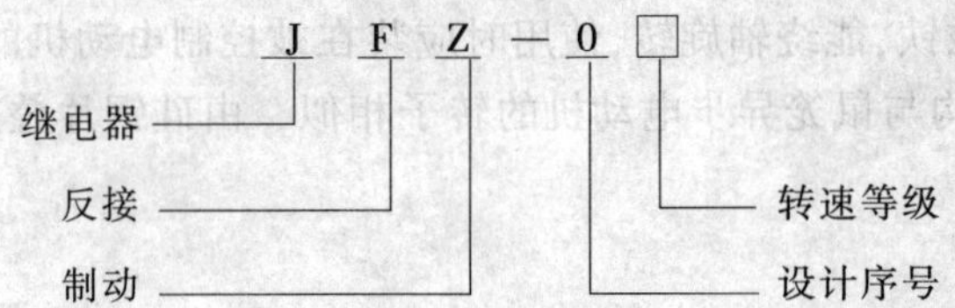

常用的速度继电器有 JY1 和 JFZ0 型，其技术数据如表 9-12 所示。

表 9-12　JY1 和 JFZ0 型速度继电器的技术数据

型号	触头额定电压(V)	触头额定电流(A)	触头数量		额定工作转速(r/min)	允许操作频率(次/h)
			正转时动作	反转时动作		
JY1	380	2	1 组转换触头	1 组转换触头	100~3600	<30
JFZ0					300~3600	

七、压力继电器

压力继电器常用于机床的气压、水压和油压等系统中，它能根据风动或液压系统的压力变化决定触头的断开与闭合，以便对机床进行保护和控制。

压力继电器的结构如图 9-24 所示，它由缓冲器、橡皮薄膜、顶杆、压缩弹簧、调节螺母和微动开关等组成。微动开关和顶杆距离一般大于 0.2 mm，压力继电器装在气路（或水路、油路）分支管路中。当管路压力超过整定值时，通过缓冲器，橡皮薄膜抬起顶杆，使微动开关动作，触头 129 和 130 断开，触头 129 和 131 闭合。若管路中压力低于整定值，顶杆脱离微动开关，使触头恢复原位。

图 9-24 为压力继电器，压力继电器的调整非常方便，只需放松或拧紧调整螺母即可改变控制压力。

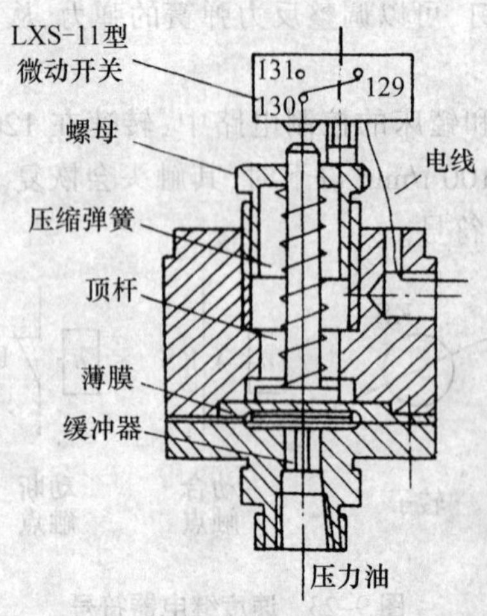

图 9-24　压力继电器

常用压力继电器有 YJ 系列,其技术数据如表 9-13 所示。

表 9-13 YJ 系列压力继电器的技术数据

型号	额定电压(V)	长期工作电流(A)	分断功率(V·A)	控制压力(Pa)	
				最大控制压力	最小控制压力
YJ0	交流 380	3	380	6.0 795×10^5	2.0 265×10^5
YJ1				2.0 265×10^5	1.01 325×10^5

第五节 主令电器

主令电器是一种非自动切换的小电流开关电器，它在控制电路中的作用是发布命令去控制接触器、继电器或其他电器执行元件的电磁线圈,使电路接通或分断,从而达到控制电力拖动系统启动与停止以及改变系统工作状态的目的,如正转与反转等,实现生产机械的自动控制。由于它专门发送命令或信号,故称为“主令电器”,也称“主令开关”。

主令电器应用很广泛,种类繁多。常用的主令电器有按钮开关、位置开关、万能转换开关和主令控制器等。

一、按钮开关

按钮开关也叫按键，是一种手按下即动作，手释放即复位的短时接通的小电流开关电器。它适用于交流电压 500 V 或直流电压 440 V,电流为 5 A 及以下的电路中。一般情况下它不直接操纵主电路的通断,而是在控制电路中发出“指令”,通过接触器、继电器等电器去控制主电路;也可用于电气联锁等线路中。

其型号意义如下：

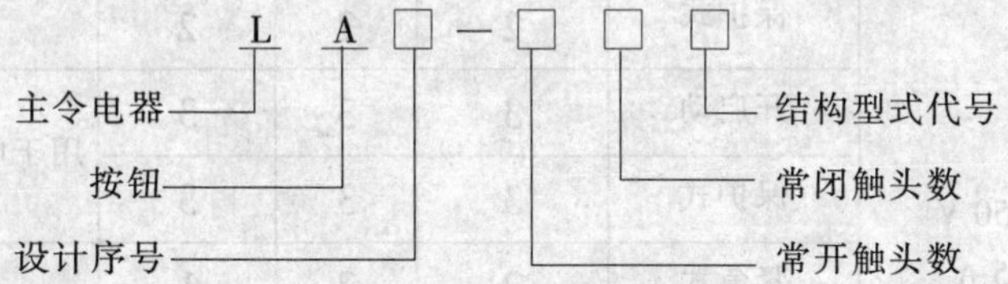

其中结构型式代号有 K、S、J、X、H、F、Y 等。

(一) 结构及工作原理

按钮开关一般由按钮钮帽、复位弹簧、桥式动触头、静触头和外壳等组成,其外形、结构及符号如图 9-25 所示。

按钮开关按照用途和触头的结构不同分为停止按钮(常闭按钮)、启动按钮(常开按钮)及复合按钮(常开常闭组合按钮)。

常开按钮:手指未按下时,即正常状态,触头是断开的,如图 9-25(b)所示的 3、4。当手指按下钮帽时,触头 1、2 断开;当手指松开后,在复位弹簧作用下,按钮复位闭合。常闭按钮可作为电动机的停止按钮。

复合按钮:当手指未按下时,即正常状态下触头 1、2 是闭合的,而 3、4 是断开的;当手指按下时触头 1、2 首先断开,而后 3、4 闭合,有一个很小的时间差;当手指松开后,触头全部恢复原状态。

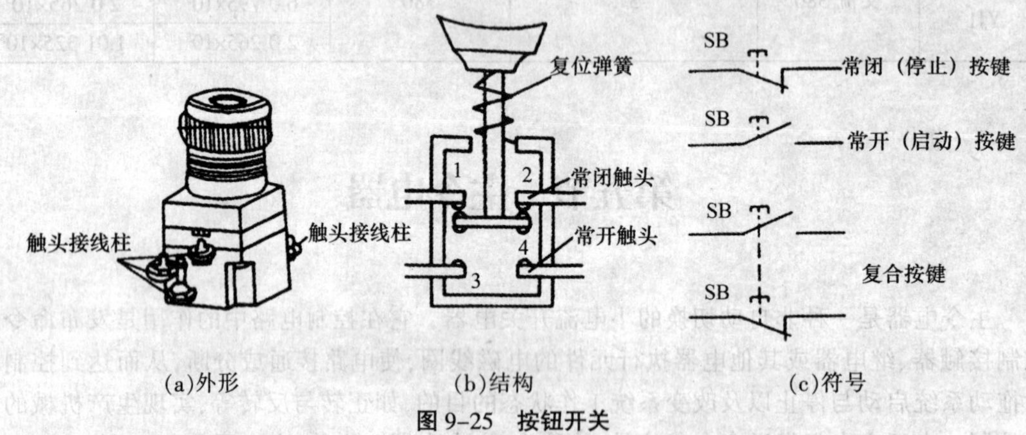

(a)外形　(b)结构　(c)符号

图 9-25 按钮开关

(二)技术数据及应用

在机床控制线路中,常用的按钮开关有 LA2、LA10、LA18 和 LA19 系列。表 9-14 列出了部分常用控制按钮开关的技术数据。

表 9-14 常用按钮开关的技术数据

型号	规格	结构形式	触点对数		按钮数	用途
			常开	常闭		
LA2	550 V 5 A	元件	1	1	1	作为独立元件用
LA10-2K		开启动 保护式	2	2	2	用于电动机启动、停止控制
LA10-2H			2	2	2	
LA10-3A		开启动	3	3	3	用于电动机倒、顺、停控制
LA10-3H		保护式	3	3	3	
LA18-22J		紧急式	2	2	1	特殊用途
LA18-22Y		钥匙式	2	2	1	
LA18-44J		紧急式	4	4	1	
LA18-44Y		钥匙式	4	4	1	
LA19-11D		带指示灯	1	1	1	

在选用按钮开关时,要对热气所需触头数、使用场合及颜色标注进行选择。各系列额定电压为 500 V,额定电流为 5 A。其中 LA18 系列采用了积木式结构,触头数量可以按照需要

拼装，一般是 2 常开、2 常闭，特殊情况下也可分别拼成 1 对常开、1 常闭至 6 常开、6 常闭形式。LA19 系列只有 1 对常开和 1 对常闭触头，按钮内装信号灯，受另外 1 对常闭触头的控制。LA20 系列除带有信号灯以外，还有 2 个或 3 个元件组合为一体的开启式或保护式产品。该系列有 1 常开 1 常闭、2 常开 2 常闭和 3 常开 3 常闭三种形式。

二、位置开关

在电力拖动系统中，有时要求根据生产机械部件位置的变化而改变电动机的工作情况。例如，当运行部件移动到某一位置时，要求能自动停止、反向或改变移动速度等，用户可以用位置开关来达到这些要求，如建筑工地的吊车、机工车间的行车等。

位置开关又称行程开关，其作用和按钮开关相同，都是对控制线路发出接通、断开和信号转换等指令的电器。但与按钮开关不同的是，位置开关不靠手按而是利用生产机械某些运行部件的碰撞而使触头动作、接通和断开控制线路，从而达到一定的控制要求。

由于工作条件不同，位置开关有很多构造形式，常用的有 LX19 系列和 JLXK1 系列，各种系列的位置开关的基本构造相同，都是由操作头、触头系统和外壳组成。操作头是开关的感测部分，它感受机械设备发出的动作信号，并将引信号传递到触头系统。触头系统是开关的执行部分，它将操作头传来的机械信号通过本身的转换动作变成电信号，输出到有关控制回路，使之作出必要的反应。位置开关由于运行的传动装置不同，又分为按钮式和旋转式等。

位置开关的型号意义如下：

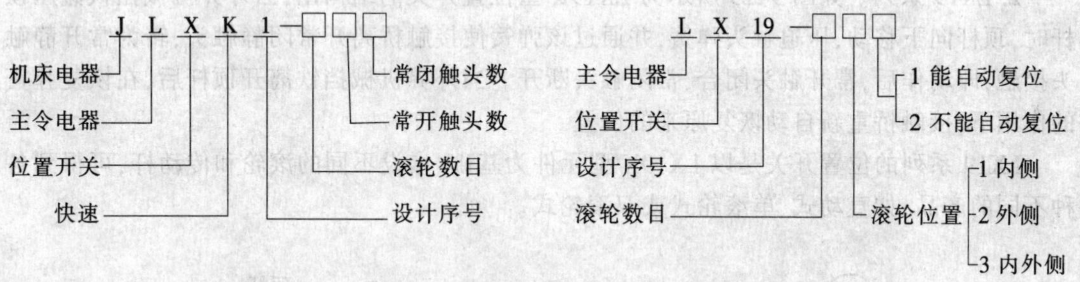

图 9-26 所示为位置开关的符号。下面分别分析两种常用系列的位置开关。

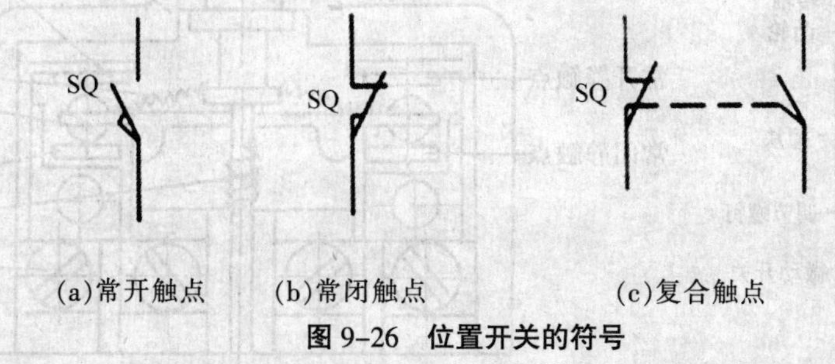

图 9-26 位置开关的符号

1.JLXK1 系列。JLXK1 系列位置开关有按钮式、单轮旋转式和双轮旋转式，其外形如图 9-27 所示。

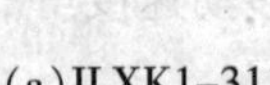

(a)JLXK1-311　(b)JLXK1-111 单轮式　(c)JLXK1-211 双轮式

图 9-27 JLXK1 系列位置开关

现以单轮旋转式位置开关为例,分析其内部结构及工作原理。如图 9-28 所示为JLXK1-111 型位置开关的动作原理图。当运行机械的挡铁压到位置开关的滚轮上时,由于滚轮的移动,带动传动杠杆连同转轴一起转动,使凸轮推动撞块,当撞块被压到一定位置时,动触头推动微动开关快速动作,使其常闭触头断开,常开触头闭合;当滚轮上的挡铁移开后,复位弹簧使位置开关的各部分恢复到原始位置,常闭触头闭合,常开触头断开。这种位置开关依靠本身的复位弹簧复位。由于能够自动复位,所以在生产机械的自动控制中应用很广泛。

图 9-27(c)所示的双轮旋转式位置开关是不能自动复位的,而是靠运行机械反向移动时,挡铁碰撞另一个滚轮时才能复原。这种位置开关的最大优点是运行可靠,但价格较贵。

2. LX19 系列。如图 9-29 所示为 LX19K 型位置开关的结构图,当外界机械挡铁碰压顶杆时,顶杆向下移动,压迫触头弹簧,并通过该弹簧使接触桥离开常闭静触头,转为常开静触头接触,即动作后,常开触头闭合,常闭触头断开。当外界机械挡铁离开顶杆后,在恢复弹簧的作用下,接触桥重新自动恢复原来的位置。

LX19 系列的位置开关是以 LX19K 型元件为基础,增设不同的滚轮和传动杆,可得到各种不同的产品,如直动式、单滚轮式或双滚轮式。

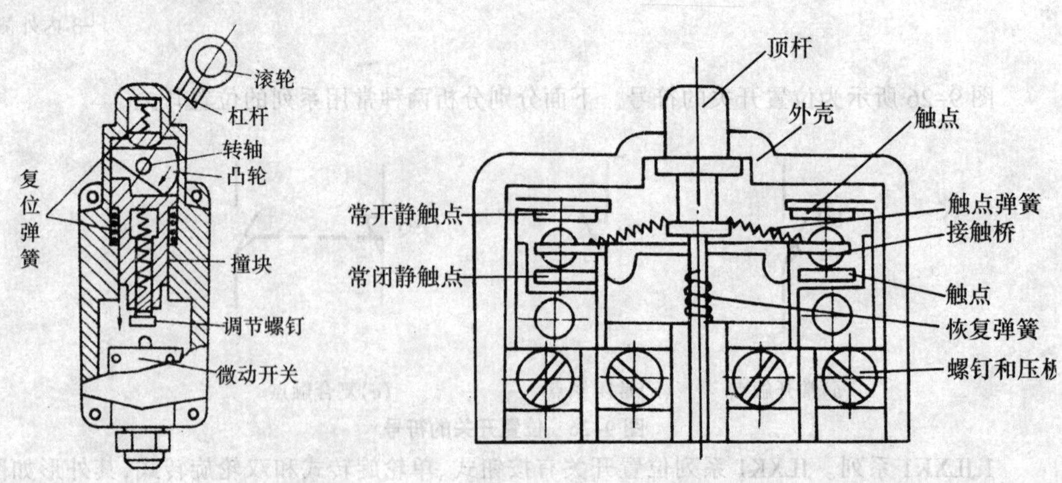

图 9-28 JLXK1-111 型位置开关　　图 9-29 LX19K 型位置开关结构图

常用位置开关的技术数据如表 9–15 所示。

表 9–15 常用位置开关技术数据

型号	规格	结构特点	触点对数	
			常开	常闭
LX19K	额定电压:380 V 额定电流:5 A	按钮式	1	1
LX19–111		内侧单轮,自动复位	1	1
LX19–121		外侧单轮,自动复位	1	1
LX19–131		内外侧单轮,自动复位	1	1
LX19–212		内侧双轮,不能自动复位	1	1
LX19–222		外侧双轮,不能自动复位	1	1
LX19–232		内外侧双轮,不能自动复位	1	1
LX19–001		无滚轮,反径向传动杆,自动复位	1	1
JLXK1		快速位置开关	1	1
LXW1–11		微动开关	1	1

在选用位置开关时,要根据使用场合和线路要求进行选择,并且要满足额定电压和额定电流。

第六节 常用低压电器的故障及排除

一、触头的故障与维修

触头是接触器、继电器及主令电器等设备的主要部件,由于起着接通和断开电路电流的作用,所以是电器中比较容易损坏的部件。触头的故障一般有触头过热、损坏和熔焊等情况。

(一)触头过热

触头通过电流会发热,其发热的程度与触头的接触电阻有关。动、静触头之间的接触电阻越大,触头发热越厉害,有时甚至将动、静触头熔在一起,从而影响电器的使用,甚至不能使用。因此,对于触头发热必须查明原因,及时处理,保护电器的正常工作。造成触头发热的原因主要有以下几个方面:

1.触头接触压力不足,造成过热。电器使用天长日久,或由于受到机械损伤和高温电弧的影响,使弹簧产生变形、变软而失去弹性,造成触头压力不足;当触头磨损后变薄,使动、静触头完全闭合后触头间压力减小。这种情况都会使动、静触头接触不良,接触电阻增大,引起触头过热。处理的方法是调整触头上的弹簧压力,用以增加触头间的接触压力。若调整后仍达不到要求,则应更换弹簧或触头。

2.触头表面接触不良,触头表面氧化或有污垢,也会造成出头过热。对于银触头,氧化后影响不大;对于铜触头,需用小刀将其表面的氧化层刮去。触头表现的污垢,可用汽油或四氯化碳清洗。

3.触头接触表面被电弧灼伤烧毛,使触头过热。此时要用小刀或什锦锉修整毛面,修整时不宜将触头表面锉的过分光滑,因为过分光滑会使触头接触面减小,接触电阻反而增大,同时触头表现锉的过多也影响了其使用寿命。不允许用纱布或砂纸来修整触头的毛面。

此外由于用电设备或线路产生过电流故障,也会引起触头过热。此时应从用电设备和线路中查找故障并排除,避免触头过热。

(二)触头磨损

触头的磨损有两种:一种是电磨损。由触头间电弧或电火花的高温使触头产生磨损。另一种是机械磨损。由触头闭合时的撞击、触头接触面的相对滑动摩擦等造成,触头在使用过程中,其厚度越来越薄,这是由于磨损造成的,若发现触头磨损过快,则应查明原因,排除故障。如果触头磨损到原厚度的2/3~1/2时,需要更换触头。

(三)触头熔焊

触头熔焊是指动、静触头表面被熔化后焊在一起而断不开的现象。熔焊是由于触头闭合时,撞击和产生的振动在动、静触头间的小间隙中产生短电弧,电弧的温度很高,可使触头表面被灼伤以致烧熔,熔化后的金属使动、静触头焊在一起。当发生触头熔焊时,要及时更换触头,否则会造成人身或设备的事故。产生触头熔焊的原因大都是触头弹簧损坏,触头的初压力太小,此时应调整触头压力或更换弹簧。有时因为触头容量过小,或因电路发生过载,当触头闭合时通过的电流太大,而使触头熔焊。

二、电磁系统的故障与维修

许多电器触头的闭合或断开是靠电磁系统的作用完成的,电磁系统一般由铁芯、衔铁和吸引线圈等组成。电磁系统的常见故障有衔铁噪声大、衔铁吸不上及线圈故障等。

(一)衔铁噪声大

电磁系统在工作时发出一种轻微的嗡嗡声,这是正常的。若声音过大或异常,这说明电磁系统出现了故障,其原因一般有以下几种情况:

1.衔铁与铁芯的接触面接触不良或衔铁歪斜。电磁系统工作过程中,衔铁与铁芯经过多次碰撞后,接触面变形或磨损,以及接触面上积有锈蚀、油污等,都会造成相互间接接触不良,产生振动及噪声。衔铁的振动将导致衔铁和铁芯的加速损坏,同时还会使线圈过热,严重的甚至烧毁线圈。通过清洗接触面的油污及杂质,修整衔铁端面,来保持接触良好,排除故障。

2.短路环损坏。铁芯经过多次碰撞后,短路环会出现断裂而使铁芯发出较大的噪声,此时应更换短路环。

3.机械方面的原因。如果触头弹簧压力过大,或因活动部分受到卡阻而使衔铁不能完全吸合,都会产生较强烈的振动和噪声。此时应调整弹簧压力,排除机械卡阻等故障。

(二)线圈的故障及排除

线圈的主要故障是由于其所通过的电流过大,使线圈过热,甚至烧毁。如果线圈发生匝间短路,应重新绕制或更换;如果衔铁和铁芯间不能完全闭合,有间隙,也会造成线圈过热。电源电压过低或电器的操作超过额定操作频率,也会使线圈过热。

(三)衔铁吸不上

当线圈接通电源后,衔铁不能被铁芯吸合时,应立即切断电源,以免线圈被烧毁。导致衔铁吸不上的原因有线圈的引出线连接发生脱落;线圈有断线或烧毁的现象;此时衔铁没有振动和噪声。活动部分有卡阻现象,电源电压过低等也会造成衔铁吸不上,但此时衔铁有振动和噪声,应通过检查,分别采取措施,保证衔铁正常吸合。

思考与练习

1.低压电器有哪些类型?它们各有那些用途?熔断器的选用原则是什么?
2.熔断器是怎样一种电器?它是根据什么原理工作的?
3.熔断器的额定电流与容体的额定电流是不是一回事?
4.按钮的作用是什么?由哪几部分组成?
5.如何正确选用熔断器和容体?
6.交流接触器主要由哪几部分组成?它们各自的结构特点及作用是什么?
7.简述热继电器的主要结构和作用。
8.电动机的启动电流大,当电动机启动时,热继电器会不会动作?为什么?
9.时间继电器的作用是什么?怎样选用时间继电器?
10.交流接触器在运行中噪声很大的原因是什么?
11.接触器在运行中线圈吸引电压过高或过低有什么影响?
12.低压电器的触点系统常见故障有哪些?怎样检查排除?
13.交流接触器和时间继电器各有哪些常见故障?造成的原因是什么?怎样检查?

实训9-1　常用低压电器常见故障的检查与维修

一、实训目的

1.熟悉热继电器、时间继电器、交流接触器的拆装工艺、基本构造与动作原理。
2.掌握常见故障的检查与维修。

二、实训器材

工具、仪表与器材:尖嘴钳、螺丝刀、扳手、镊子、交流接触器、热继电器、时间继电器、万用表。

三、训练步骤与工艺要点

1.拆卸一台交流接触器,将拆卸步骤,主要零部件名称、作用,各对触头动作前后的电阻值及各类触头数量,线圈有关数据记录下来。

2.打开热继电器外盖,观察热继电器内部结构,检测各热元件电阻值,将各零部件名称、作用及有关电阻值记录下来。

3.观察空气阻尼式时间继电器结构,将主要零部件名称、作用、触头数量及种类记录下来`。

4.对于有故障的交流接触器、热继电器、时间继电器,各找一只进行检查修理,若因条件等原因无法修理,则说明原因,提出修理方案。

四、实训报告

总结拆装交流接触器、热继电器、时间继电器的体会。

第十章 三相异步电动机基本控制技术

电力拖动是电动机拖动生产机械的统称，一般由电动机、控制电路、保护电器与生产机械组成。不论其控制装置的复杂程度如何，都是由各种电动机和控制电路所组成。对于每一台电动机来说，其状态不是静止就是转动，而转动又分为正与反、快与慢等几种。生产机械的任何动作方式的实现都是由电动机的运动相互转换实现的，而电动机的运动形式都是由一系列的启动与停止的控制来实现的。三相笼型异步电动机由于结构简单、价格低廉、坚固耐用等一系列优点在生产中得到了广泛的应用。

第一节 电气图绘制规则和符号

电气控制线路是由许多电气元件按照一定的要求和规律连接而成的。

将电气控制系统中各电气元件及它们之间的连接线路用一定的图形表达出来，这种图形就是电气控制系统图，一般包括电气原理图、电器布置图和电气安装接线图3种。

一、常用电气图的图形符号与文字符号

图形符号是构成电气图的基本单元，是绘制和识读电气图的基础知识。我国国标GB/T4728-1985《电气简图用图形符号》标准中规定了各类电气产品对应的图形符号。该标准的第二版(1996—2000年)已完全和国际标准接轨。文字符号是指以文字的形式表示项目种类和线路的特征、功能、状态及概念的代号或代码。我国目前执行的标准为GB/T7159-1987。在国家标准中，电气技术中的文字符号分为基本文字符号(单字母或双字母)和辅助文字符号。基本文字符号中的单字母符号按英文字母将各种电气设备、装置和元器件划分为23个大类，每个大类用一个专用单字母符号表示。如“K”表示继电器、接触器类，“F”表示保护器件类等，单字母符号应优先采用。双字母符号是由一个表示种类的单字母符号与另一字母组成，其组合应以单字母符号在前，另一字母在后的次序列出。

二、电气系统图介绍

(一)电气原理图

电气原理图用图形和文字符号表示电路中各个电气元件的连接关系和电气工作原理,它并不反映电气元件的实际大小和安装位置,如图10-1所示。

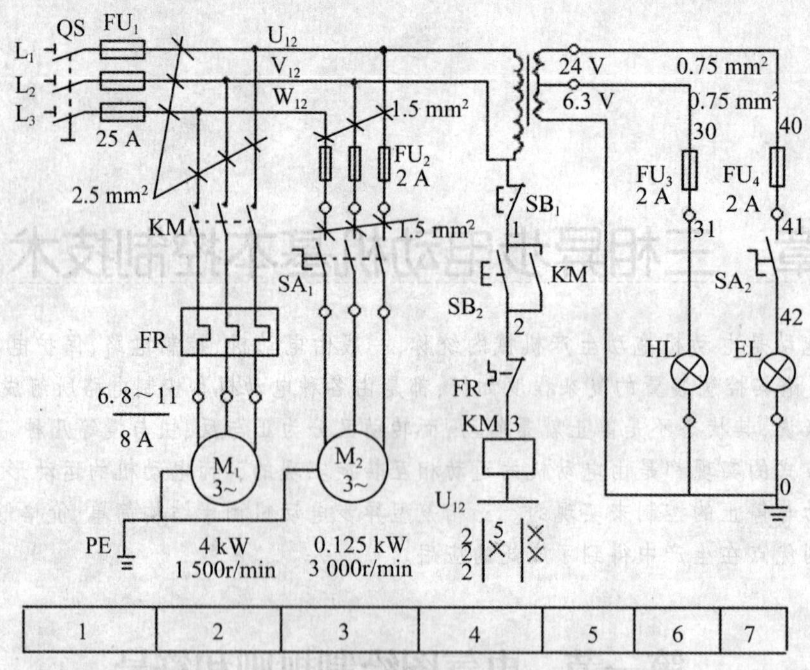

图10-1　CW6132型普通车床的电气原理图

1.电气原理图一般分为主电路、控制电路和辅助电路3个部分。

2.电气原理图中所有电气元件的图形和文字符号必须符合国家规定的统一标准。

3.在电气原理图中,所有电器的可动部分均按原始状态画出。

4.动力电路的电源线应水平画出;主电路应垂直于电源线画出;控制电路和辅助电路应垂直于两条或几条水平电源线之间;耗能元件(如线圈、电磁阀、照明灯和信号灯等)应接在下面一条电源线一侧,而各种控制触点应接在另一条电源线上。

5.应尽量减少线条数量,避免线条交叉。

6.在电气原理图上应标出各个电源电路的电压值、极性或频率及相数;对某些元器件还应标注其特性(如电阻、电容的数值等);不常用的电器(如位置传感器、手动开关等)还要标注其操作方式和功能等。

7.为方便阅图,在电气原理图中可将图幅分成若干个图区,图区行的代号用英文字母表示,一般可省略,列的代号用阿拉伯数字表示,其图区编号写在图的下面,并在图的顶部标明各图区电路的作用,如图10-2所示。

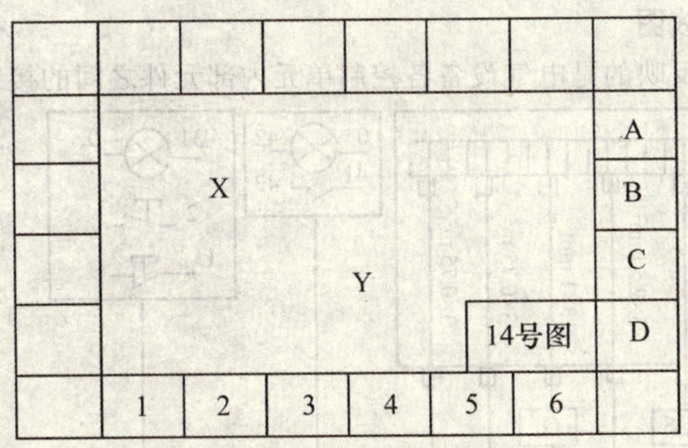

图 10–2　图幅分区示例

8.在继电器、接触器线圈下方均列有触点表以说明线圈和触点的从属关系，即“符号位置索引”。也就是在相应线圈的下方，给出触点的图形符号（有时也可省去），对未使用的触点用“×”标明（或不作标明）。

接触器各栏表示的含义如表 10–1 所示：

表 10–1　接触器触点表

左栏	中栏	右栏
主触点所在图区号	辅助动合触点所在图区号	辅助动断触点所在图区号

继电器各栏表示的含义如表 10–2 所示：

表 10–2　继电器触点表

左栏	右栏
动合触点所在图区号	动断触点所在图区号

（二）电气元件布置图

电气元件布置图反映各电气元件的实际安装位置。图中各电气元件的代号与电路图上的元件代号相对应。在图中电气元件用实线框表示，而不必按其外形形状画出；在图中往往还留有 10%以上的备用面积及导线管（槽）的位置，以供走线和改进设计时用；在图中还需要标注出必要的尺寸。如图 10–3 所示。

电气元件布置的注意事项如下：

（1）熟悉电气元件的安装尺寸、开孔尺寸等外形条件。

（2）外形尺寸与结构相似的电器应该安放在一起，以便配线。

（3）较大和较重的元件应该安放在电气控制板或控制柜的下面，而发热元件安装在电气控制板的上面。

（4）需要经常维修、检修、调整的电气元件应该安放在比较方便操作的地方。

（5）电气元件之间布置不宜过密，要留有一定的间距。

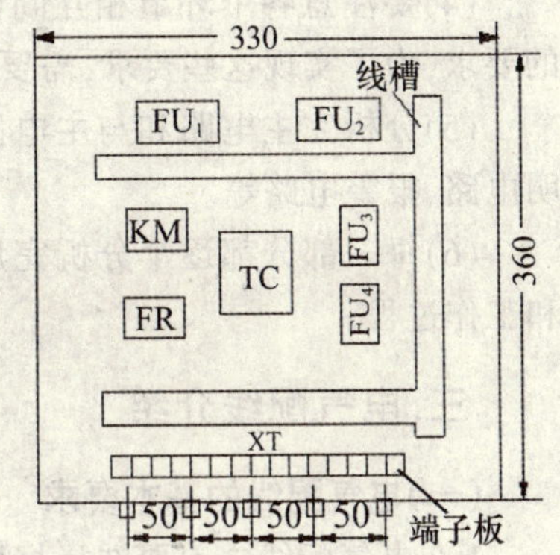

图 10–3　CW6132 型车床电器位置图

(三)电气安装接线图

电气安装接线图反映的是电气设备各控制单元内部元件之间的接线关系(图 10–4)。

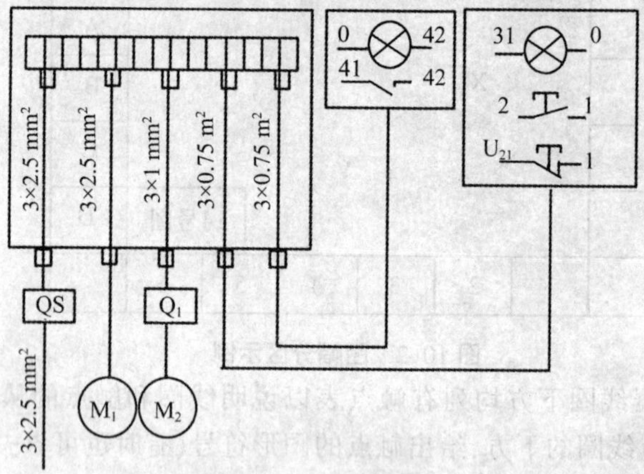

图 10–4 CW6132 车床电气互连图

在绘制接线图时应该把各电器的各部分画在一起,文字符号、元件连接顺序、电路号码应与电气原理图一致。

在图上或列表中标明连接导线的根数、颜色\截面积、穿线套管的直径和长度。

(四)对电气原理图的阅读方法

通过对电气原理图的阅读分析来掌握电气控制电路的工作原理,以便对电气设备进行维护和维修。

对电气原理图分析方法和步骤如下:

(1)从主电路入手,根据每台电动机和执行电器的控制要求分析各电动机和控制器的控制内容。

(2)找出控制电路中主电路所用电器完成的具体的控制功能。按照电路的功能不同,可将其分为不同的控制电路,进行分析时,如果控制电路比较复杂,为见分晓可先排除一些与控制关系不密切的电路,如照明电路等。

(3)假定控制按钮或其他主令电器动作将引起电路如何动作,从而分析每个电器在电路中完成什么功能。

(4)要注意各个环节相互间的联系和制约关系,例如生产机械对安全性、可靠性有很高的要求,为了实现这些要求,需要在电路中设立自保、互锁、保护等环节。

(5)分析完主电路和与主电路有关的电路后,再分析与主电路关系不密切的电路,如照明电路、报警电路等。

(6)每一部分都逐个分析完后,再结合整个电路进行总体分析,进一步理解其控制功能和工作过程。

三、电气配线介绍

(一)电气配线的基本要求

1.在电气配线之前要选择好所用的导线,一般导线的线径要根据电路的电流来选择。

2.功能不同的导线或三相线等尽量用不同颜色的线进行区分。

3.对于线槽外经过的导线,要求横平竖直、接线美观。

4.从控制柜向外引出的导线要合理处理。

(二)导线的选择

各种规格导线的安全电流的大小,通常可以从手册中查找。但是记住一些常用的口诀,就可以很快算出电流大小,选择合适的导线时,就不必要查表。

导线通过的安全电流的大小与导线截面、导线材料(例如铜线或铝线)、导线的型号(例如绝缘线、裸线等)、导线的敷设方式(例如明敷、穿管等)以及导线所处的环境温度(例如25℃左右或更大)等有关,计算也较复杂。下面对其中的一种口诀进行说明。

导线电流的简单口诀如下:

10下五,100上二。25,35,四三界。

70,95,两倍半。穿管,温度,八九折。

裸线加一半。铜线升级算。

口诀说明:口诀是以铝芯绝缘线、明敷在环境温度25 ℃的条件为准。口诀对各种截面的安全电流(单位为安培)不是直接指出,而是用截面乘上一定的倍数来表示。我国规定导线截面(单位为 mm^2)的规格如下:

1、1.5、2.5、4、6、10、16、25、35、50、70、95、120、150、185…

口诀中阿拉伯数码表示导线截面(mm^2),汉字表示要乘的倍数。

把口诀的截面与倍数关系排列起来如下:

10	16~25	35~50	70~95	120…
五倍	四倍	三倍	二倍半	二倍

"10下五"是指截面在10 mm^2 以下,通过的电流都是截面的5倍;"100上二"是指截面在100 mm^2 以上,通过电流都是截面的2倍;截面25 mm^2 与35 mm^2 是4倍和3倍的分界处,对应口诀"25,35,四三界";"70,95,两倍半"则是指通过电流截面数的2.5倍。

当导线所处的条件改变时,便可利用后面三句口诀来处理。"穿管,温度,八九折"是指若导线是穿管敷设,通过的电流计算再打8折;若导线环境的温度超过25 ℃,通过的电流计算以后再打9折。

"裸线加一半"是指对于裸铝线通过的安全电流,按上面口诀计算后再加一半。

"铜线升级算"是指将导线的截面排列顺序提升一级,再按相应的铝线条件计算。

第二节 三相异步电动机全压启动控制电路

一、开关(断路器)直接启动电动机电路

图10-5(a)所示是一种最简单的刀开关控制电路。它是通过胶盖瓷底刀开关或铁壳开

关来控制电动机的启动和停止的,在工厂中常被用来控制三相电风扇和砂轮机等设备。

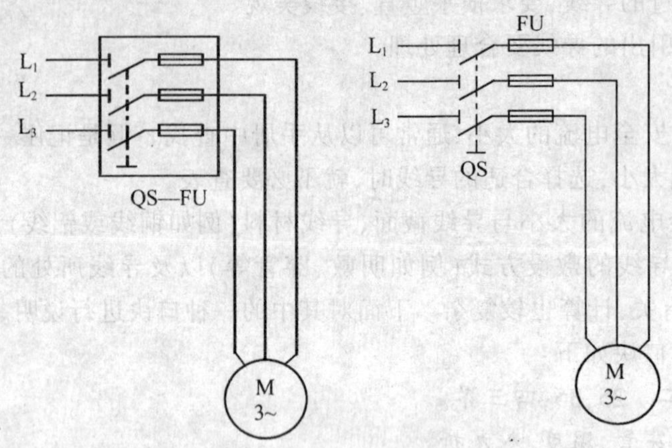

(a)铁壳开关控制　　(b)转换开关控制

图 10-5　电动机单向运转全压启动开关控制电路

工厂中有的设备(如一般使用的台钻)也常采用转换开关和熔断器来控制电动机的启动和停止,如图 10-5(b)所示。

以上两种线路中,铁壳开关 QS 或组合开关 QS 起接通、断开电源用;熔断器 FU 作短路保护用。

上述控制线路所用电器少,线路简单,适用于不频繁启动的小容量电动机,但在启动、停车频繁的场合(如电动葫芦),使用这种手动控制方法既不方便,也不安全,操作劳动强度大,还不能进行自动和远距离控制,因此目前广泛采用按钮、接触器等电器来控制电动机的运转。

二、三相异步电动机单向点动电路

点动控制电路是利用按钮和接触器控制电动机的最简单的控制线路,其原理图如图 10-6 所示,分为主电路和控制电路两部分。

电路工作原理如下:

首先合上电源开关 QS。

启动:

按下 SB→KM 线圈得电→KM 主触点闭合→电动机 M 运转

停止:

松开 SB→KM 线圈失电→KM 主触点分断→电动机停转

这种“一按就动,一松就停”的电路称为点动控制。点动控制电路常用于调整机床,对刀动作等。因短时工作,电路中不设热继电器。

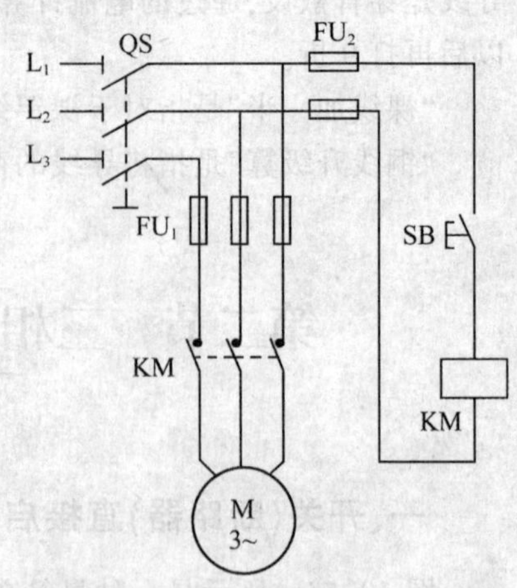

图 10-6　电动机单向点动控制电路

三、接触器自锁单向运转控制电路

在要求电动机启动后能连续运转时,采用上述点动单向控制线路就不行了。因为要使电动机 M 连续运转,启动按钮 SB 就不能断开,这显然是不符合生产实际要求的。为实现电动机的连续运转,可采用图 10–7 所示的接触器自锁单向控制线路。这种线路的主电路和点动控制线路的主电路相同,但在控制电路中又串接了一个停止按钮 SB_2,在启动按钮 SB_1 的两端并接了接触器 KM 的一对常开辅助触头。

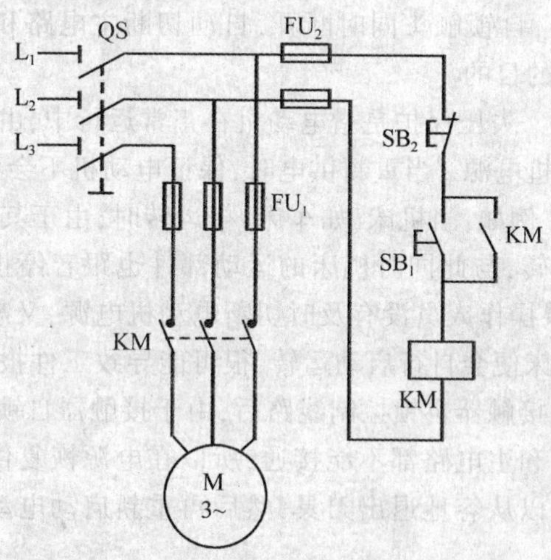

图 10–7 接触器自锁单向运转控制电路

线路的工作原理如下:先合上电源开关 QS。

启动:

按下自动按钮 SB_1→KM 线圈得电 →KM 常开辅助触头闭合 / →KM 主触头闭合 →电动机 M 启动连续运转

当松开 SB_1,其常触头恢复分断后,因为接触器 KM 的常开辅助触头闭合时已将 SB_1 短接,控制电路仍保持接通,所以接触器 KM 继续得电,电动机 M 实现连续运转。**像这种当松开启动按钮 SB_1 后,接触器 KM 通过自身常开辅助触头而使线圈保持得电的作用叫做自锁(或自保)。与启动按钮 SB_1 并联起自锁作用的常开辅助触头叫自锁触头(或自保触头)。**

停止:

按下停止按钮 SB_2→KM 线圈失电→ →KM 自锁触头分断 / →KM 主触头分断 →电动机 M 失电停转

当松开 SB_2,其常闭触头恢复闭合后,因接触器 KM 的自锁触头在切断控制电路时已分断,解除了自锁,SB_1 也是分断的,所以接触器 KM 不能得电,电动机 M 也不会转动。

接触器自锁控制线路不但能使电动机连续运转,而且还有一个重要的特点,就是具有欠压和失压(或零压)保护作用。

1.欠压保护。"欠压"是指线路电压低于电动机应加的额定电压。"欠压保护"是指当线路电压下降到某一数值时，电动机能自动脱离电源电压停转，避免电动机在欠压下运行的一种保护。电动机为什么要有欠压保护呢？这是因为当线路电压下降时，电动机的转矩随之减小，电动机的转速也随之降低，从而使电动机的工作电流增大，影响电动机的正常运行，电压下降严重时还会引起“堵转”(即电动机接通电源但不转动)现象，以致损坏电动机，发生事故。采用接触器自锁控制线路就可避免电动机欠压运行。这是因为当线路电压下降到一定值(一般指低于额定电压85%以下)时，接触器线圈两端的电压也同样下降到此值，从而使接触器线圈磁通减弱，产生的电磁吸力减小。当电磁吸力减小到小于反作用弹簧的拉力时，动铁心被迫释放，带动着主触头，自锁触头同时断开，自动切断主电路和控制电路，电动机失电停转，最终达到了欠压保护的目的。

2.失压(或零压)保护。失压保护是指电动机在正常运行中，由于外界某种原因引起突然断电时，能自动切断电动机电源。当重新供电时，保证电动机不会自行启动。在实际生产中，失压保护是很有必要的。例如：当机床(如车床)在运转时，由于其他电气设备发生故障引起突然断电，电动机被迫停转，与此同时机床的运动部件也跟着停止了运动，切削刀具的刃口便卡在工件表面上。如果操作人员没有及时切断电动机电源，又忘记退刀，那么当故障排除恢复供电时，电动机和机床便会自行启动运转，很可能导致工件报废或折断刀具等设备甚至造成人身伤亡事故。采用接触器自锁控制线路后，由于接触器自锁触头和主触头在电源断电时已经断开，使控制电路和主电路都不能接通，所以在电源恢复供电时，电动机就会自行启动运转，这样操作人员可以从容地退出刀具，然后再重新启动电动机，保证了人身和设备的安全。

四、具有过载保护的自锁单向控制线路

上述线路由熔断器FU作短路保护，由接触器KM作欠压和失压保护，但还不够。因为在电动机的运行过程中，如果长期负载过大或启动操作频繁，或者缺相运行等，都可能使电动机定子绕组的电流增大，超过其额定值。而在这种情况下，熔断器在短时间内不熔断，从而引起定子绕组过热而使温度升高，若温度超过允许温升就会使绝缘损坏，缩短电动机的使用寿命，严重时甚至会使电动机的定子绕组烧毁。因此，对电动机还必须采取过载保护措施。

过载保护是指当电动机出现过载时能自动切断电动机电源，使电动机停转的一种保护。最常用的过载保护是由热继电器来实现的。

图10-8所示为具有过载保护的自锁正转控制线路。此线路与接触器自锁正转控制线路的区别是增加了一个热继电器FR，并把其热组件串接在电动机三相主电路的任意两相上，把常闭触头串接在控制电路中。

如果电动机在运行过程中，由于过载或其他原因使电流超过额定值，那么经过一定时间，串接在主电路中的热继电器的热元件会因受热发生弯曲，通过动作机构使串在控制电路中的常闭触头

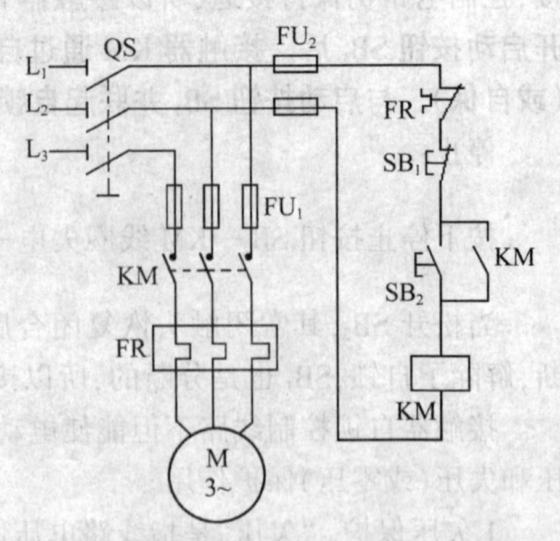

图10-8 具有过载保护的自锁单向控制电路

断开，切断了控制电路，接触器 KM 的线圈失电，其主触头、自锁触头断开，电动机 M 失电停转，最终达到了过载保护之目的。

热继电器在三相异步电动机控制线路中也只能作过载保护，不能作短路保护。

线路的工作原理与接触器自锁正转控制线路的原理相同，可自行分析。

五、连续点动混合控制的正转控制线路

机床设备在正常工作时，一般需要电动机处在连续运转状态。但在试车或调整刀具与工件的相对位置时，又需要电动机能点动控制，实现这种工艺要求的线路是连续与点动混合控制的正转控制线路，如图 10-9 所示。

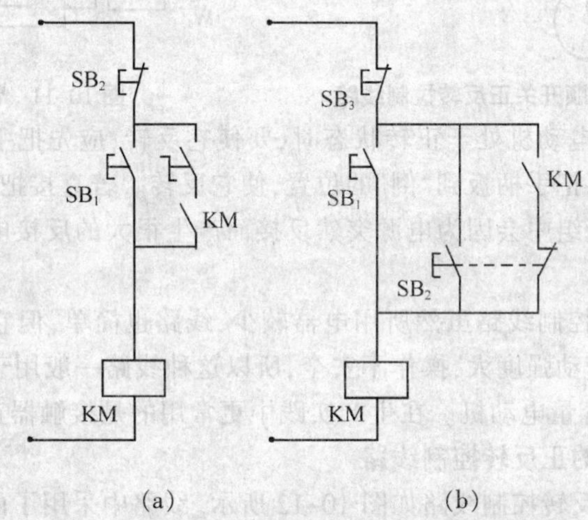

图 10-9　连续点动混合控制的正转控制线路

图 10-9(a)是在接触器自锁正转控制线路的基础上，把手动开关 SA 串接在自锁电路中实现的。显然，当把 SA 闭合或打开时，就可实现电动机的连续或点动控制。

图 10-9(b)是在自锁正转控制线路的基础上，增加了一个复合按钮 SB2 来实现连续与点动混合正转控制的。

工作原理由读者自己分析。

六、三相异步电动机的正反转控制线路

(一)倒顺开关正反转控制线路

倒顺开关也叫可逆转换开关，利用它可以改变电源相序来实现电动机的手动正反转控制。如图 10-10 所示是倒顺开关正反转控制线路。

倒顺开关(如图 10-11 所示)有六个固定触头，其中 U_1、V_1、W_1 为一组，与电源进线相连，而 U、V、W 为另一组，与电动机定子绕组相连。合上电源开关 QS_1，操作倒顺开关 SA，当开关手柄置于“顺转”位置时，动触片 S_1、S_2、S_3 分别将 U-U_1、V-V_1、W-W_1 相连接，使电动机正转；当开关手柄置于“逆转”位置时，动触片 S_1'、S_2'、S_3' 分别将 U-U_1、V-W_1、W-V_1 接通，使电动机实现反转；当手柄置于中间位置时，两组动触片均不与固定触头连接，电动机停止运转。

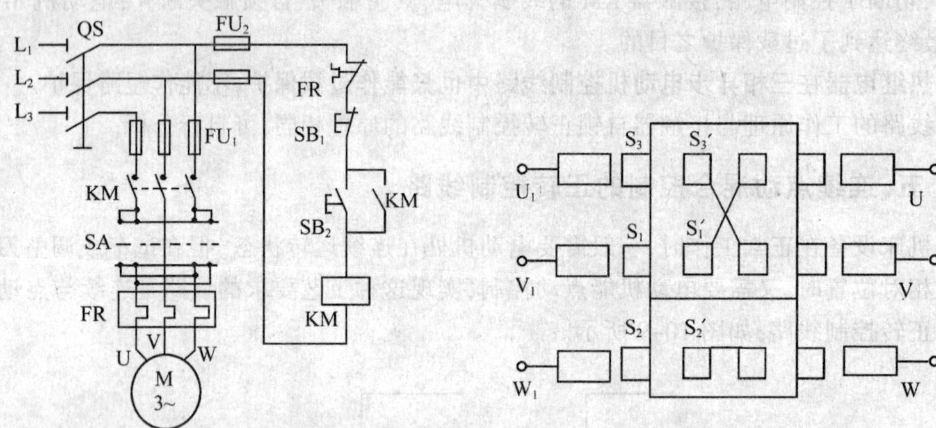

图 10-10 倒顺开关正反转拉制线路　　图 10-11 倒顺开关示意图

必须注意的是当电动机处于正转状态时，要使它反转，应先把手柄扳到“停”的位置，使电动机先停转，然后再把手柄扳到“倒”的位置，使它反转。若直接把手柄由“顺”扳至“倒”的位置，电动机的定子绕组中会因为电源突然反接而产生很大的反接电流，容易使电动机定子绕组因过热而损坏。

倒顺开关正反转控制线路虽然所用电器较少，线路也简单，但它是一种手动控制线路，在频繁换向时，操作劳动强度大，操作不安全，所以这种线路一般用于控制额定电流10 A、功率在 3 kW 以下的小容量电动机。在生产实践中更常用的是接触器正反转控制线路。

(二)接触器联锁的正反转控制线路

接触器联锁的正反转控制线路如图 10-12 所示。线路中采用了两接触器，即正转用的接触器 KM_1 和反转用的接触器 KM_2，它们分别由正转按钮 SB_2 和反转按钮 SB_3 控制。

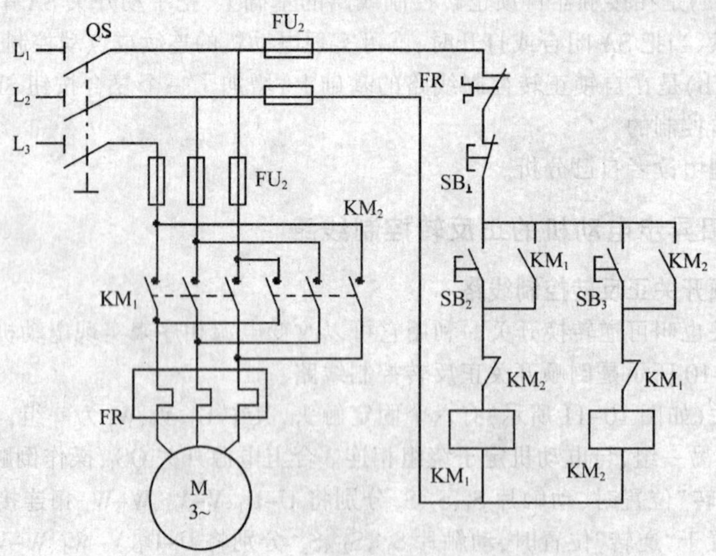

图 10-12 接触器联锁的电动机正反转控制

为了避免两接触器同时得电而造成电源相间短路，在控制电路中，分别将两个接触器 KM_1、KM_2 的辅助动断触点串接在对方的线圈回路里，这样，当 KM_1 得电动作时，串在反转控制电路中的 KM_1 的常闭触头分断，切断了反转控制电路，保证了 KM_1 主触头闭合时，KM_2 的主触头不能闭合。同样，当 KM_2 得电动作时，其 KM_2 的常闭触头分断，切断了正转控制电路，从而可靠地避免了两相电源短路事故的发生。像上述这种在一个接触器得电动作时，通过其常闭辅助触头使另一个接触器不能得电动作的作用叫联锁(或互锁)。实现联锁作用的常闭辅助触头称为联锁触头(或互锁触头)。

线路的工作原理如下：先合上电源开关 QS。

正转启动：

按下 SB_2 → KM_1 线圈得电 → KM_1 主触点闭合 → 电动机 M 正转
→ KM_1 辅助动断触点分断，对 KM_2 互锁
→ KM_1 辅助动合触点闭合，自锁

停止：

按下 SB_1 → KM_1 线圈失电 → KM_1 主触点分断 → 电动机 M 停转
→ KM_1 辅助动断触点闭合，互锁解锁
→ KM_1 辅助动合触点分断，自锁解锁

反转启动：

按下 SB_3 → KM_2 线圈得电 → KM_2 主触点闭合 → 电动机 M 反转
→ KM_2 辅助动断触点分断，对 KM1 互锁
→ KM_1 辅助动合触点闭合，自锁

从以上的分析可见，接触器联锁正反转控制线路的优点是工作安全可靠，缺点是操作不便，因为电动机从正转变为反转时，必须先按下停止按钮后，才能按反转启动按钮，否则由于接触器的联锁作用，不能实现反转。为克服此线路的不足，可采用按钮联锁或按钮和接触器双重联锁的正反转控制线路。

(三)按钮、接触器双重互锁的正反转控制电路

图 10-13 所示的为按钮、接触器双重互锁的正反转控制电路。所谓按钮互锁，就是将复合按钮动合触点作为启动按钮，而将其动断触点作为互锁触点串接在另一个接触器线圈支路中。这样，要使电动机改变转向，只要直接按反转按钮就可以了，而不必先按停止按钮，简化了操作。因此，在电力拖动中被广泛采用。如 Z3050 型摇臂钻床立松紧电动机的正反转控制及 X62W 型万能铣的主轴反接制动控制均采用这种控制线路。

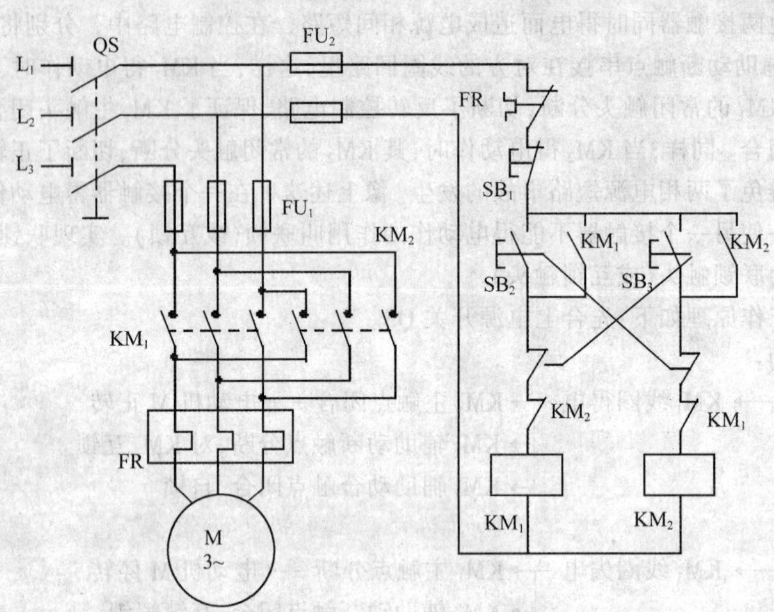

图 10-13　双重互锁的正反转控制电路

线路的工作原理如下:先合上电源开关 QS。

1.正转控制

按下 SB_3 —→ SB_2 常闭触头先分断对 KM_2 联锁(切断反转控制电路)
　　　　　→ SB_2 常开触头后闭合 —→ KM_1 线圈得电 —

→ KM_1 自锁触头闭合自锁 ┐
→ KM_1 主触头闭合 ┘ 电动机 M 启动连续正转
→ KM_1 联锁触头分断对 KM_2 联锁(切断反转控制电路)

2.反转控制:

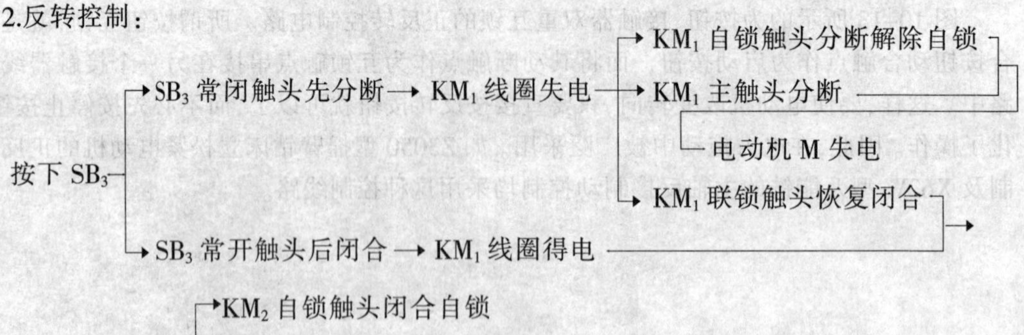

→ KM_2 自锁触头闭合自锁
KM_2 线圈得电 —→ KM_2 主触头闭合
→ KM_2 联锁触头分断对 KM_1 联锁(切断正转控制电路)

若要停止,按下 SB_1,整个控制电路失电,主触头分断,电动机 M 失电停转。

(四)行程开关控制的正、反转电路

图 10–14 为行程开关控制的正反转电路,它与按钮控制直接正反转电路相似,只是增加了行程开关的复合触头 SQ_1 及 SQ_2,它们适用于龙门刨床、铣床、导轨磨床等工作部件往复运动的场合。

这种利用运动部件的行程来实现控制的称为按行程原则的自动控制或称为行程控制。

工作原理:按下正向启动按钮 SB_2,接触器 KM_1 得电并自锁,电动机正转使工作台前进。当运行到 SQ_2 位置时,撞块压下 SQ_2,SQ_2 动断触点使 KM_1 断电,SQ_2 的动合触点使 KM_2 得电动作并自保,电动机反转使工作台后退。当撞块又压下 SQ_1 时,KM_2 断电,KM_1 得电,电动机又重复正转。

图 10–15 中行程开关 SQ_3、SQ_4 是用作极限位置保护的。当 KM_1 得电,电机正转,运动部件压下行程开关 SQ_2 时,应该使 KM_1 失电,而接通 KM_2,使电机反转。但若 SQ_2 失灵,运动部件继续前行会引起严重事故。若在行程极限位置设置 SQ_4(SQ_3 装在另一极端位置),则当运动部件压下 SQ_4 后,KM_1 失电而使电机停止。这种限位保护的行程开关在行程控制电路中必须设置。

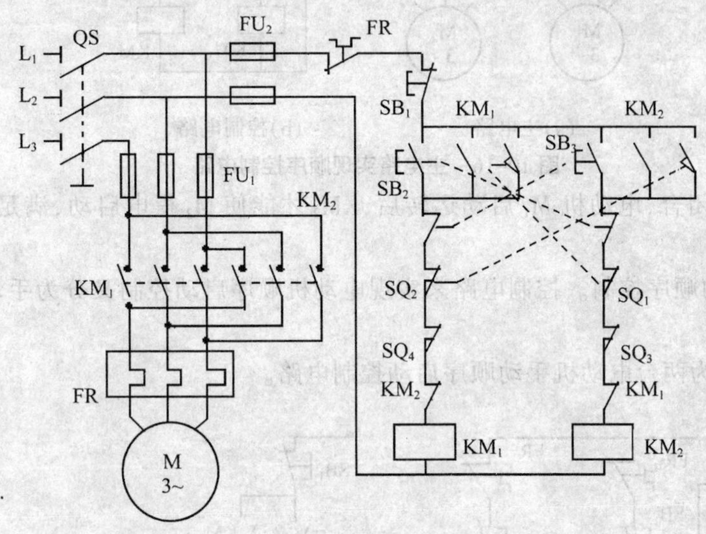

图 10–14 行程开关控制的正、反转电路

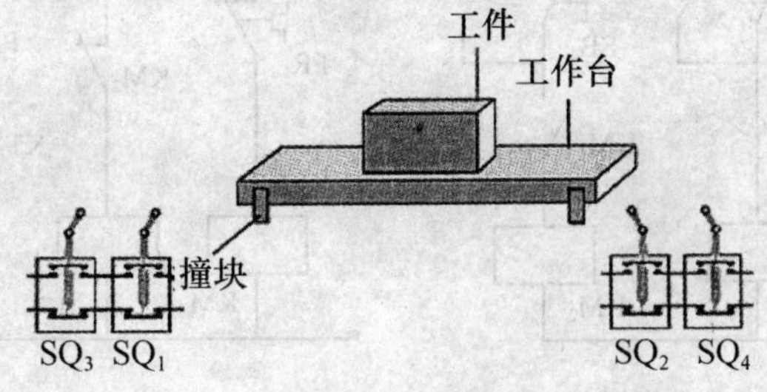

图 10–15 工作台自动往返运动的示意图

(五)顺序启动控制电路

在机床控制电路中,经常要求电动机有顺序地启动,如某些机床主轴必须在油泵工作后才能工作;龙门刨床工作台移动时,导轨内必须有充足的润滑油;铣床的主轴旋转后,工作台方可移动等等,都要求电机有顺序地启动。

常用的顺序控制电路有两种,一种是主电路的顺序控制,一种是控制电路的顺序控制。

1.主电路的顺序控制。主电路顺序启动控制电路如图 10-16 所示。

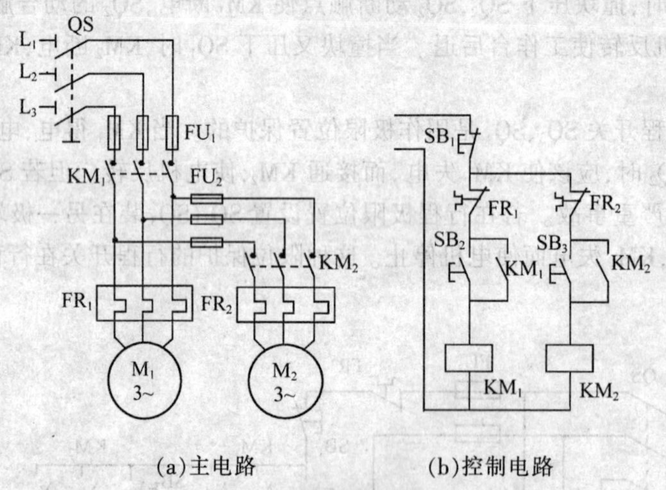

(a)主电路　　(b)控制电路

图 10-16　主电路实现顺序控制电路

只有当 KM_1 闭合,电动机 M_1 启动运转后,KM_2 才能使 M_2 得电启动,满足电动机M_1、M_2顺序启动的要求。

2.控制电路的顺序控制。控制电路来实现电动机顺序启动控制又分为手动顺序和自动延时顺序控制。

图 10-17(a)为两台电动机手动顺序启动控制电路。

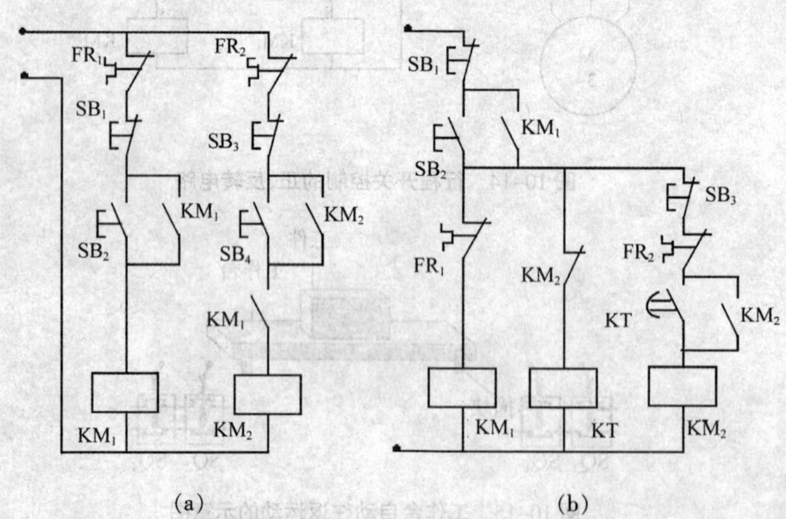

(a)　　(b)

图 10-17　两台电动机顺序启动控制电路

接触器 KM_1 控制油泵电机的起、停，保护油泵电机的热继电器是 FR_1。KM_2 及 FR_2 控制主轴电机的启动、停车与过载保护。由图 10-18 可知，只有 KM_1 得电，油泵电机启动后，KM_2 接触器才有可能得电，使主轴电动机启动。停车时，主轴电机可单独停止(按下 SB_3)，但若油泵电机停车时，则主轴电机立即停车。

图 10-17(b)为两台电动机顺序延时启动控制电路。

其工作原理是：按下 SB_2 后，KM_1 得电自保，电动机 M_1 启动，同时，时间继电器 KT 得电，到达 KT 的整定时间后，KT 的常开触点闭合，KM_2 得电自保，同时 KM_2 的常闭触点断开，使时间继电器 KT 复位。按 SB_3 电机 M_2 停车，按 SB_1 则电机 M_1、M_2 同时停车。图中利用接触器 KM_1 的动合触点实现顺序控制。

第三节 三相异步电动机降压启动控制

前面介绍的各种控制线路，启动时加在电动机定子绕组上的电压就是电动机的额定电压，都属于全压启动，也称直接启动。直接启动的优点是电气设备少、线路简单、维修量较小。但在电源变压器容量不够大的情况下，直接启动将导致电源变压器输出电压大幅度下降(因为异步电动机的启动电流比额定电流大很多)，不仅会减小电动机本身的启动转矩，而且会影响同一供电线路中其他设备的正常工作。因此，较大容量的电动机需要采取降压启动。

常见的降压启动方法有定子绕组中串接电阻降压启动、星形—三角形降压启动、自耦变压器降压启动等。下面分别给予介绍。

一、定子绕组串接电阻降压启动控制线路

在电动机启动时，在三相定子电路中串接电阻，使电动机定子绕组电压降低，启动结束后再将电阻切除，使电动机在额定电压下正常运行。正常运行时定子绕组接成 Y 型的笼型异步电动机，可采用这种方法启动。图 10-18 是这种启动方式的电路图。

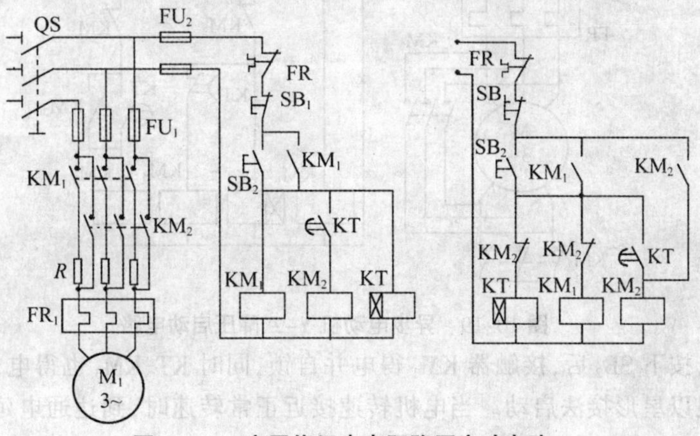

图 10-18 定子绕组串电阻降压启动电路

工作原理：合上隔离开关QS，按下按钮SB_2，KM_1线圈得电自保，其常开主触头闭合，电动机串电阻启动，KT线圈得电；当电机的转速接近正常转速时，到达KT的整定时间，其常开延时触头闭合，KM_2线圈得电自保，KM_2的常开主触头KM_2闭合将R短接，电机全压运转。

降压启动用电阻一般采用ZX_1、ZX_2系列铸铁电阻，其阻值小、功率大，可允许通过较大的电流。

电路工作原理如下：

首先合上电源开关QS。

按下SB_2 → KM_1线圈得电 ┬→ KM_1主触点闭合 → 电动机M串电阻R降压启动
　　　　　　　　　　　　　　└→ KM_1辅助动合触点闭合，自锁

KT线圈得电 —经过一段时间→ KT延时动合触点闭合 →

→ KM_2线圈得电 ┬→ KM_2主触点闭合 → 切除启动电阻R，电动机M在全压下稳定运行
　　　　　　　　├→ KM_2辅助动合触点闭合，自锁
　　　　　　　　└→ KM_2辅助动断触点分断 → KM_1和KT线圈失电，所有触头复位

按下SB_1，停止。

二、Y-△降压启动控制电路

这种方式的原理是：启动时把绕组接成星形连接，启动完毕后再自动换接成三角形接法而正常运行。凡是正常运行时定子绕组接成三角形的笼型异步电动机，均可采用这种降压启动方法（该方法也仅适用于这种接法的电动机）。

图10-19是用两个接触器和一个时间继电器自动完成Y-△转换的启动控制电路。

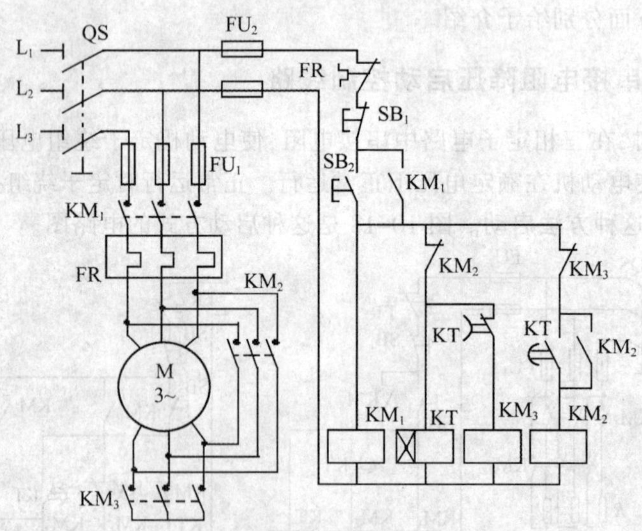

图10-19　异步电动机Y-△降压启动电路

由图可知，按下SB_2后，接触器KM_1得电并自锁，同时KT、KM_3也得电，KM_1、KM_3主触头同时闭合，电机以星形接法启动。当电机转速接近正常转速时，到达通电延时型时间继电器KT的整定时间，其延时动断触头断开，KM_3线圈断电，延时动合触头闭合，KM_2线圈得电，同

时 KT 线圈也失电。这时，KM_1、KM_2 主触头处于闭合状态，电动机绕组转换为三角形连接，电机全压运行。图中把 KM_2、KM_3 的动断触头串联到对方线圈电路中，构成“互锁”电路，避免 KM_2 与 KM_3 同时闭合，引起电源短路。

星形接法的启动电流仅为三角形接法启动时的 1/3；启动时电压降为额定电压的 $1/\sqrt{3}$，而此时的转矩只有全压启动的 1/3，故适应用于轻载或空载启动的场合。应当强调指出，Y–△连接时要注意其旋转方向的一致性。

在三相异步电动机“Y–△”启动过程中，绕组的自动切换由时间继电器 KT 延时动作来控制。它在机床自动控制中得到广泛应用。KT 延时的长短应根据启动过程所需时间来整定。

第四节　三相异步电动机常用制动控制电路

电动机断开电源以后，由于惯性作用不会马上停止转动，而需要转动一段时间才会完全停下来。这种情况对于某些生产机械是不适宜的。如：起重机的吊钩需要准确定位；万能铣床要求立即停转等。实现生产机械的这种要求就需要对电动机进行制动。

所谓制动，就是给电动机一个与转动方向相反的转矩使它迅速停转（或限制其转速）。制动的方法一般有两类：机械制动和电力制动。

一、机械制动

利用机械装置使电动机断开电源后迅速停转的方法叫机械制动。机械制动常用的方法有：电磁抱闸和电磁离合器制动。

1.电磁抱闸制动

(1)电磁抱闸的结构。电磁抱闸的结构如图 10–20 所示。它主要由两部分组成：制动电磁

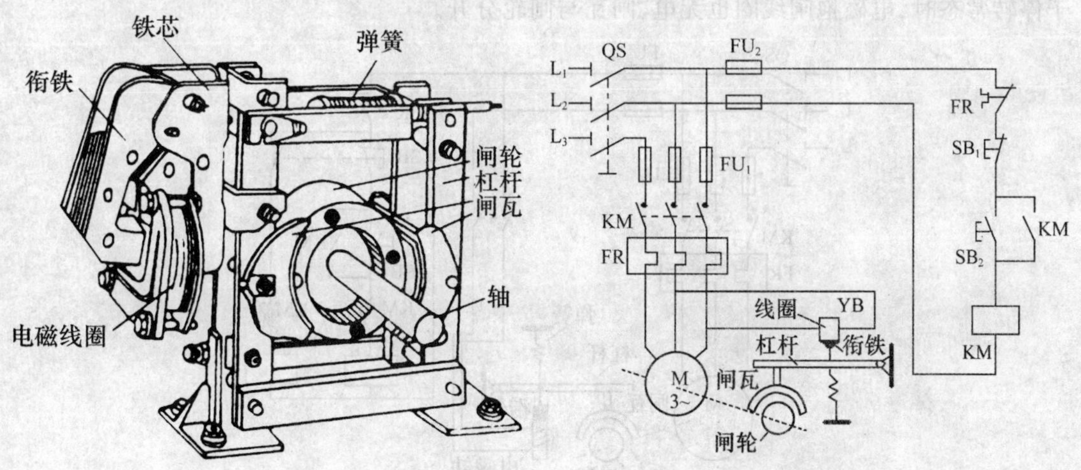

(a)断电制动型电磁抱闸的结构示意图　　(b)电磁抱闸断电制动控制电路

图 10–20　断电制动型电磁抱闸的结构及控制线路

铁和闸瓦制动器。制动电磁铁由铁心、衔铁和线圈三部分组成，并有单相和三相之分。闸瓦制动器包括闸轮、闸瓦、杠杆和弹簧等，闸轮与电动机装在同一根转轴上。制动强度可通过调整机械结构来改变。电磁抱闸分为断电制动型和通电制动型两种。断电制动型的性能是：当线圈得电时，闸瓦与闸轮分开，无制动作用；当线圈失电时，闸瓦紧紧抱住闸轮制动。通电制动型的性能为：当线圈得电时，闸瓦紧紧抱住闸轮制动；当线圈失电时，闸瓦与闸轮分开，无制动作用。

(2)电磁抱闸断电制动控制线路。线路工作原理如下：先合上电源开关 QS。

启动运转：按下启动按钮 SB_2，接触器 KM 线圈得电，其自锁触头和主触头闭合，电动机 M 便接通电源，同时电磁抱闸 YB 线圈得电，吸引衔铁与铁心闭合，衔铁克服弹簧拉力，迫使制动杠杆向上移动，从而使制动器的闸瓦与闸轮分开，电动机正常运转。

制动停转：按下停止按钮 SB_1，接触器 KM 线圈失电，其自锁触头和主触头分断，电动机 M 失电，同时电磁抱闸线圈 YB 也失电，衔铁与铁心分开，在弹簧拉力的作用下，闸瓦紧紧抱住闸轮，使电动机被迅速制动而停转。

这种制动方法在起重机上被广泛采用。其优点是能够准确定位，同时可防止电动机突然断电时重物自行坠落。当重物起吊到一定高度时，按下停止按钮，电动机和电磁抱闸的线圈同时断电，闸瓦立即抱住闸轮，电动机立即制动停转，重物随后被准确定位。如果电动机在工作时线路发生故障而突然断电，电磁抱闸同样会使电动机迅速制动停转，从而避免了重物自行坠落的事故。这种制动方法的缺点是不经济，因为电磁抱闸线圈耗电时间与电动机一样长。另外切断电源后，由于电磁抱闸的制动作用，使得手动调整工件就很困难。因此，对要求电动机制动后能调整工件位置的机床不能采用这种制动方法，可采用下述通电制动控制线路。

(3)电磁抱闸通电制动控制线路。这种线路如图 10-21 所示。这种通电制动方法与上述断电制动方法稍有不同。当电动机得电运转时，电磁抱闸线圈断电，闸瓦与闸轮分开无制动作用；当电动机失电需停转时，电磁抱闸的线圈得电，使闸瓦紧紧抱住闸轮制动；当电动机处于停转常态时，电磁抱闸线圈也无电，闸瓦与闸轮分开。

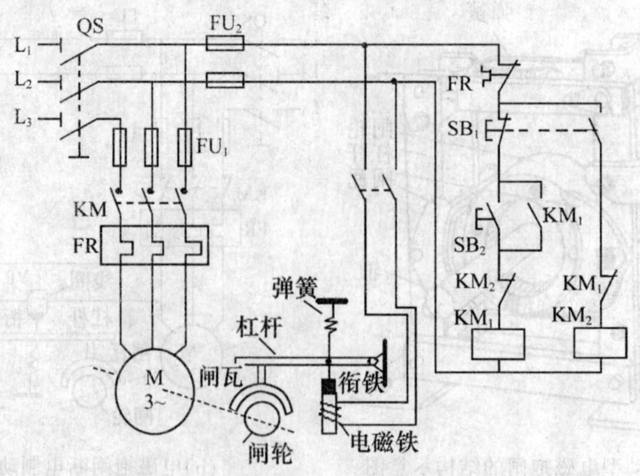

图 10-21　电磁抱闸通电型制动控制线路

线路的工作原理如下：先合上电源开关 QS。

启动运转：按下启动按钮 SB_1，接触器 KM_1 线圈得电，其自锁触头和主触头闭合，电动机 M 启动行运转。由于接触器 KM_1 联锁接触头分断，使接触器 KM_2 不能得电动作。所以电磁抱闸线圈无电，衔铁与铁心分开，在弹簧拉力的作用下，闸瓦与闸轮分开，电动机不受制动正常运转。

制动停转：按下复合按钮 SB_2，其常闭触头先分断，使接触器 KM_1 线圈失电，其自锁触头、主触头分断，电动机 M 失电，KM_1 联锁触头恢复闭合，待 SB_2 常开触头闭合后，接触器 KM_2 线圈得电，KM_2 主触头闭合，电磁抱闸 YB 线圈得电，铁心吸合衔铁，衔铁克服弹簧拉力，带动杠杆向下移动，使闸瓦紧抱闸轮，电动机被迅速制动而停转。KM_2 联锁触头分断对 KM_1 联锁。

二、电力制动

使电动机在分断电源停转的过程中，产生一个和电动机实际旋转方向相反的电磁力矩（制动力矩），迫使电动机迅速制动停转的方法叫电力制动。电力制动有反接制动、能耗制动等。

1.反接制动。依靠改变电动机定子绕组的电源相序来产生制动力矩，迫使电动机迅速停转的方法叫反接制动。由于反接制动时，转子与旋转磁场的相对速度接近于两倍的同步转速，所以定子绕组中流过的反接制动电流相当于全压直接启动时电流的两倍，所以反接制动特点之一是制动迅速，效果好，但冲击大，通常仅适用于 10 kV 以下小容量的电动机。为了减小冲击电流，通常要求串接一定的电阻以限制反接制动电流。反接制动电阻的接线方法有对称和不对称两种，采用对称电阻接法限制制动转矩的同时，也限制了制动电流，因此一般采用对称接法。在电动机转速接近于零时，要及时切断反相序电源，以防止电动机反相再启动。

值得注意的是，当电动机转速接近零时，应立即切断电动机电源。否则电动机将反转。为此，在反接制动设施中，为保证电动机的转速被制动到接近零值，且能迅速切断电源，防止反向启动，而常利用速度继电器（又称反接制动继电器）来自动地及时切断电源。

单向启动反接制动控制线路如图 10–22 所示。该线路的主电路和正反转控制线路主电路相同，只是在反接制动时增加了三个限流电阻 R。线路中 KM_1 为正转运行接触器，KM_2 为反接制动接触器，KS 为速度继电器，其轴与电动机轴相连（图 10–22 中用点画线表示）。

电路工作过程为：

启动时，按下启动按钮 SB_1，接触器 KM_1 线圈得电其触点吸合且自锁，电动机启动运转。当电动机转速升高到一定数值时，速度继电器 KS 的动合触点闭合，为反接制动做准备。

停止时，按下停止按钮 SB_2，接触器 KM_1 线圈断电其触点断开，KM_1 断开电动机的工作电源，而接触器 KM_2 线圈得电其触点吸合，串入电阻 R 进行反接制动，电动机产生反向电磁转矩，迫使电动机转速迅速下降。当电动机转速低于速度继电器动作值时，速度继电器常开触点复位，接触器 KM_2 线圈电路被切断，反接制动结束。

上述控制线路的缺点是，在整个反接制动过程中，停止复合按钮 SB_2 不能放松，如过早

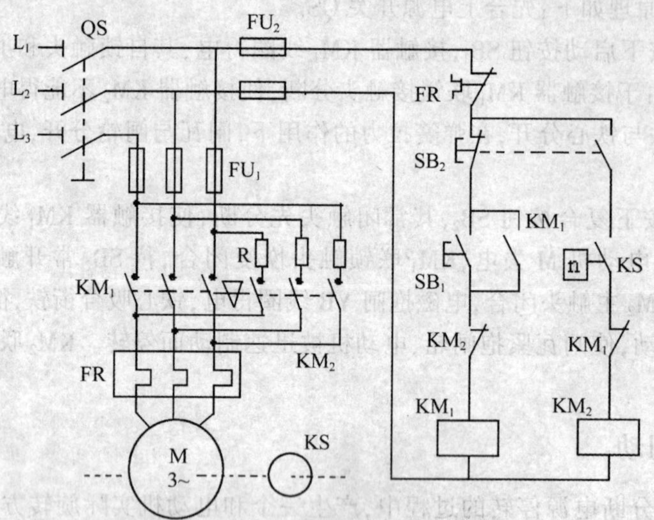

图 10-22 单向启动反接制动控制线路

放松 SB_2,反接制动接触器 KM_2 会立即释放,而不能充分发挥反接制动的作用。若不用SB_2 的常开触头,虽然可以克服以上缺点,但也会产生另一个新问题,即在电动机停车期间,操作人员装夹工件或调整机件时,有时需用手转动机械转轴,这样就可能带动速度继电器SR转动而使其常开触头闭合,导致反接制动接触器 KM_2 提电动作,电动机扫通电源而制动,显然这对操作人员来说是不安全的。为了弥补上述线路的不足,可在 SB_2 常开触头两端并接 KM_2 的一对常开辅助触头进行自锁,或在控制电路中增加一个中间继电器 SA_1,构成图 10-23 所示控制线路。其线路工件原理可自行分析。

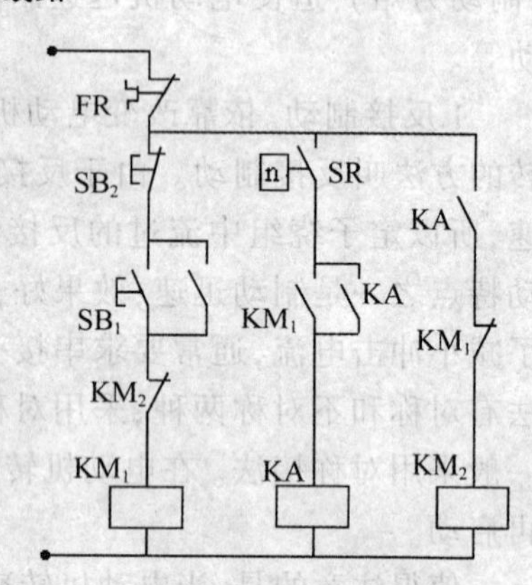

图 10-23 单向启动反接制动控制线路

反接制动的优点是:制动力强,制动迅速。缺点是:制动准确性差,制动过程中冲击强烈,易损坏传动零件,制动能量消耗大,不宜经常制动。因此反接制动一般适用于制动要求迅速、系统惯性较大,不经常启动与制动的场合,如铣床、镗床、中型车床等主轴的制动控制过程。

2.能耗制动。能耗制动是一种应用广泛的电气制动方法。所谓能耗制动,就是当电动机切断交流电源后,立即在定子绕组的任意二相中通入直流电,迫使电动机迅速停转的方法叫能耗制动。可以根据能耗制动时间控制原则,用时间继电器进行控制,也可以根据能耗制动速度原则,用速度继电器进行控制。

按时间原则控制的单向能耗制动控制电路如图 10-24 所示。工作过程为:按下启动按钮 SB_2,接触器 KM_1 线圈得电其主触点闭合,电动机正常运行,接触器 KM_2 和时间继电器 KT 不得电。电动机停止时,按下按钮 SB_1,KM_1 线圈失电其触点断开,电动机失电。此时,KM_2 与 KT 线圈相继得电,KM_2 主触点闭合,将经过整流后的直流电压通过电阻 R 接至电动机两相定子绕组上，使电动机制动。当转子的惯性速度接近零时，时间继电器 KT 的常闭触点延时断开，使接触器 KM_2 线圈和 KT 线圈相继失电，切断能耗制动的直流电源，线路停止工作。

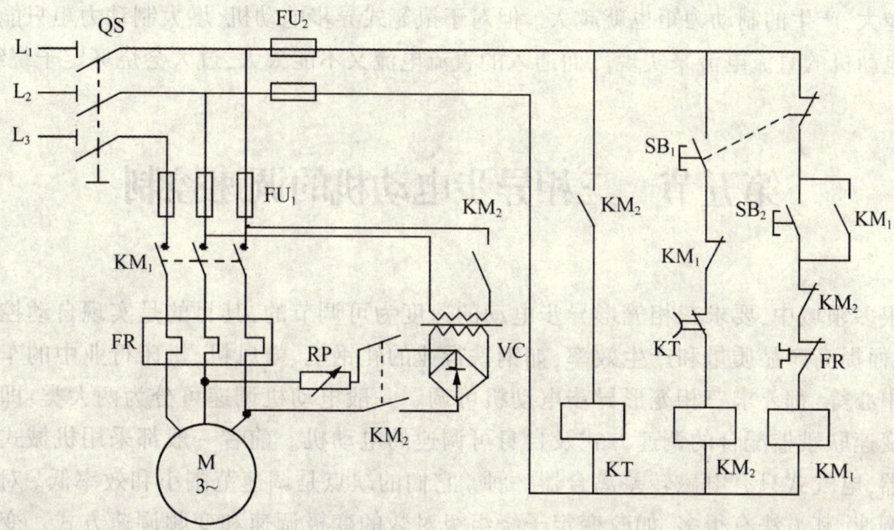

图 10-24　按时间原则控制的单向能耗制动控制电路

按速度原则控制的单向能耗制动控制线路与按时间原则控制的单向能耗制动控制线路基本相同，如图 10-25 所示，只是在控制电路中取消了时间继电器 KT，而在电动机轴的伸出端安装了速度继电器 KS，并且用速度继电器 KS 的常开触点取代了时间继电器 KT 延时断开的常闭触点。若欲使电动机制动停止，其操作过程如下：按下停止按钮 SB_1，KM_1 线圈失电释放，电动机失电。此时，转子的惯性仍然很高，速度继电器的 KS 的常开触点仍然闭合，接触器 KM_2 得电，其主触点闭合，向电动机定子绕组送入直流电流，电动机开始制动。待转子转速接近零时，KS 常开触点复位，KM_2 线圈断电，能耗制动结束。

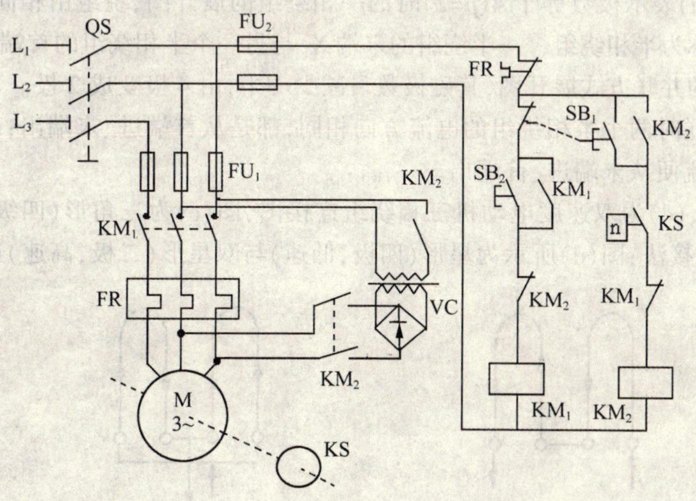

图 10-25　按速度原则控制的单向能耗制动控制线路

能耗制动时产生的制动力矩大小，与通入定子绕组中的直流电流大小、电动机的转速及转子电路中的电阻有关。电流越大，产生的静止磁场就越强，而转速越高，转子切割磁力线的速度就越大，产生的制动力矩也就越大。但对于鼠笼式异步电动机，增大制动力矩只能通过增大通入电动机的直流电流来实现。而通入的直流电流又不能太大，过大会烧坏定子绕组。

第五节　三相异步电动机的调速控制

在很多领域中，要求三相笼形异步电动的速度为可调节的，其目的是实现自动控制以及节能，从而提高产品质量和产生效率，如钢铁行业的轧钢机、鼓风机，机床行业中的车床及机械加工中心等，都要求三相笼形异步电动机可调。一般电动机调速可分为两大类：即定速电动机与变速联轴器配合的调速方式及自身可调速的电动机。前者一般都采用机械式或油压式变压器，电气式只有电磁转差离合器一种。它们的缺点是调速范围小和效率低。对于电动机直接调速，其方法有很多，如改变定子绕组级对数的变极调速和变频调速方式。变极调速控制最简单，价格便宜但不能实现无级调速，变频调速控制复杂，但性能好，随着其成本的不断降低，目前已广泛应用于工业自动控制领域中。下面分析笼形异步电动机变极调速控制电路的结构及动作原理。

一、笼形异步电动变极调速原理

变极调速是通过接触器触点改变电机绕组的接线方式来实现调速的。变极电动机一般有双速、三速、四速之分，双速电动机定子装有一套绕组，而三速、四速则为两套绕组。电动机变速采用电流反向法。下面以电动机单相绕组为例来说明变极原理。

如图 10–26(a)表示极数等于 4(p=2)时的一相绕组的展开图，绕组由相同的两部分串联而成，两部分各称为半相绕组，一半绕组的末端 X_1 与另一个半相绕组的首端 A_2 相连接。图 10–26(b)为绕组的并联方式展开图，其磁极数目减少一半，由 4 极变成 2 极。从图 10–26(a)、(b)可以看出，串联时两个半相绕组的电流方向相同，都是从首端进、末端出；改成并联后，两个半相绕组的电流便从末端进、首端出。

图 10–26(c)、(d)为双速度电动机三相绕组连接图，图(c)为三角形（四级，低速）与双星形（二极，高速）连接法；图(d)所示为星形（四极，低速）与双星形（二极，高速）连接法。

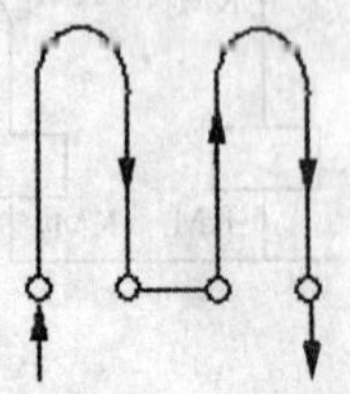

(a)四级绕组展开图

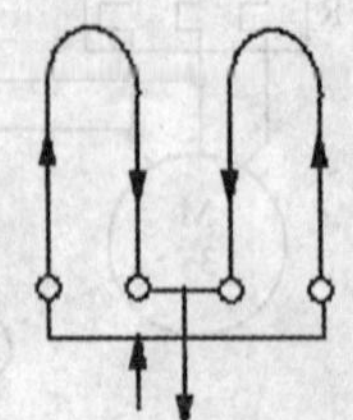

(b)二级绕组异型图

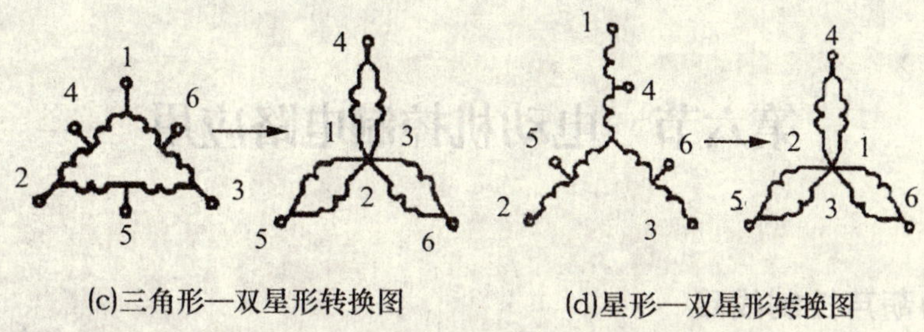

(c)三角形—双星形转换图　　(d)星形—双星形转换图

图 10-26　双速度电动机改变极对数的原理

二、双速电动机调速控制线路

双速电动机调速控制线路如图 10-27 所示，其电路工作过程为：开关 S 合向“低速”位置时，接触器 KM_1 线圈得电，电动机接成三角形，低速运转。开关 S 置于“空档”，电动机停转。开关 S 合向“高速”位置时，KM_1 线圈得电，绕组接成三角形，电动机低速启动，同时时间继电器 KT 得电。经一定延时，KT 的常开触点延时闭合，常闭触点延时断开，使 KM_1 失电，KM_2 和 KM_3 线圈相继得电，定子绕组接线自动从三角形切换为双星形，电动机高速运转。这种先低速启动，经过一定延时后自动切换到高速的控制，目的是限制启动电流。

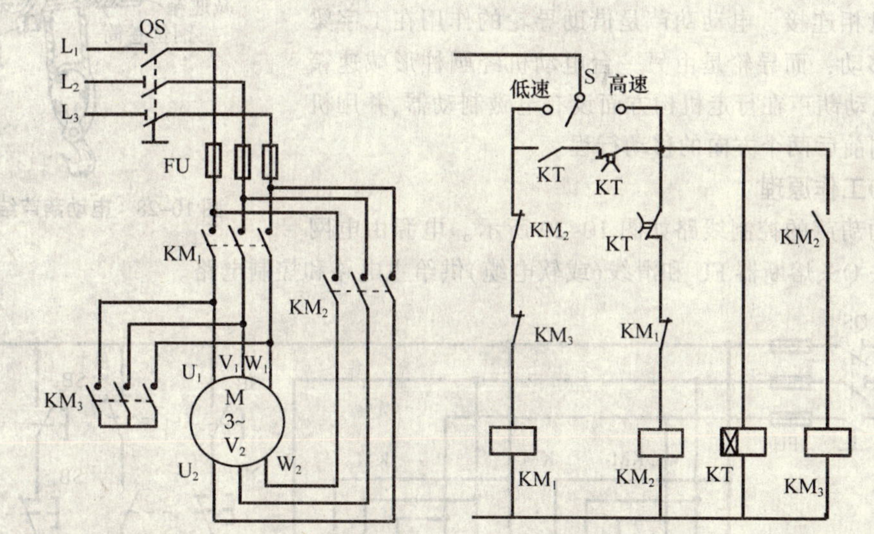

图 10-27　双速电动机调速控制线路

第六节　电动机控制电路应用

一、电动葫芦控制线路

电动葫芦是用来提升或下降重物，且能在水平方向移动的起重运输机械。它具有起重量小、结构简单、操作方便等特点，一般电动葫芦只有一个恒定的运行速度，广泛应用于工矿企业中小型设备的安装、吊动和维修中。

常用电动葫芦按其所吊质量分为 0.5 t、1 t、2 t、3 t、5 t、10 t 等。

(一)主要组成及运动形式

常用的 CD 型钢丝绳电动葫芦，如图 10-28 所示。它是由两个结构上相互联系的提升机构和移动装置构成的，分别由提升电动机和移动电动机拖动。提升的钢丝绳卷筒由电动机经减速箱拖动，主转动抽和电磁制动器的锥形圆盘相连接。电动葫芦是借助导轮的作用在工字梁上来回移动，而导轮是由另一台电动机经圆柱形减速箱驱动。电动葫芦在行走机构方面设有电磁制动器，并用机撞块限制前后两个方向的移动行程。

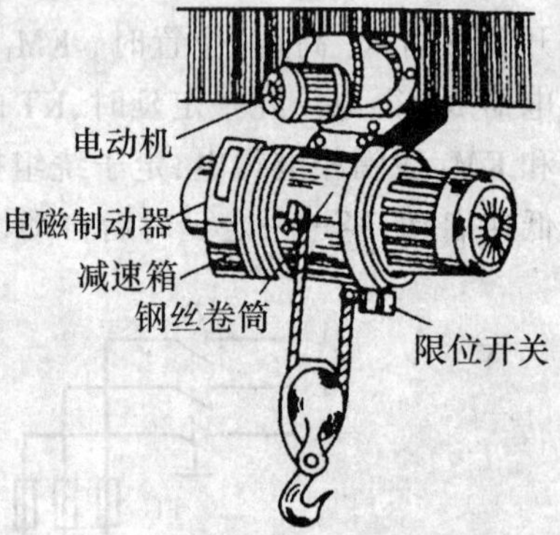

图 10-28　电动葫芦结构

(二)工作原理

电动葫芦的控制线路如图 10-29 所示。电源由电网经刀开关 QS、熔断器 FU 和滑线(或软电缆)供给主电路和控制电路。

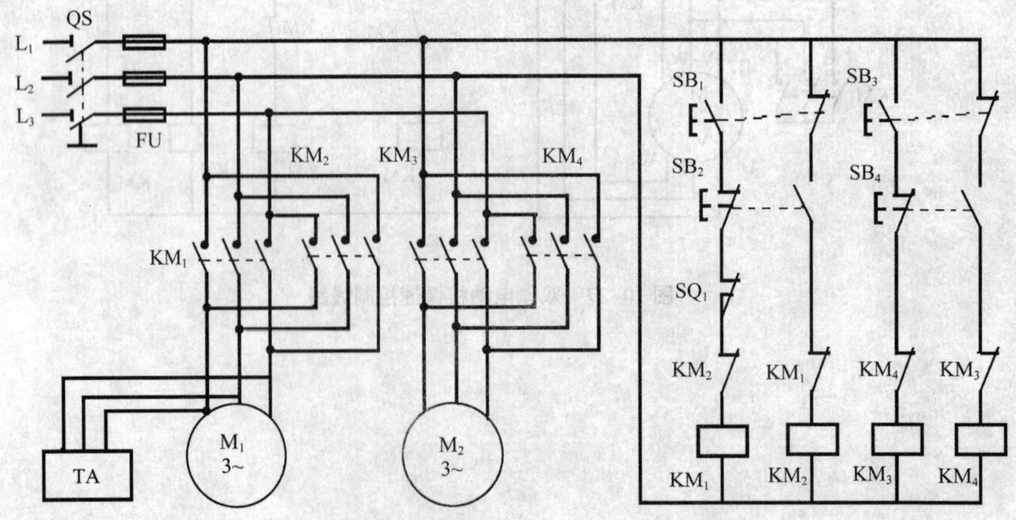

图 10-29　电动葫芦控制线路

提升机构由电动机 M_1 带动滚筒旋转，滚筒上卷的钢丝绳一端带有吊钩，用以吊住重物上升或下降。提升时按下按钮 SB_1，SB_1 的常闭触头分断，KM_2 不得电，其常开触头闭合，使接触器 KM_1 线圈得电，KM_1 辅助常闭触头断开，实现联锁，使 KM_2 不通电。主触头闭合，M_1 正转，实现提升重物。为了在提升过程中保证安全，同时使提升的重物可靠而又准确地停止在空中，在提升电动机上装有特制的断电型电磁制动器 YA。

当按下 SB_2 时，由于 SB_1 的复位，KM_1 线圈失电，主触头恢复原断开状态，同时 KM_2 线圈得电，KM_2 的常闭辅助触头分断，与 KM_1 实现联锁；其主触头闭合，M_1 反转，使重物下降。

同理，分别按下 SB_3 和 SB_4，通过 M_2 的正反转，实现电动葫芦的前后移动。

由于人在地面上操作，观察不到上端情况，所以提升机构上端装有限位开关 SQ，当重物上升到最上端时，SQ 被撞开，接触器 KM_1 断电，自动切断电源。电动葫芦的提升、下降及前后运动均采用点动控制，保证操作者离开按钮时，电动葫芦能自动断电。为了防止电动机正反向同时通电，采用了接触的电气互联锁与按钮复式联锁。

二、CA6140 型车床电气控制电路

车床是一种应用极为广泛的金属切削机床，能够车削外圆、内圆、端面、螺纹、螺杆，车削定型表面，并可用砖头、铰刀等进行加工。

普通车床有两个主要的运动部分，一是卡盘或顶尖带着工件的旋转运动，也是车床主轴的运动；另外一个是溜板带着刀架的直线运动，称为进给运动。车床工作时，绝大部分功率消耗在主轴运动上面。

（一）主要结构

CA6140 型普通车床主要由车床身、主轴箱、进给箱、溜板箱、刀架、丝杠、光缸、尾架等部分组成。CA6140 型普通车床的外形如图 10-30 所示。

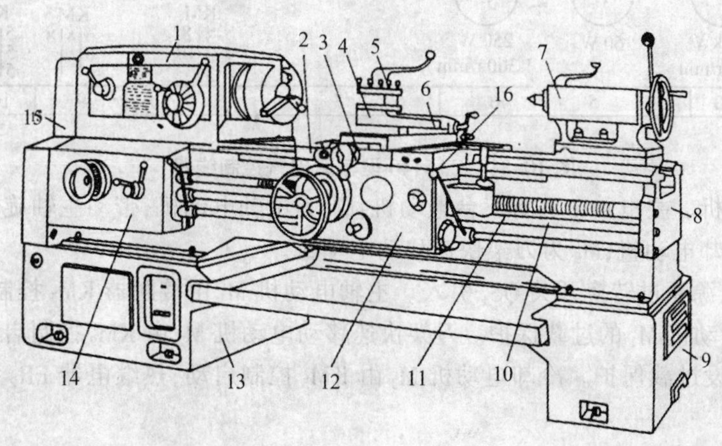

1.主轴箱；2.纵溜板；3.横溜板；4.转盘；5.方刀架；6.小溜板；7.尾座；8.床身；9.右床座；10.光杠；11.丝杠；12.溜板箱；13.左床座；14.进给箱；15.挂轮箱；16.操纵手柄

图 10-30 CA6140 型普通车床外形图

车床的切削运动包括工件旋转的主运动和刀具的直线进给运动。车削速度是指工件与刀具接触点的相对速度。根据工件的材料性质、车刀材料的几何形、工件直径、加工方式及冷却条件的不同，要求主轴有不同的切削速度。主轴变速是由主轴电动机经皮带传递到主轴变速箱来实现的。CA6140 型车床的主轴正转速度有 24 种（10 r/min~1 400 r/min），反转速度有 12 种（14 r/min~1 580 r/min）。

车床的进给运动是刀架带动道具的直线运动。溜板箱把丝杠或光缸的转动传递给刀架部分，变换溜板箱外的手臂位置，经刀架部分使车刀做纵向进给。

车床的辅助运动为机床上除切削运动以外的其他一切必须的运动，如尾架的纵向移动，工件的夹紧与放松等。

（二）电气控制线路分析

图 10-31 为 CA6140 型号普通车床的电气控制线路，它可分为主电路、控制电路及照明电路三部分。

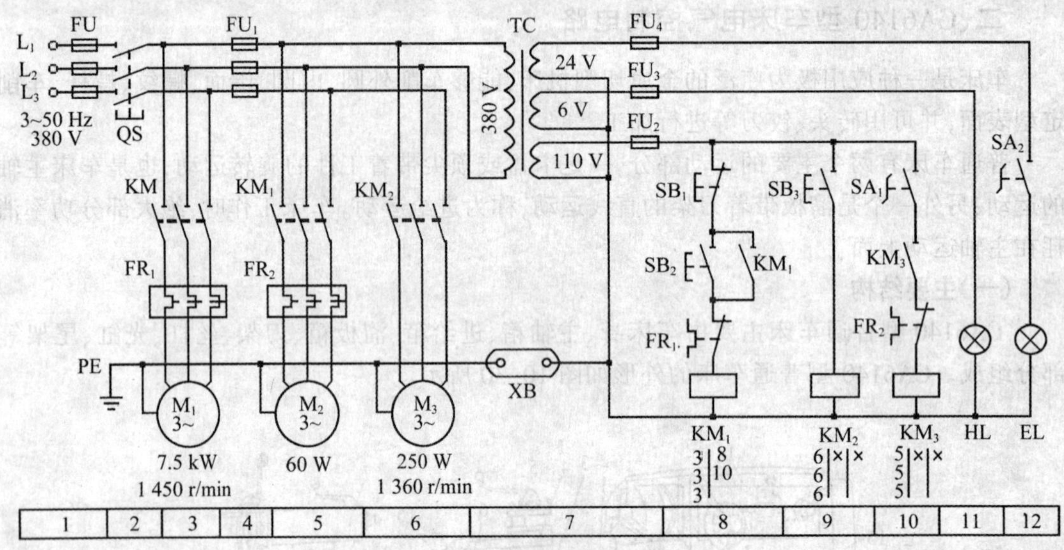

图 10-31　CA6140 型车床电气控制线路

1.主电路分析。主电路中共有三台电动机：M_1 为主轴电动机，带动主轴旋转和刀架作进给运动；M_2 为冷却电动机；M_3 为刀架快速移动电动机。

三相交流电源通过转换开关 QS_1 引入。主轴电动机 M_1 由接触器 KM_1 控制启动，热继电器 FR_1 为主轴电动机 M_1 的过载保护。刀架快速移动电动机 M_2 由 KM_2 控制启动，由于 M_3 是短期工作，故未设过载保护。冷却电动机 M_3 由 KM_3 控制启动，热继电器 FR_2 为它的过载保护。

2.控制电路分析。控制回路的电源由控制变压器 TC 副边输出 110 V 电压提供。

（1）主轴电动机的控制。按下启动按钮 SB_2，接触器 KM_1 的线圈获电动作，其主触头闭合，主轴电机启动运行。同时，KM_1 的自锁触头和另一副常开触头闭合。按下蘑菇形停止按钮 SB_1，主轴电动机 M_1 停车。

(2)冷却电动机控制。如果车削加工过程中,工艺需要使用冷却液时,可先合上开关 QS_2,在主轴电机 M_1 运转情况下,接触器 KM_1 线圈获电吸合,其主触头闭合,冷却电动机获电而运行。由电气原理图可知,只有当主轴电动机 M_1 启动后,冷却电机 M_3 才有可能启动,当 M_1 停止运行时,M_2 也自动停止。

(3)刀架快速移动电动机的控制。刀架快速移动电动机 M_2 的启动是由安装在进给操纵手柄顶端的按钮 SB_3 来控制,它与中间继电器 KM_2 组成点动控制环节。将操纵手柄扳到所需的方向,压下按钮 SB_3,继电器 KM_2 获电吸合,M_3 启动,刀架就向指定方向快速移动。

3.照明、信号灯电路分析。控制变压器 TC 的副边分别输出 24 V 和 6 V 电压,作为机床低压照明灯和信号灯的电源。EL 为机床的低压照明灯,由开关 SA 控制;HL 为电源的信号灯。它们分别采用 FU_4 和 FU_3 作短路保护。

(三)常见电气故障分析

1.主轴电动机 M_1 不能启动。主轴电动机 M_1 不能启动分许多情况,如:按下启动按钮 SB_2,M_1 不能启动;运输中突然自行停车,并且不能立即再启动;按下 SB_2,FU_2 熔丝熔断,当按下停止按钮 SB_1 后,再按启动按钮 SB_2,电动机 M_1 不能再启动。

发生以上故障,应首先确定故障发生在主电路还是在控制电路,依据是接触器 KM_1 是否吸合。若是主电路故障,应检查车间配电箱及支电路开关的熔断器熔丝是否熔断;导线连接处是否有松脱现象;KM_1 主触头接触是否良好。若是控制电路故障,主要检查熔断器 FU_2 是否熔断;过载保护 FR_1 是否动作;接触器线圈 KM_1 接线端子是否松脱;按钮 SB_1、SB_2 触头接触是否良好等。

2.主轴电动机 M_1 启动后不能自锁。当按下启动按钮 SB_2 时,主抽电动机能启动运转,但松开 SB_2 后,M_1 也随之停止。造成这种故障的原因是接触器 KM_1 常开辅助触头(自锁触头)的连接导线松脱或接触不良。

3.主轴电动机 M_1 不能停止。这类故障的原因多数是因接触器 KM_1 的主触头发生熔焊或停止按钮 SB_1 击穿短路所致。

4.刀架快速移动电动机不能启动。首先检查熔断器 FU_1 的熔丝是否熔断,然后检查中间继电器 KM_2 触头的接触是否良好;若无异常或按下点动按钮 SB_3 时,继电器 KM_2 不吸合,故障必定在控制电路中。这时应依次检查热继电器 FR_1 和 FR_2 的常闭触头,点动按钮 SB_3 及继电器 KM_2 的线圈是否有短路现象。

思考与练习

1.什么叫做自锁控制?为什么说接触器自锁控制线路具有欠压和失压保护作用?

2.在电动机的控制线路中能否用热继电器来实现短路保护?为什么?

3.试画出点动的双重连锁正反转控制线路。

4.三台鼠笼式异步电动机 M_1、M_2、M_3,按下列顺序依次启动 M_1 启动后,M_2 才能启动;M_2 启动后 M_3 才能启动,并要求同时停止,试画出控制线路。

5.下图是两条皮带运输机的示意图。请按下述要求画出两条皮带运输机的电气控制线路。

(1)1号启动后2号才能启动;

(2)1号必须在2号停止后才能停止;

(3)具有短路过载欠压及失压保护。

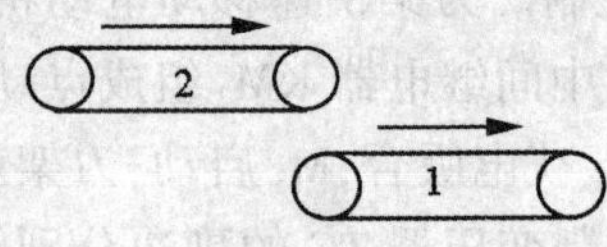

第5题图

6.下图所示控制线路可实现以下控制要求:

(1)M_1,M_2 可以分别启动和停止;

(2)M_1,M_2 可以同时启动和停止;

(3)当一台电动机发生过载时,两台电动机能同时停止。试分析叙述线路的工作原理。

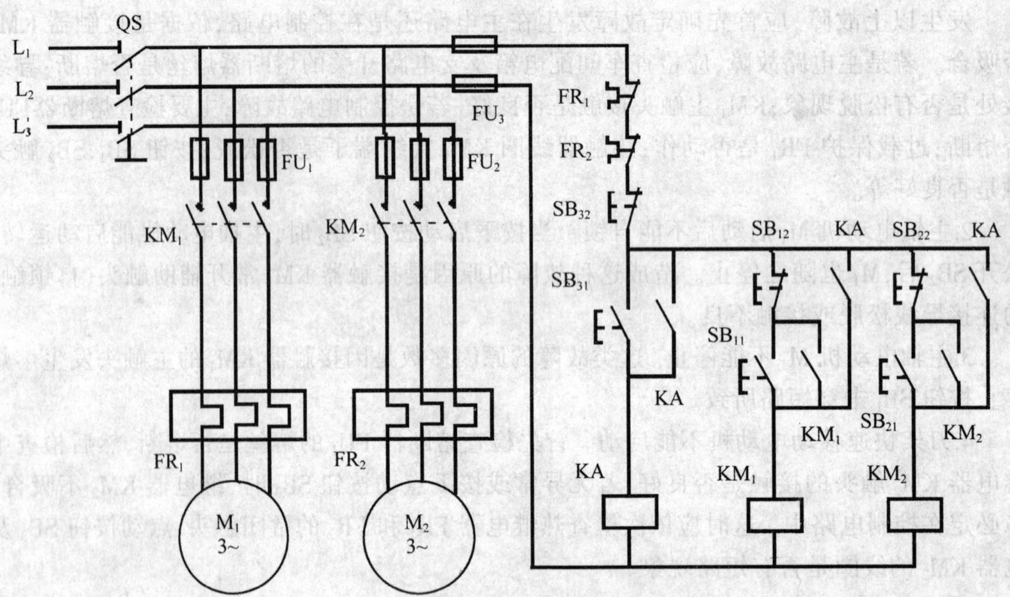

第6题图

7.试按下述工作要求画出某三相鼠笼式异步电动机的控制线路。

(1)即能点动又能连续运转;停止时采用反接制动;能在两处启停。

(2)试根据下述要求为一台三相鼠笼式异步电动机画出控制线路。能正反转;有短路,过载,欠压及失压保护。

(3)试按下述要求画出某三相鼠笼式异步电动机的控制线路。即能点动又能连续运转;停止时采用反接制动;能在两处启停。

(4)试根据下述要求为一台三相鼠笼式异步电动机画出控制线路。能正反转;采用能耗制动停转;有短路,过载,欠压及失压保护。

8.简述 CA6140 车床电气控制系统的组成。

9.CA6140 车床电气控制系统有哪些常见故障?

实训 10-1　用按钮和接触器控制的电动机单向运转电路的安装

一、实训目的

学会安装按钮和接触器控制的电动机单向运转控制电路,并能排除简易故障。

二、实训工具、仪表与器材

万用表、螺丝刀、钢丝钳、尖嘴钳、电工刀、常开按钮、常闭按钮、交流接触器、电动机、热继电器、熔断器、隔离开关、导线适量。

三、训练步骤与工艺要点

1.按图 10-8 所示电路,清理并检测所需元件,将元件型号、规格、数量检查情况记入表 10-3 中。

表 10-3　电动机单向运转控制电路元件清单

接触器	元件名称	型号	规格数量	备注
启动按钮				
停止按钮				
热继电器				
主电路熔断器				
控制电路熔断器				
隔离开关				
电动机				

2.在事先准备好的配电板上,布置元件,然后接好线路。

3.在已安装完工经检查合格的电路上,人为设置故障,通电运行,观察故障现象,并将故障现象记入表 10-4 中。

4.把上述电路改装成单向连续运行电路,并重复步骤 3。

表 10-4　电动机单向运转故障设置统计表

故障设置元件	故障点	故障现象
常开按钮	触头不能接触	
接触器	线圈衔头开路	
接触器	自锁触头开路	
接触器	一相触头不能接触	
接触器	两相接触不能接触	
热触器	整定值调得太小	
热继电器	常闭触头不能接触	
热继电器		

训练所用时间＿＿＿＿＿　参加训练者(签名)＿＿＿＿＿　＿＿年＿＿月＿＿日

注:触头开路故障可在触头间放入纸屑隔离。(下同)

实训 10-2　用按钮和辅助触头作复合联锁的电动机可控制电路的安装

一、实训目的

学会安装用按钮和辅助触头作复合联锁的电动机可控制电路,并能排除简易故障。

二、实训工具、仪表与器材

工具、仪表与技能训练上图中所列相同,器材有:常闭按钮、常开按钮、接触器、热继电器、主电路/控制电路熔断器、隔离开关、电动机、导线适量。

三、训练步骤与工艺要点

1.按图 10-13 所示电路,清理并检测所需元件,将元件型号、规格、数量检查情况记入表 10-5 中。

表 10-5　用按钮和辅助触头作复合联锁电动机可控制电路元件清单

元件名称	型号	规格	数量	备注
接触器				
启动按钮				
停止按钮				
热继电器				
主电路熔断器				
控制电路熔断器隔离开关				
电动机				

2.在事先准备的配电板上,照图所示布置元器件,并连好电路。

3.在已经安装完工经检查合格、通电能正常运行的电路上,人为设置故障并通电运行,观察故障现象,并将故障现象记入表10–6中。

表10–6　电动机可控制电路故障设置情况统计表

故障设置元件	故障点	故障现象
反转常开按钮	触头不能接触	
正转触器	联锁触头不能接触	
反转触器	自锁触头不能接触	
反转触器	一相主触头不能接触	
控制电路熔断器	熔丝断	
热继电器	动作后没复位	

训练所用时间＿＿＿＿　参加训练者(签名)＿＿＿＿　＿＿年＿＿月＿＿日

实训10–3　鼠笼式电动机Y–△启动电路的安装

一、实训目的

学会安装电动机自动式Y–△降压启动电路。

二、实训工具、仪表与器材

技能训练中所列电工工具、仪表。器材有:Y–△启动器、控制按钮、热继电器、主电路/控制电路熔断器、隔离开关、绕组为△接法电动机、导线适量。

三、训练步骤与工艺要点

1.按照图10–19所示电路,安装接触器自动控制的Y–△降压启动控制电路,先清理并检测所需元件,并将元件型号、规格、数量检测情况记入表训10–7中。

表10–7　Y–△降压启动控制电路元件清单

元件名称	型号	规格	数量	是否合用
Y–△启动器				
启动按钮				
停止按钮				
热继电器				
主电路熔断器				
控制电路熔断器				
隔离开关				
时间继电器				
电动机				

2.在事先准备好的配电板上，布置元器件，并连好电路。

3.在安装完工并检查无误的配电板电路上，先通电试运转，然后人为设置故障并通电运行，观察故障现象，并将故障现象记入表 10–8 中。

表 10–8 Y–△降压启动电路故障设置情况统计表

故障设置元件	故障点	故障现象
接触器 KM	线圈端子接触松脱	
接触器 KM	自锁触头不能接触	
接触器 KMY	联锁接触不能接触	
接触器 KMY	一相主触头不能接触	
接触器 KM–△	自锁触头不能接触	

训练所用时间________ 参加训练者(签名)________ ____年____月____日

实训 10–4 三相异步电动机顺序控制电路的安装

一、实训目的

学会安装两台电动机控制线路实现的顺序控制电路

二、实训工具、仪表与器材

启动按钮、停止按钮、接触器、热继电器、主电路/控制电路熔断器、隔离开关、电动机、导线适量。

三、训练步骤与工艺要点

1.按照图 10–17 所示电路，安装电动机顺序控制电路，先清理并检测所需元件，再将元件型号、规格、数量检测情况记入表 10–9 中。

表 10–9 电动机顺序控制电路元件清单

元件名称	型号	规格	数量	是否合用
接触器				
启动按钮				
停止按钮				
热继电器				
隔离开关				
电动机				

2.在事先准备好的配电板上，布置元件并连好电路。

3.在安装完工并检查无误的配电板电路上，先通电试运转，然后人为设置故障并通电运行，观察故障现象，并将故障现象记入表 10–10 中。

表 10-10　顺序控制故障设置统计表

故障设置元件	故障点	故障现象
接触器 KM_1	常开触头不能接触	
接触器 KM_1	自锁触头不能接触	
接触器 KM_2	联锁触头不能接触	
接触器 KM_2	自锁触头不能接触	
按钮 SB_2	联锁触头不能接触	
按钮 SB_1	常开触头不能接触	
电动机 M_1	不能启动	
电动机 M_2	不能启动	

训练所用时间＿＿＿＿　参加训练者(签名)＿＿＿＿＿＿＿＿年＿＿月＿＿

附录　电工识图有关符号和代号

附表 1　电工系统图形符号

符号	名称	符号	名称	符号	名称
	变电所		紧急开关(蘑菇头安全按钮)	3	示例:三根导线
或	直流 注:电压可标注在符号右边,系统类型可标注在左边。 示例:2/M ═ 220/11 V 表示直流,带中间线的三线制,220 V(两根导线与中间线之间为 11 V),2M 可用 2+M 代替交流		手轮操作		柔软连接
			杠杆操作		屏蔽线
			滚子操作		导线或电缆的终端未连接
			凸轮操作		导线的连接
			过流保护的电磁操作		端子 注:必要时圆圈可画成圆黑点
～	交流 注:频率值或频率范围及电压数值应标注在符号右边,系统类型应标注在符号左边。 示例:~50 Hz,表示交流 50 Hz。 示例:3/N~50 Hz380/220 V 表示交流,三相带中性线,50 Hz,380 V(中性线与相线之间为 220 V,3 N 可用 3+N 代替。)		借助电磁效应操作		导线的双重连接
			热器件操作		导线的不连接(跨接)
		M	电动机操作		接通的连接片
			接地,一般符号		断开的连接片
			保护接地		电阻器,一般符号
			接机壳,接底板		可调电阻器
				U	压敏电阻器
	交直流		等电位		带滑动触点的电位器
N	中性线		故障(作以表示假定故障位置)		电容器的一般符号
M	中间线				
	制动器		闪络、击穿		可调电容器
M	示例:带制动器并已制动的电动机		永久磁铁		微调电容器

续附表1

	示例:带制动器并未制动的电动机		动(如滑动)触点		电感器、线圈、绕组、轭流圈 注:①如要表示带磁心的电感器,可以在该符号上加一条线 ②符号中半圆数目不作规定,但不得少于3个
	一般情况下手动操作		边线、边线组电线、电缆、传输通路、导线		
	受限制的手动控制		示例:三根导线		
	拉拔操作				
	旋转操作				
	按动操作				
	带磁心的电感器		换向绕组或补偿绕组		直流串励电动机
	磁心有间隙的电感器		串励绕组		直流并励电动机
			并励、他励绕组		
	带磁心连续可调的电感器		三角形联结的三相组		有铁心的单相双绕组变压器
	带固定抽头的电感器 注:①可增加或减少抽头数目②可在外侧两半圆交点引出		星形联结的三相组		三相变压器,星形—三角形联结
			中性点引出的星形联结的三相组		有中心抽头并有铁心的单相双绕组变压器
	可变电感器		直流发电机		绕组间有屏蔽的双绕组有铁心的单相变压器
	半导体二极管,一般符号		直流电动机		三相自耦变压器星形联结
	PNP 型半导体管		交流发电机	或	电抗器、轭流圈
	NPN 型半导体管		交流电动机	或	电流互感器,脉冲变压器

续附表 1

图形符号	说明	图形符号	说明	图形符号	说明
	NPN 型半导体管,集电极按外壳		三相笼型异步电动机		桥式全波整流器
	具有 P 型双基极单结型半导体管		三相线绕转子电动机		原电池功蓄电池
	动合(常开)触点 注:也可作为开关的一般符号		位置(限制)开关,动合(常开)触点		热继电器动断(常闭)触点
	动断(常闭)触点		位置(限制)开关,动断(常开)触点		熔断器,一般符号
	先断后合的转换触点		位置(限制)开关,对两个独立电路作双向机械操作		熔断器式开关
	中间断开的双向触点		接触器的主动合(常开)触点		灯,一般符号 信号灯,一般符号 注:如果要求指示颜色,则在靠近处标出下列代码: RD:红 YE:黄 GN:绿 BU:蓝 WH:白
	当操作器件被吸合时延时闭合的动合触点		接触器的主动断(常闭)触点		
	当操作器件被释放时延时断开的动合触点		负荷开关(负荷隔离开关)		
	当操作器件被释放时延时闭合的动断触点		具有自动释放的负荷开关		扬声器一般符号
	当操作器件被吸合时延时断开的动断触点		隔离开关		风扇示出引线 注:若不引出起混淆,方框可省去不画
	有自动返回的合触点		断路器		单相插座
	无弹性返回的动合触点	或	操作器件(接触器、继电器线圈)一般符号		暗装
	手动操作开关,一般符号		缓慢释放(缓放)继电器的线圈		密闭(防水)
	具有动合触点且自动复位的拉拔开关		缓慢吸合(缓吸)继电器的线圈		防爆
	具有动合触点但无自动复位的旋转开关		缓吸和缓放继电器线圈		带保护接点插座

续附表 1

图形符号	说明	图形符号	说明	图形符号	说明
	具有动合(常开)触点且自动复位的按钮 注：习惯使用手动开关的一般符号		热继电器的驱动器件(热元件)		暗装
	密闭(防水)		三管荧光灯		有高桩拉线的电杆
	防爆	5	五管荧光灯		装设单担电杆
	带接插孔的三相插座密闭(防水)		球形灯		装设双担的电杆
	暗装		安全灯		装设十字担的电杆
	防爆		天棚灯	W	记录式功率表
	带熔断器的插座		壁灯	n	转速表
	开关的一般符号		弯灯		检流计
	单极限时开关	±0.000 0.000	安装或敷设标高/m (1)用于室内平面图 (2)用于总平面图上的室外地面	Hz	频率表
	双极开关			V	电压表
	单极拉线开关	A-B C	电杆的一般符号 注:可加注文字符号表示 A–杆材或所属部门 B–杆长 C–杆号	A	电流表
	双控单极开关			A $I\sin\varphi$	无功电流表
	投光灯一般符号		拉线的一般符号	$\cos\varphi$	功率因数表
	荧光灯一般符号		有人字形拉线的电杆		

附表 2　在工程平面图中标注的各种符号及意义

电力和照明设备	照明灯具	配电线路
$a\frac{b}{c}$或$a-b-c$ $a\frac{b-c}{d(e\times f)-g}$ (1)一般标注方法 (2)当需要标注引入线规格时 *a*–设备编号 *b*–设备型号 *c*–设备功率 *d*–导线型号 *e*–导线根数 *f*–导线截面 *g*–导线敷设方式及部位	$a-b=\frac{c\times d\times L}{e}f$ $a-b=\frac{c\times d\times L}{-}$ (1)一般标注方法 (2)灯具吸顶安装 *a*–灯数 *b*–型号或编号 *c*–每盏照明灯具灯泡数 *d*–灯泡容量/W *e*–灯泡安装高度/m *f*–安装方式 *L*–光源种类	$a-b(c\times d)e-f$ *a*–回路编号 *b*–导线型号 *c*–导线根数 *d*–导线截面 *e*–敷设方式及穿管管径 *f*–敷设部位

附表 3　电气设备基本文字符号(摘自 GB7159—1987)

设备、装置和元件种类	名称	基本文字符号	
		单字母	双字母
非电量到电量变换器或电量到非电量变换器	送话器	B	
	拾音器		
	扬声器		
	耳机		
	磁头		
	旋转变压器		
	旋转变换器(测速发电机)		BR
电容器	电容器	C	
其他器件	发热器件	E	EH
	照明灯		EL
保护器件	过电压放电器件、避雷器	F	
	具有瞬时动作的限流保护器件		FA
	具有延时动作的限流保护器件		FR
	具有延时和瞬时动作的限流保护器件		FS
	熔断器		FU
发生器、发电机、电源	同步发电机	G	GS
	异步发电机		GA
	蓄电池		GB
信号器件	指示灯	H	HL

续附表 3

设备、装置和元件种类	名称	基本文字符号 单字母	双字母
继电器、接触器	瞬时接触继电器	K	KA
	瞬时有或无继电器		KA
	交流继电器		KA
	接触器		KM
	极化继电器		KP
	逆流继电器		KR
电动机	电动机	M	
	同步电动机		MS
	可作发电机和电动机用的电机		MG
测量设备、试验设备	电流表	P	PA
	电度表		PJ
	电压表		PV
电力电路的开关器件	断路器	Q	QF
	电动机保护开关		QM
	隔离开关		QS
电阻器	电阻器	R	
	变阻器		
	电位器		RP
控制、记忆、信号电路的开关器件选择器	控制开关	S	SA
	选择开关		SA
	按钮开关		SB
变压器	电流互感器	T	TA
	控制电路用电源变压器		TC
	电力变压器		TM
	电压互感器		TV
传输通道波导、天线电缆	导线	W	
	电缆		
	母线		
端子、插头、插座	连接插头和插座、接线柱、焊接端子板	X	
	连接片		XB
	测试插孔		XJ
	插头		XP
	插座		XS
	端子板		XT

续附表 3

设备、装置和元件种类	名称	基本文字符号 单字母	双字母
电气操作的机械器件	气阀	Y	
	电磁铁		YA
	电磁制动器		YB
	电磁离合器		YC
	电磁吸盘		YH
	电磁阀		YV

附表 4　电气设备常用辅助文字符号(摘自 GB7159—1987)

序号	文字符号	名称	序号	文字符号	名称
1	A	电流	27	N	中性线
2	AC	交流	28	OFF	断开
3	ADJ	可调	29	ON	闭合
4	ASY	异步	30	OUT	输出
5	B BRK	制动	31	P	保护
6	BK	黑	32	PE	保护接地
7	BL	蓝	33	PEN	保护接地与中性线共用
8	BW	向后	34	PU	不接地保护
9	C	控制	35	R	右
10	CW	顺时针	36	R	反
11	CCW	逆时针	37	RD	红
12	D	延时	38	S RST	复位
13	DC	直流	39	S	信号
14	E	接地	40	ST	启动
15	EM	紧急	41	S SET	置位、定位
16	FB	反馈	42	SAT	饱和
17	FW	正、向前	43	STP	停止
18	GN	绿	44	SYN	同步
19	IN	输入	45	V	速度
20	INC	增	46	V	电压
21	L	左	47	WH	白
22	LA	闭锁	48	YE	黄
23	M	主	49	T	时间
24	M	中	50	RES	备用
25	M	中间线	51	RUM	运转
26	M MAN	手动			

附表 5 电源线路和三相电气设备的标记代号

项目名称	标记代号	项目名称	标记代号
交流系统电源第 1 相	L1	交流系统设备端第 1 相	U
交流系统电源第 2 相	L2	交流系统设备端第 2 相	V
交流系统电源第 3 相	L3	交流系统设备端第 3 相	W
中性线	N	保护接地线	PE
直流电源正极	L++	保护和中性共用	PEN
直流电源负极	L− −	接地	E
中间线	M	无噪声接地	TE

附表 6 按钮的颜色、含义及应用

颜色	颜色含义	典型应用
红	急情出现时动作	急停
	停止或断开	总停止 停止一台或几台电动机 停止机床的一部分 停止循环(如果操作者在循环期间按此按钮,机床在有关循环完成后停止) 断开开关位置 兼有停止作用的复位
黄	干预	排除反常情况或避免不希望的变化,如当循环尚未完成时,把机床部件返回到循环起点 按下黄色按钮或可超越预选的其他功能
绿	启动可接通	总启动 启动一台或几台电动机 开动机床的一部分 开动辅助功能 闭合开关装置 接通控制电路
蓝	红、黄、蓝未包括的任何特定含义	红、黄、蓝未包括的特殊情况,可以用蓝色复位(如保护继电器复位按钮)
黑、灰、白	未赋予特定含义	除"停止"按钮外,黑、灰、白色可用于任何功能,如黑色用于点动,白色用于控制与工作循环无直接关系的辅助功能

参考文献

1. 曾祥富,邓朝平. 电工技能与实训.2 版. 北京:高等教育出版社,2006.

2. 顾民. 电工技能与实训. 四川:电子科技大学出版社,2009.

3. 王晔. 电工技能与实训. 北京:人民邮电出版社,2010.

4. 孙义宝,苑龙军.电工电子技术. 北京:人民邮电出版社,2009.

5. 万吉滨. 机床电气控制. 北京:高等教育出版社,2009.

6. 黄盛兰. 电工电子技术实训教程. 北京:北京邮电大学出版社,2009.

7. 王慧玲. 电工基础实验. 北京:高等教育出版社,2002.

8. 劳动和社会保障教材办公室.电工仪表与测量.北京:中国劳动社会保障出版社,2007.

9. 黄永铭.电机与变压器维修. 北京:高等教育出版社,2006.

10.王生.电机与变压器. 北京:高等教育出版社,1998.

11.尚艳华.电力拖动. 北京:电子工业出版社,1995.

12.顾永杰.电工电子实训教程.上海:上海交通大学出版社,1999.